MELDA AKBAŞ

So wie ich will

GOLDMANN
Lesen erleben

Buch

Auf den ersten Blick scheint Melda Akbaş eine ganz normale junge Frau in Berlin zu sein: Sie lernt für das bevorstehende Abitur, will möglichst bald aus der Wohnung ihrer Eltern ausziehen, trifft sich mit Freundinnen zum Shoppen. Doch das ist nur die eine Seite. Denn sie ist eine Achtzehnjährige, die mehr will und mehr macht als andere. Sie engagierte sich als stellvertretende Schülersprecherin und stellte für die Türkische Gemeinde in Deutschland das bundesweit beachtete Projekt »l.o.s. – let's organize somethin'« auf die Beine.

Melda Akbaş ist der Spagat zwischen zwei Kulturen gelungen – als Türkin, als Deutsche, als Tochter, als Frau. In ihrem Buch erzählt sie von ihrer Familie, in der von streng islamgläubig bis überzeugt atheistisch alle Ansichten vertreten sind. Sie schildert scheinbar gewöhnliche Sorgen zwischen Verliebtheit und Prüfungsstress genauso wie Alltagserfahrungen in ihrer Geburtsstadt Berlin, wo sie noch immer als »Fremde« gesehen wird und mit Vorurteilen zu kämpfen hat.

Melda Akbaş liefert einen authentischen Blick auf das Leben einer Migrationsfamilie, die trotz aller Hürden in Deutschland ihre Heimat gefunden hat. Ihre Lebensgeschichte zwischen Moschee und Minirock zeigt, dass Integration funktionieren kann – mit viel Mut, Ausdauer und etwas Glück.

Autorin

Melda Akbaş, geboren 1991, ist in Berlin aufgewachsen. 2010 schloss sie ihre Schulausbildung mit dem Abitur an der Robert-Koch-Oberschule in Berlin-Kreuzberg ab. In ihrer Freizeit engagierte sie sich als stellvertretende Schulsprecherin und im Bezirksschülerausschuss. Schon zu dieser Zeit arbeitete sie außerdem für die Türkische Gemeinde Deutschland. Über ihr Engagement berichtete u.a. der »Spiegel«, die »taz« und der »Tagesspiegel«. Im März 2009 wurde ihr Projekt »l.o.s. – let's organize somethin'« von der Deutschen Bank und der Initiative »Deutschland – Land der Ideen« ausgezeichnet. Heute lebt Melda Akbaş in Hamburg.

Melda Akbaş

So wie ich will

Mein Leben zwischen Moschee und Minirock

GOLDMANN

MIX
Papier aus verantwortungsvollen Quellen
FSC® C014496
FSC
www.fsc.org

Verlagsgruppe Random House FSC-DEU-0100
Das FSC®-zertifizierte Papier *Holmen Book Cream* für dieses Buch liefert Holmen Paper, Hallstavik, Schweden.

1. Auflage
Taschenbuchausgabe September 2011
Wilhelm Goldmann Verlag, München,
in der Verlagsgruppe Random House GmbH

Umschlaggestaltung: UNO Werbeagentur, München
in Anlehnung an die Gestaltung der HC-Ausgabe
(R-M-E Roland Eschlbeck und Rosemarie Kreuzer)
Umschlagabbildung © by Isabelle Graeff
JS · Herstellung: Str.
Druck und Bindung: GGP Media GmbH, Pößneck
Printed in Germany
ISBN: 978-3-442-15670-2

www.goldmann-verlag.de

Inhalt

1.
Weine nicht, es kann nur besser werden

Ich heiße Melda. Ein etwas seltsamer Name, ich weiß. Ich bin Türkin, deshalb. Der Name bedeutet so viel wie »jung«, »grazil«, »fein« oder auch »frisch«. Ich finde, das passt alles wunderbar zu mir. Dabei war meiner Mutter, die ihn für mich aussuchte, vor allem wichtig, dass er aus dem Türkischen stammt, gleichzeitig aber auch auf Deutsch leicht auszusprechen ist. Sie selbst heißt Züleyha, da kann man ihre Überlegung schon verstehen. Jedenfalls habe ich mich an meinen Namen gewöhnt. Zeit genug hatte ich schließlich, bis heute exakt achtzehn Jahre, fünf Monate und zwölf Tage.

Melda – das bin eben ich.

Außer mir kenne ich auch niemand anderen, der so heißt. Aber wahrscheinlich kenne ich mich ja nicht einmal selbst – so richtig, meine ich. Das ist in meinem Fall auch nicht so einfach, wie es auf den ersten Blick vielleicht scheint.

Bestimmt sieht man mir an, dass ich Türkin bin. Obwohl ich nur Kopftuch trage, wenn ich eine Moschee betrete, und sonst ebenso gut als Südamerikanerin durchgehen könnte. Oder als Spanierin. Mit meinen dunklen

Augen, dem schwarzen Haar und einer Haut, die selbst im längsten und düstersten Winter noch so aussieht, als würde sie immer ein bisschen Sonne abkriegen. Einige meiner Freundinnen und alle meine Tanten behaupten, ich könnte glatt die Tochter von Penélope Cruz sein, die kommt aus Spanien. Ein nettes Kompliment, aber nein, ich bin und bleibe die Tochter einer Türkin und eines Türken. Darauf bin ich auch stolz, und ich benutze dieses Wort an dieser Stelle ganz bewusst. Obwohl das mit dem Stolz wirklich nicht immer leichtfällt. Das liegt zum größten Teil daran, dass meine Familie und ich nicht in unserer Heimat leben, sondern hier, mitten in Deutschland. In Berlin, um genau zu sein. Und wer es noch genauer wissen will: im Stadtbezirk Schöneberg. Vielleicht ist das nicht unwichtig, obwohl Schöneberg riesig ist. Aber ich wette: Denen, die den Teil Schönebergs kennen, in dem wir wohnen, die Gegend um den U-Bahnhof Bülowstraße, sagt das eine ganze Menge.

Dass ich Türkin bin, ist aber nur die halbe Wahrheit. Ich war ungefähr neun Jahre alt, als ich einen deutschen Pass bekam, nicht *auch*, sondern *nur* einen deutschen. Also bin ich ganz offiziell, mit Stempel, amtlichem Segen und allem, was dazugehört, deutsche Staatsbürgerin. Nicht, dass mich damals jemand gefragt hätte – mich, eine Neunjährige! Doch inzwischen habe ich mir die deutsche Staatsbürgerschaft redlich verdient. Immerhin bin ich in Berlin nicht nur geboren, sondern auch aufgewachsen. Ich gehe hier zur Schule, und wer sich mit mir unterhält, wird schnell feststellen, dass ich die deutsche Sprache absolut unfallfrei hinbekomme. Ihre Grammatik ist zwar verflixt kompliziert, sie macht mir aber nicht mehr zu schaffen als meinen deutschen Mitschülern. Türkisch beherrsche ich natürlich auch, allerdings nicht so gut, selbst mein Englisch ist besser, was meine Eltern nicht unbedingt erfahren müssen. Um aber bei dem Gedanken zu bleiben: Seit ich auf der Welt bin, habe ich – von ein paar Urlauben und dem einen oder anderen kleinen Ausflug abgesehen – immer nur die Luft dieser Stadt geatmet. Zwar ist unsere Familie, und da schließe ich jetzt mal meine Großmutter mütterlicherseits, zwei Tanten und zwei Onkel mit ihren jeweiligen Familien mit ein, mehrmals umgezogen, es ging aber nie über die Grenzen Schönebergs hinaus.

Soll keiner sagen, dass einen das nicht prägt. In Istanbul oder in Antalya wäre sicher eine ganz andere Melda aus mir geworden. Oder erst in Çarşamba. Das ist eine Stadt mit einigen angeschlossenen Dörfern im Norden der Türkei, aus der stammen meine Eltern. Wahrscheinlich hätten sie mir dort sogar einen anderen Namen gegeben.

Aber sie leben hier, und ich lebe bei ihnen. Und, da will ich niemandem etwas vormachen: So ein deutscher Pass ist eine schöne Sache. Besonders, wenn man ins Ausland verreisen will oder sich um eine Arbeitsstelle bewirbt oder mit den Behörden etwas zu klären hat, ist er ungemein hilfreich. Das weiß ich von meinem Vater, ich selbst habe meinen Pass noch nicht oft benutzt. Andererseits ändern ein paar Blätter amtliches Papier mit Wasserzeichen zwischen zwei weinroten Pappdeckeln nicht automatisch auch den Menschen, dem sie gehören. Der behält seine Herkunft, und ihm bleibt die Geschichte seiner Familie und seines Landes, seine Religion, erst recht sein Inneres, das, was ihn tief im Herzen bewegt.

Das ist bei mir nicht anders. Aber doch anders als bei

meinen Eltern, die inzwischen auch *nur* noch einen deutschen Pass besitzen. Im Gegensatz zu mir ist für sie alles irgendwie klar. Sie wissen, wer sie sind und wo sie hingehören, womit ich weniger den Wohnort meine als ihre Einstellung zu den wichtigen Fragen des Lebens, zur Religion und zum Kopftuchtragen, zu Anstand und Moral und all dem.

Genau an diesem Punkt fängt das Problem an. Ich würde ja gern sagen, dass es das Problem meiner Eltern ist. Nur wird es dadurch dummerweise auch zu meinem eigenen. Und das macht das Leben für mich ganz schön anstrengend. Es ist wie ein ewiger Hürdenlauf. Wann ich mit dem Laufen anfing, weiß ich gar nicht mehr. Und wann ich damit endlich aufhören kann? Keine Ahnung. Obwohl ich ständig in Bewegung bin, habe ich nicht das Gefühl, dem Ziel ein Stück näher zu kommen. Wahrscheinlich gibt es gar kein Ziel. Dafür immer neue Hürden, die mir meistens auch noch ausgerechnet von den Menschen in den Weg gelegt werden, die mir am nächsten stehen.

Womit ich wieder bei meinen Eltern wäre.

Und das alles, weil ich nicht ins Schema passe und mich auch wehre, in irgendein Schema gepresst zu werden.

Vielleicht übertreibe ich ein bisschen, aber ich glaube, die meisten Leute stellen sich eine Türkin nur als Abziehbild irgendeiner Türkin vor, die ihnen mal auf der Straße oder im Bus begegnet ist: Die trägt natürlich ein Kopftuch, und das aus tiefster religiöser Überzeugung. Ihr gebrochenes Deutsch reicht gerade für »Guten Tag« und »Auf Wiedersehen« und beim Einkaufen höchstens noch für »Zucker« und »Mehl«. Die Hauptschule hat sie bestenfalls mit Ach und Krach hinter sich gebracht. Bildung bedeutet ihr ohnehin nicht viel, da ihre Eltern sie bereits als Fünfzehnjährige dem Sohn einer befreundeten Familie versprochen haben und sie sich später sowieso ausschließlich um Haushalt und Kinder zu kümmern hat.

Solche Frauen kenne ich auch. Ich kenne sie sogar aus der eigenen Familie. Nur: Ich bin nicht so! Und darüber bin ich sogar dermaßen froh, dass ich drei dicke Ausrufezeichen setze. Ich kann mit keinem dieser Klischees dienen. Na und! Ich denke auch nicht im Traum daran, mich zu ändern. Mein Deutsch ist – ich sagte es bereits – ziemlich gut, ohne dass ich damit angeben wollte. Ich besuche ein Gymnasium, gehöre dort nicht zu den Schlechtesten, war sogar Jahrgangssprecherin und in der Schülervertretung, und das ganz freiwillig, weil ich finde, dass es nichts bringt, nur rumzumeckern. Man muss schon was tun, wenn man etwas ändern will. Und falls nichts schiefgeht, werde ich in diesem Jahr das Abitur schaffen. Danach will ich studieren oder erst mal eine Zeit lang ins Ausland gehen, nach England vielleicht oder nach Frankreich, mein Französisch könnte es vertragen. Aber dann will ich auf jeden Fall studieren. Im Augenblick favorisiere ich Jura. Staatswissenschaften könnte ich mir aber auch vorstellen. Mal sehen.

Das ist die eine Seite. Trotzdem – und das ist die andere – lasse ich im Moment kaum eine Party aus, zu der ich eingeladen werde. Und da laufe ich garantiert nicht mit Kopftuch und knöchellangen Kleidern auf. Was viele, die mich nicht kennen, erst einmal wundert, wenn sie hören, dass ich Türkin bin. Ich liebe Miniröcke, kurze Kleider und neuerdings auch diese sexy Shorts, die ziemlich angesagt sind. Deutsche Mädchen und Frauen machen sich darüber bestimmt keine Gedanken. Sie ziehen einfach an, was sie cool finden. Nichts anderes tue ich auch. Nur dass bei mir dann gleich die Alarmglocken läuten. Wegen meiner Eltern. Für sie verstoße ich mit den kurzen Fummeln nämlich gegen Traditionen und Werte. Nein, kleiner haben sie es nicht. So sind sie eben. Mit einem Minirock verletze ich nichts Geringeres als ihre Ehre, und die ist ihnen heilig. Deshalb sehe ich zu, dass ich ihnen das nicht allzu häufig antue. Was an meinem Look allerdings prinzipiell nichts ändert, natürlich nicht, wäre ja noch schöner. Ist alles nur eine Frage der Taktik. Um ihnen und mir leidige Diskussionen zu ersparen, verlasse ich die Wohnung, wenn ich zu einer dieser Partys aufbreche, einfach so züchtig gekleidet, wie sie sich das von einer anständigen Tochter wünschen. Meine Partyklamotten verstecke ich so lange in einer Tasche. Die ziehe ich dann später an – eine kleine Verwandlung, als würde ich mir ein zweites Ich überstreifen – und vor dem Nachhauseweg eben wieder aus.

Das hätte ich jetzt wohl besser nicht schreiben sollen! Als hätte ich damit den Ärger erst heraufbeschworen. Es muss nämlich nicht unbedingt ein Minirock sein, Baba – also mein Vater – findet in letzter Zeit so ziemlich alles anstößig, was ich anziehe. Gerade wollte ich eine Pause einlegen und mich kurz mit meiner Tante Zeynep treffen, die gleich um die Ecke wohnt. Ich hatte die Klinke der Wohnungstür schon nach unten gedrückt, als ich meinen Namen hörte. Baba rief aus dem Wohnzimmer, laut und streng, sodass ich es nicht ignorieren konnte.

Ich mache also kehrt, und als ich seinen abschätzenden Gesichtsausdruck sehe, mit dem er mich vom Kopf bis zu den Füßen mustert wie ein Offizier seine Rekruten beim Morgenappell, ahne ich, was jetzt kommt.

»Willst du so auf die Straße gehen?«, fragt er prompt. Und es ist nicht einfach nur eine harmlose Frage. In seiner Stimme schwingt gleich der Vorwurf mit, das könne ja wohl nicht mein Ernst sein. Ich sehe an mir herunter: Jeans, weißes Top, darüber eine schwarze Weste. Was gibt es daran auszusetzen? Zugegeben, die Jeans ist ziemlich eng, skinny, wie das jetzt modern ist. Und das Top hat einen Ausschnitt, aber bestimmt keinen übertriebenen.

»Ja, wieso?«, frage ich unschuldig zurück.

»Zieh dich sofort um!«, höre ich im Befehlston. »So lasse ich dich nicht raus!«

Baba neigt nicht dazu, jedes Thema groß auszudiskutieren. Da bin ich anders. Vor allem, wenn ich mich ungerecht behandelt fühle. Mir ist zwar klar, dass ich gegen ihn doch nichts ausrichten kann. Aber wenn ich mich jetzt, mit achtzehn, nicht widersetze, wann denn dann? Noch habe ich Hoffnung: Ich muss nur oft genug protestieren, dann wird er es eines Tages schon einsehen und toleranter sein.

»Baba, ich bin achtzehn! Ich tue, was ich will!«

»Dann schließe ich die Tür ab! So gehst du nicht raus!«

»Ich sehe doch völlig okay aus.«

»Du rennst rum wie ein Hippie!«

»Gut, wenn du meinst. Wo ist das Problem?«

»Du bist ein Mädchen! Mädchen gehen so nicht auf die Straße.«

»Hast du dich mal draußen umgesehen? Viele laufen so rum, sehr viele sogar.«

»Was die anderen machen, interessiert mich nicht. Du bist meine Tochter, du machst das nicht!«

Am Ende kracht eine Tür ins Schloss, leider nicht die

Wohnungstür. Baba hat wieder gewonnen. Wütend stapfe ich in mein Zimmer, drehe dort aufgebracht eine Runde, um mich abzureagieren, dann gleich noch eine, und weil ich danach immer noch stocksauer bin, werfe ich mich aufs Bett und schreie ins Kissen.

Wie ich diese ewigen Streitereien hasse! Als würde Baba blind durch die Gegend laufen. Immer pocht er auf die alten Sitten und Traditionen. Er muss doch mal einsehen, dass sich die Welt weiterdreht. Warum geht es ihm nicht längst selbst auf die Nerven, mir ständig Vorschriften zu machen? Kaum ein Tag vergeht, ohne dass er meint, mir sagen zu müssen, wie ich mich zu kleiden habe. Oder dass es sich für ein türkisches Mädchen nicht schickt, nach acht Uhr abends noch das Haus zu verlassen. Schon gar nicht, um sich womöglich mit einem Jungen zu treffen. Eine Schande wäre das in seinen Augen. Wenn er wüsste!

Unsere Religion, der Islam, verlangt: Ich darf nicht mit einem Mann schlafen, bevor ich nicht mit ihm verheiratet bin. Sie schreibt aber auch vor, dass ich einem Mann, der mir gefällt, nicht zuzwinkern darf. Ich darf nicht Händchen halten mit ihm, mich nicht einmal im selben Zimmer aufhalten wie er, außer die Tür steht offen. Ich glaube an Gott, an Engel und auch an Mohammed, den letzten Propheten Allahs. Zwar bete ich nicht fünfmal am Tag zu ihm, aber immer dann, wenn mir danach zumute ist. Sehr häufig kommt das allerdings zurzeit nicht vor. Aber ich muss nicht beten, um zu glauben. Ich muss auch nicht ständig in eine Moschee rennen. Nach dem Tod von Babaanne, der Mutter meines Vaters, war ich das letzte Mal in einer. Das ist über ein Jahr her. Mein Glauben hat deswegen nicht gelitten. Aber ich erlaube mir, daneben ein paar eigene Regeln aufzustellen, nur für mich. Wenn der Islam also verlangt: Kein Sex vor der Ehe!, dann sage ich mir: Gut, dann aber auch keine Hausaufgaben vor dem Abitur!

Damit das nicht falsch rüberkommt: Ich bin keine *Bitch* und alles andere als leichtfertig in dieser Hinsicht. Obwohl, Baba würde das bestimmt anders bewerten, würde er ahnen, mit wie vielen Jungs ich mich schon verabredet habe. Drei von ihnen habe ich sogar geküsst. Und das, obwohl ich nur in einen verliebt war. Aber dafür gibt es eine Erklärung: Nummer eins war der, den ich liebte. Mit ihm hat es nicht so richtig geklappt. Leider. Und dann zog er zum Studium nach Passau. Trotzdem hing ich noch sehr an ihm, fast zwei Jahre lang. Bis eine Freundin meinte, das sei nur so, weil ich mich auf keinen anderen einließe. Also ließ ich mich auf einen anderen ein. Das war Nummer zwei, überaus liebevoll, zuvorkommend, er schenkte mir Geborgenheit. Doch nach einer Weile begriff ich, dass ich nicht nur Geborgenheit brauchte, sondern jemanden, der mich forderte und mit dem ich am besten jeden Tag ein neues Abenteuer erleben konnte. So einer ist mir allerdings noch nicht über den Weg gelaufen. Nummer drei war es definitiv auch nicht. Den zähle ich eher zur Kategorie Unfall – eine Party, der Alkohol war schuld.

Um meine amourösen Ausschweifungen ins rechte Licht zu rücken: Sie waren alle absolut harmlos. Nur Küsse! Niemals würde ich mit irgendeinem Typen einfach so ins Bett steigen. Religion hin oder her – ich wäre mir einfach zu schade dafür. Sollte jedoch eines Tages plötzlich Mister Right auftauchen … Was soll ich sagen? Ich bin achtzehn und halte mich für eine moderne aufgeklärte Frau. Und wir leben im einundzwanzigsten Jahrhundert. Zur Liebe gehören nicht nur Küsse, und Liebe fängt lange vor der Hochzeit an, das ist nun mal so.

Meinen Eltern erzähle ich wohl besser nichts von diesen Regeln. Das würde sie nur aufregen oder traurig stimmen oder beides, weil sie von ihrer Tochter unendlich enttäuscht wären.

Jedenfalls war es eine gute Entscheidung, vor Baba erst mal in mein Zimmer zu flüchten. Hier habe ich mir eine kleine Ecke geschaffen, in der ich mich von allem – und allen – abschirmen kann. Gäbe es diese Ecke nicht, ich würde manches Mal durchdrehen. Bei allem Familiensinn, den ich durchaus habe – braucht nicht jeder hin und wieder einen Ort, an dem er ganz allein sein kann?

Meine Ecke ist wie eine Oase im alltäglichen Familiengewusel. Natürlich hätte ich am liebsten das ganze Zimmer für mich. Wenn es da nicht meinen Bruder Tayfun gäbe, dem steht nämlich die Hälfte davon zu. So haben es meine Eltern festgelegt, als wir hier einzogen. Damals war ich vier und konnte nichts dagegen einwenden. Zumal der Umzug ein echter Fortschritt für unsere Familie war. Vorher hatten wir in einer Zweizimmerwohnung gelebt, in der es neben Küche und Bad ein kleines Wohnzimmer gab und dann noch ein Zimmer, das nachts Schlafzimmer für uns alle war und tagsüber Tayfun und mir als Kinderzimmer diente. In der Wohnung hier haben unsere Eltern ihr eigenes Schlafzimmer. Ich weiß nicht, ob sie damals, beim Umzug, davon ausgingen, dass mein Bruder selbst mit dreiundzwanzig Jahren noch keine Anstalten machen würde, sich eine eigene Bude zu suchen. Ich finde ja, es wird höchste Zeit für ihn. Aber er findet anscheinend, es ist äußerst bequem so, im Hotel Mama. Warum wundert mich das nicht? Tayfun macht gerade eine Ausbildung zum Kaufmann, rechnen kann er.

Aber ich wollte von meiner Oase erzählen: Das Zimmer, das ich mir mit Tayfun teile, ist nicht besonders groß, eher sogar ziemlich klein. Man kann sagen, jeder Quadratzentimeter wird voll ausgenutzt, zwangsläufig. Zwei Bücherregale trennen Tayfuns Bereich von meinem. Gleich dahinter steht mein Bett. An der Wand gegenüber ist gerade noch Platz für einen schmalen Schreibtisch – darüber ein Bücherbord – und einen Kleiderschrank. Und jetzt kommt der Trick: Wenn ich die Schranktür öffne, ist es fast so, als würde ich eine Zimmertür schließen, dann bin ich ganz für mich. Sicher auch irgendwie eine Kopfgeschichte. Hauptsache, es funktioniert, sogar wenn Tayfun in seinem Teil des Zimmers hockt, nur einen Hauch entfernt.

In der Ecke ist es ein bisschen eng, sitzen kann ich ganz bequem, aufstehen wird schwieriger. Deshalb habe ich alles, was ich hier brauche, in Griffnähe deponiert: einen kleinen Kuscheltierhund, ein Kissen, Stifte, mein Tagebuch. Ich schreibe nicht jedes Mal etwas hinein, wenn ich mich hierhin verdrücke. Nur wenn meine Gedanken einigermaßen klar sind. Manchmal hocke ich auch einfach nur da, hoffe wie jetzt nach dem Theater mit Baba, dass meine Wut verraucht, oder ich grüble über irgendwas nach. Oder ich heule. Aber das kommt nicht mehr so häufig vor. Man lernt ja dazu. Zum Beispiel, dass es hilft, sich für den Notfall ein paar kluge Sätze zurechtzulegen, die man sich dann immer wieder sagt, still im Kopf wiederholt, als würde man ein Gedicht auswendig lernen. Bis man sie selbst so verinnerlicht hat, dass einem das Problem gar nicht mehr so überwältigend oder niederschmetternd oder deprimierend erscheint. An der Innenseite der Schranktür hängt eine kleine Liste solcher Weisheiten. Die sind mir irgendwann mal in den Sinn gekommen. Obwohl, Weisheiten? Es sind wohl eher meine ganz persönlichen Leitsätze. Ich glaube, heute halte ich mich gleich an den, der auf dem Zettel ganz oben steht:

Weine nicht, es kann nur besser werden!

Soll ich die anderen Sprüche auch verraten?

Vertraue dir selbst!

Habe Mut!

Sei stolz auf das, was du bisher geschafft hast!

Hüpfe und genieße!

Greif nach deinen Träumen!

Ich schaff das mit rechts und du mit links! (Das sagte Helina mal zu mir, sie ist eine gute Freundin, ihre Eltern stammen aus Afghanistan.)

Stecke voller Überraschungen!

Tu, was du willst, und nimm, was du brauchst!

Think Pink!

Vergiss dich nicht und denk daran: Familie ist Reichtum!

Ich will dich lächeln sehen!

Gib niemals auf!

Jeder in unserer Familie hat seinen speziellen Lieblingsbereich in der Wohnung. Babas ist ganz klar das Wohnzimmer. Unsere braune Ledercouch könnte man getrost als seinen Thron bezeichnen. Baba ist Kellner in einem türkischen Restaurant, er arbeitet ziemlich viel, aber wenn er zu Hause ist und nicht schläft, findet man ihn dort. Das ergibt auch Sinn, denn er hat zwei Lieblingsbeschäftigungen: fernsehen und rauchen. Am liebsten guckt er *Kurtlar Vadisi* (»Tal der Wölfe«), eine Serie über türkische Geheimdienstleute, die gefährliche Ganoven jagen, in der pro Folge schätzungsweise vierzig bis siebzig Menschen erschossen, erwürgt, erstochen, in die Luft gesprengt oder auf eine andere Weise ins Jenseits befördert werden. Aber die Serie läuft nicht mehr. Sonst steht bei ihm noch Fußball hoch im Kurs. Entweder sieht er sich Spiele an oder irgendwelche Diskussionen darüber, die meistens noch länger dauern. Baba ist Fan von Galatasaray und hat sich extra einen Receiver zugelegt, um den Vereinssender empfangen zu können. Ich weiß nicht, was die den ganzen Tag bringen, aber irgendwie läuft immer was.

Vor zwei Tagen war mein Onkel Cemal zu Besuch. Baba und er sahen sich das Spiel Galatasaray gegen Fenerbahçe an. Da Onkel Cemal für Fenerbahçe ist, konnte er nach dem Schlusspfiff jubeln. Baba dagegen kochte vor Wut. Er schaltete sofort auf einen anderen Kanal und wechselte kein Wort mehr mit seinem Schwager. Das gibt sich aber wieder.

Wahrscheinlich ärgerte er sich noch ein bisschen mehr als sonst, wenn seine Mannschaft verliert, weil er seit Neuestem seinen Frust nicht mehr mit einer Zigarette abreagieren darf. Jedenfalls nicht im Wohnzimmer, und da steht nun mal der Fernseher. Meine Mutter – die ich meistens Anne nenne, das ist das türkische Wort für »Mama«, es wird auf dem »e« betont – war in der Türkei und hat neue Gardinen mitgebracht, die jetzt im Wohnzimmer hängen. Damit die nicht gleich wieder vergilben, hat sie das Zimmer zur nikotinfreien Zone erklärt. Mich wundert, dass Baba einfach gehorcht, doch er tut es komischerweise.

Ich könnte an dieser Stelle etwas über die merkwürdigen Machtverhältnisse innerhalb unserer Familie erzählen, über Schein und Sein, wenn man so will. Dafür ist es aber noch zu früh, das kommt später dran. Auf jeden Fall raucht Baba seitdem nur noch auf dem Balkon oder in der Küche.

Dabei ist die Küche eigentlich Annes Revier. Das bedeutet aber nicht, dass wir anderen sie nicht betreten dürften. Es ist so ähnlich wie bei Baba und dem Wohnzimmer: Anne geht auch arbeiten, eigentlich ist sie Erzieherin, aber seit einigen Jahren kümmert sie sich in einem islamischen Kindergarten um alles Organisatorische und den ganzen Verwaltungskram. Trotzdem versorgt sie uns natürlich, kauft nach der Arbeit ein und verbringt den Rest des Tages in der Küche. Dreimal die Woche kocht sie, jedes Mal gleich so viele Portionen, dass sie für uns alle zwei bis drei Tage reichen. Natürlich türkische Gerichte, *Karnıyarık* zum Beispiel, mit Hackfleisch gefüllte Auberginen, oder *Yoğurtlu Çorba*, eine Joghurtsuppe mit Fleischbrühe, aber meistens etwas mit richtigem Fleisch, weil Tayfun am liebsten Fleischgerichte isst. Abends, wenn sie mit allem fertig ist, dringt sie in Babas Revier ein, setzt sich zu ihm auf die Couch. Diesen Platz scheint sie sehr zu mögen, denn an Babas Seite lässt sie sogar Fußballübertragungen über sich ergehen, für die sie sich eigentlich nicht die Bohne interessiert. Es gibt aber auch Abende, an denen sie Baba so lange im Ohr liegt, bis er ihr murrend die Fernbedienung überlässt. Das ist ein sicheres Zeichen dafür, dass Dienstag ist, weil da auf Kanal D ihre Lieblingsserie läuft, *1001 gece* (»1001 Nacht«), die verpasst sie nur ungern.

Wahrscheinlich kann man nun doch erahnen, wer bei

uns zu Hause eigentlich der Chef ist. Allerdings ist Anne sehr geschickt darin, Baba das Gefühl zu geben, er wäre es.

Samstags wird das immer besonders deutlich, da ist Putztag. Während Anne durch die Wohnung wirbelt, bis alle Zimmer blitzen, als würde niemand darin wohnen, thront Baba auf seinem Platz vorm Fernseher, als würde ihn das alles nichts angehen. Für Hausarbeit fühlt er sich einfach nicht zuständig, das war schon immer so. Man kann die Tage, an denen er Anne hilft, die Einkäufe in den zweiten Stock zu schleppen, rot im Kalender anstreichen, so selten kommt das vor. Tayfun hat sich dieses ach so männliche Verhalten natürlich schon als kleiner Junge abgeguckt. Seine einzige Pflicht im Haushalt besteht darin, die Gardinen ab- und wieder aufzuhängen, wenn sie gewaschen werden. Aber das kommt nur alle halbe Jahr vor.

So einfach kann ich mich nicht drücken, obwohl ich die Putztage hasse. In meinem Zimmerteil herrscht organisiertes Chaos, das finde ich praktisch und gemütlich. Anne allerdings sieht das völlig anders. Seit Jahren kriegen wir uns deswegen immer wieder in die Haare, weil sie meinen Stil partout nicht akzeptieren will. Sie flucht dann richtig, und wenn ihr kein Argument mehr einfällt, sagt sie: »Und so was nennt sich Mädchen!« Wahrscheinlich will sie damit an mein Gewissen appellieren, dabei ist das Durcheinander für mich wirklich besser, so finde ich wenigstens alles wieder. Manchmal droht Anne auch, was herumliegt, in einen Müllsack zu stopfen und aus dem Fenster zu werfen. Doch das würde sie niemals tun. Die Nachbarn könnten ja sonst was denken! Einen Nachteil hat meine Unordnung aber tatsächlich: Sie breitet sich auf wundersame Weise aus, was ich mir nicht so recht erklären kann. Als würden meine Sachen manchmal Füße bekommen. Auf einmal herrscht auch nebenan, auf Tayfuns Territorium, Chaos. Dabei ist mein Brüderchen die Ordnung in Person, er lässt nie etwas herumliegen. Im Gegensatz zu unserer Mutter geht er damit jedoch völlig gelassen um, sammelt einfach alles, was mir gehört, auf und wirft es in meinen Bereich zurück. Damit ist das Problem für ihn erledigt. Guter Bruder.

Falls ich Tante Zeynep heute noch treffen will, sollte ich schleunigst losdüsen. Wir sind in einem Café in der Nähe des U-Bahnhofs verabredet, keine fünf Minuten von hier. Um nicht noch einmal von Baba gestoppt zu werden, ziehe ich mir eine Jacke über und husche blitzschnell an der offenen Wohnzimmertür vorüber. Bei dem Tempo kann er mich höchstens zwei Sekunden gesehen haben, trotzdem spüre ich seinen strengen Blick noch draußen vor der Wohnungstür, als besäße er die Gabe, durch Wände zu gucken.

Im Treppenhaus muss ich meine Geschwindigkeit sofort drosseln. In anderen Mietshäusern, das weiß ich von den Häusern, in denen meine Freundinnen wohnen, gibt es in den Treppenfluren Stufen und Geländer. Die gibt es bei uns auch, nur werden sie meistens in einen Hindernisparcours verwandelt, den man bewältigen muss, um nach unten und dann hinaus auf die Straße zu gelangen. Jeden Tag wird er neu gestaltet, von Nachbarskindern, die morgens gegen sieben von ihren Eltern rausgesetzt werden, erst abends wieder reindürfen und in der Zwischenzeit hier herumlungern. Heute haben sie Chipsreste verteilt, Überbleibsel von Salzstangen, eine offene Colaflasche, deren Inhalt auf mehreren Stufen einen klebrigen Film hinterlässt, und Plastiktüten aus diversen Supermärkten. Irgendeine Systematik ist dabei nicht zu erkennen, man muss einfach nur aufpassen, wo man hintritt. Man sollte sich auch nicht von den Graffitis an den Wänden ablenken lassen. Sind ohnehin keine Kunstwerke. Eine neue Nachricht erhasche ich trotzdem: »Nihal ich liebe dich!«, prangt ein Stockwerk tiefer an der Wand. Schön für Nihal oder vielleicht auch nicht. Ich kenne keine Nihal, wahrscheinlich wohnt sie gar nicht hier.

Als ich das letzte Hindernis, die Haustür, erreiche, sie gerade aufziehen will, versperrt mir die Frau aus der fünften Etage den Weg. Sie und ihre sechs Kinder, die hat sie immer dabei, wobei ich mich frage, wie sie die Bande auf der Straße oder in einem Geschäft unter Kontrolle behält. Ihr jüngstes Kind trägt sie auf dem Rücken, ein zweites auf dem linken Arm, an dem gleichzeitig drei Einkaufstüten baumeln. Mit der rechten Hand schleppt sie noch zwei Tüten, außerdem krallt sich ihr drittes Kind daran fest, während das vierte vor ihr steht und quengelt, weil es nicht mehr laufen will. Nur die zwei ältesten wirken halbwegs entspannt, sie trotten mit etwas Abstand hinter ihr her.

Die Frau stammt aus dem Libanon, sie und ihr Mann sind palästinensische Flüchtlinge. Ich weiß, dass sie ihre Kinder über alles liebt. Trotzdem hätte sie unter anderen Umständen keine sechs bekommen, schon gar nicht in Abständen von jeweils ungefähr einem Jahr. Das hat sie meiner Mutter anvertraut. Da sie und ihr Mann für Deutschland keine Aufenthaltserlaubnis haben, sondern nur geduldet sind, setzen sie ein Kind nach dem anderen in die Welt, um nicht abgeschoben zu werden. Wenn ich das richtig verstanden habe, dürfen sie nicht ausgewiesen werden, solange ihr jüngstes Kind noch nicht ein Jahr alt ist. Und irgendwann, hoffen sie, wohnen sie lange genug hier, um doch noch Anspruch auf eine Aufenthaltserlaubnis zu bekommen.

Habe ich eigentlich erwähnt, dass unser Haus, ein Altbau, sechs Stockwerke hoch ist, aber keinen Fahrstuhl hat? Ich weiß also sofort, was auf mich zukommt, weil das immer so ist, wenn ich die Nachbarin mit ihren Kindern im Schlepptau treffe. Man kann das ja nicht mit ansehen. Ich biete ihr meine Hilfe an, schnappe mir die fünf Einkaufstüten und starte den Hindernis-Treppenlauf noch einmal in die andere Richtung. Oben bedankt sich die Nachbarin, wie immer, und wie immer habe ich das Gefühl, ihr ist es unangenehm, sich von mir helfen zu lassen. Auf dem Weg hinunter denke ich darüber nach, doch der Gedanke verfliegt schnell, weil ich mir vorstelle, wie meine Tante allein im Café herumsitzt.

Draußen beschleunige ich meine Schritte, flitze die Bülowstraße entlang Richtung U-Bahnhaltestelle. Es ist ein lauer Abend. Am Straßenrand haben sich junge Frauen in knappen Kleidern neben geparkten Autos postiert. Die müsste Baba sehen! Dagegen wirke ich wie ein Mauerblümchen. Die Gesichter von einigen kenne ich, sie kreuzen fast jeden Tag hier auf, stehen die halbe Nacht herum und lauern auf Freier. Und wenn keine kommen, übernehmen sie selbst die Initiative, springen einfach zu Männern ins Auto, die gerade einparken wollen. Baba passiert das häufig, wenn er nachts von der Arbeit kommt. Dann regt er sich jedes Mal tierisch auf und schwört, seine Familie von hier wegzubringen. Doch unsere Wohnung ist sehr kostengünstig, so eine muss man erst mal finden.

Von mir aus müssen wir auch nicht wegziehen. Ich mache noch das Abitur, und dann verschwinde ich sowieso. Das wissen meine Eltern nur noch nicht. Sie gehen davon aus, dass ich bei ihnen wohnen bleibe, zumindest bis ich heirate. Wegen der Traditionen, die ihnen so wichtig sind. Weil Töchter in muslimischen Familien erst das Elternhaus verlassen, wenn sie heiraten. Denken sie. Hoffen sie. Für mich kommt das überhaupt nicht in Frage. Ich liebe Anne und Baba, auch wenn wir oft aneinandergeraten. Sie haben mich liebevoll aufgezogen, und ich weiß, sie wollen auch jetzt nur mein Bestes. Nicht auszudenken, wie schrecklich es wäre, sie zu verlieren. Aber wir leben leider in unterschiedlichen Welten. Und ich merke jeden Tag mehr, wie sehr ich mich nach Freiheit sehne. Nicht mehr kontrolliert, nicht mehr ständig bevormundet zu werden – was für ein schöner Traum! Ich habe auch schon einen Plan, wie ich ihn mir erfüllen werde. Aber den verrate ich erst später.

Tante Zeynep wartet tatsächlich schon. Sie ist die älteste Schwester meiner Mutter und innerhalb der Familie meine engste Vertraute. Deswegen haben die beiden auch manchmal Krach. Ich glaube, Anne fühlt sich gekränkt, wenn ich Geheimnisse mit meiner Tante teile und nicht mit ihr, der eigenen Mutter. Sie sind so grundverschieden, dass ich mich sowieso frage, wie sie von denselben Eltern abstammen können. Anne trägt Kopftuch, langen Rock und Tunika, unter denen alle Körperkonturen verschwinden, Tante Zeynep meist Jeans mit Blusen oder Pullover, man kann sagen: figurbetont. Doch abgesehen von ihrer Kleidung unterscheidet sie vor allem der Glaube. Obwohl beide als Kinder zur Moschee-Schule geschickt und auch zu Hause im Sinne des Islam erzogen wurden, ist Tante

Zeynep heute – im Gegensatz zu Anne – Atheistin. Außerdem ist sie die Temperamentvollste unserer Sippe. Sie hat ihre eigenen Überzeugungen und vertritt diese engagiert. Dabei kann sie ganz schön hitzköpfig sein. Genauso, wenn Politiker ihrer Ansicht nach mal wieder etwas verbockt haben. Denen wünscht sie schnell mal die Hölle. Doch danach holt sie sofort tief Luft und sagt: »Falls es die Hölle und den lieben Gott denn gibt, was ja nicht bewiesen ist.«

Es ist wirklich lustig, Tante Zeynep zu beobachten, wenn sie in Wallung gerät. Dann wirkt es immer so, als würden ihre Augen, die im Normalzustand schon ziemlich auffällig sind, noch ein Stück hervortreten. Letztens sprach sie sogar ein Wildfremder an, dem die Veränderung ihrer Augen auch aufgefallen war, und fragte, ob das genetisch bedingt sei. Damit ziehen wir sie jetzt gern auf, aber sie hat genug Humor, um darüber selbst lachen zu können.

Tante Zeynep feierte gerade ihren fünfundvierzigsten Geburtstag. Vielleicht war es auch ihr vierundvierzigster oder der sechsundvierzigste. Genau weiß sie das nämlich nicht. Nicht einmal der Tag muss stimmen, er stimmt sogar mit ziemlicher Sicherheit eher nicht. Das ist bei meiner Mutter genauso und bei dreien ihrer vier anderen Geschwister auch. Sie alle wurden noch in der Türkei geboren. Offenbar fanden es meine Großeltern nicht wichtig, sich die exakten Geburtsdaten ihrer Kinder aufzuschreiben. Angeblich war das auch nicht üblich. Erst als die Familie nach Deutschland ziehen wollte, benötigte jeder für seine Dokumente einen amtlichen Geburtstag. Großmutter versuchte damals, sich anhand der Ernten an das jeweilige Geburtsjahr zu erinnern. Mal war es eine gute Ernte gewesen, mal eine schlechte. Dann überlegte sie, was gerade geerntet worden war, Getreide oder Tabak oder Kartoffeln oder Rüben? Auf diese Weise kam sie auf die Jahreszeit, sodass am Ende bei jedem Kind drei Monate zur Auswahl standen. Der Rest wurde nach Gefühl entschieden – und nach praktischen Erwägungen. Meistens wurde der erste Tag eines Monats als »Geburtstag« gewählt, den konnte man sich am leichtesten merken. Und am liebsten der erste Juni. Babas Familie ging mit Geburtstagen übrigens genauso nachlässig um.

Für Anne und Baba ist ihre für die Behörden ausgedachte Geburt denkbar günstig gefallen. Beide bekamen von ihren Müttern nicht nur das gleiche Jahr ausgesucht, was noch der Wahrheit entsprechen könnte, sondern auch den gleichen Tag, was garantiert nicht stimmt, obwohl selbst das ein großer Zufall wäre, wenn man von der Beliebtheit des ersten Juni nichts wüsste. Auch bei ihnen ist es genau dieser Tag. Ich stelle es mir komisch vor, nicht zu wissen, wann man wirklich geboren wurde. Aber vielleicht gewöhnt man sich daran. Zumindest können sie dadurch ihre Geburtstage immer zusammen feiern, das spart Geld.

Tante Zeynep ist Lehrerin in Kreuzberg. Leider hat sie keine eigenen Kinder. Wenn ich mit ihr zusammen bin, denke ich oft, dass sie eine großartige Mutter wäre. Ganz gleich, was ich ihr erzähle, sie hört zu, interessiert sich für das, was mich beschäftigt. Und das Beste ist: Bei ihr kann ich so sein, wie ich bin. Ich muss keine Erwartungen erfüllen und nicht aufpassen, dass ich etwas sage, weswegen sie mich vielleicht für undankbar oder gar unsittlich halten könnte. Sie setzt nicht ständig irgendwelche Wertmaßstäbe an, stempelt niemanden ab, bloß weil der anders denkt als sie. Normalerweise kreisen unsere Gesprächsthemen um ihre Arbeit und meine Schule, um Politik, Liebe und den Sinn des Lebens, also praktisch um alles. Aber heute spricht sie mich gleich auf mein Buch an.

»Wie weit bist du eigentlich?«, will sie wissen. Im Gegensatz zu sonst klingt ihre Frage nicht neugierig, sondern eher skeptisch. Sie kennt mich eben gut. Und natürlich hat sie mitbekommen, dass ich in den letzten Wochen viel beschäftigt war. Allerdings weniger mit dem Buch als mit Partys und der Einhaltung von irgendwelchen Verabredungen.

»Nicht besonders weit«, gestehe ich und würde am liebsten das Thema wechseln. Der Abgabetermin drückt, die Zeit rast mir davon, und ich komme viel zu langsam voran. »Mir fehlt einfach die Ruhe. Ich kann mich nicht konzentrieren. Zu Hause stört ständig jemand, und wenn mir ein guter Einfall kommt, sitze ich gerade im Unterricht und kann nichts damit anfangen.« Klingt doch plausibel, und irgendwie stimmt es sogar – aber nur zur Hälfte. Schnell spieße ich etwas von meinem Obstsalat auf die Gabel, stopfe es in den Mund, um über die andere Hälfte nicht sprechen zu müssen.

Während ich kaue, sieht mir Tante Zeynep fest in die Augen, als könnte sie darin meine Gedanken lesen. Auf einmal sagt sie: »Ich glaube eher, du hast Angst!« Typisch Tante Zeynep, manchmal kann sie sehr direkt sein. Niemand durchschaut mich besser als sie. Ich schlucke, fast bleibt mir eine Weintraube im Hals stecken. Ich bin kurz davor loszuheulen.

»Ich weiß einfach nicht, wie ich es machen soll: Wenn ich die Wahrheit schreibe, was ich wirklich denke und fühle und anstelle, werden mich Anne und Baba hassen. Für immer und ewig.«

»Siehst du, da liegt das Problem: Du willst es immer allen recht machen, suchst ständig nach Kompromissen. Manchmal geht das eben nicht.«

»Ich will sie aber nicht verlieren!«

»Also wäre es besser, du schreibst das Buch gar nicht?«

»Nein, ich stehe zu meiner Entscheidung. Aber bisher habe ich versucht, eine gute Tochter zu sein, habe ihnen vieles verheimlicht, damit sie mich akzeptieren. Ihnen jetzt alles zu offenbaren, das fällt echt nicht leicht.«

Allein, wenn sie wüssten, was gestern Nacht geschehen ist, würden sie das Schlimmste über mich denken. Ich war mit Alexandra, einer guten Freundin, in einer Bar. Muslime dürfen eigentlich keinen Alkohol trinken. Eine böse Sünde. Man verunreinigt seinen Körper und verliert die Kontrolle über sich. Weiß ich alles. Doch was soll man sonst in einer Bar anstellen? Außerdem gehört diese Vorschrift auch zu denen, die ich durch meine eigenen Regeln ersetzt habe: Ich kann auch ohne Alkohol lustig sein – aber sicher ist sicher.

Viel haben wir gar nicht getrunken, einen Cocktail und zwei Tequila. Dummerweise hatte ich vorher nicht daran gedacht, etwas zu essen. Beschwipst war ich schon ein paarmal, richtig blau wie gestern noch nie. Ohne Alexandra wäre eine Katastrophe passiert. Ich weiß gar nicht, wie sie es geschafft hat, mich zur U-Bahn zu schleppen. Dann rief sie Tante Zeynep an, die mich abholte und bei sich zu Hause mit Aspirin, Wasser und Brot versorgte. Als es mir wieder besser ging, morgens gegen vier Uhr, brachte sie mich nach Hause. Zum Glück schliefen Anne und Baba tief und fest.

»Musst du denn alles schreiben?«

Ich zucke mit den Schultern, sage aber nichts, weil ich merke, wie mir Tränen in die Augen steigen. Je mehr ich über alles nachdenke, desto trauriger macht es mich. Auf unserem Tisch steht eine kleine Kerze, ihre Flamme geht ständig aus, und ich zünde sie immer wieder an, aber das wird mir erst jetzt bewusst. Es erinnert mich an meine Schreibversuche. Wie oft habe ich schon begonnen, und wie oft hat mich nach ein paar Seiten der Mut wieder verlassen?

»Melda, was macht dir denn Angst? Dass deine Eltern schlecht über dich denken werden?«

»Das auch, aber noch mehr, dass sie so enttäuscht sein könnten, dass sie sich von mir abwenden und ich am Ende ganz allein dastehe.«

Verdammt, da kann mir Tante Zeynep auch nicht helfen. Warum musste ich auch so eine Entscheidung treffen? Ich könnte doch aufhören zu schreiben, alles abblasen, kein Risiko eingehen, einfach weiterlügen, um Anne und Baba eine brave Tochter zu sein. Es sind ja nicht einmal richtige Lügen, ich erzähle eben nur nicht alles. Aber das hieße auch, mich zu verleugnen, wieder umzukehren und tausend Schritte zurückzugehen, all meine Ziele aufzugeben.

Was das bedeuten würde? Nicht mehr *die* Melda zu sein, die ich geworden bin, durch die Erziehung meiner Eltern, durch meine Freunde, die Schule und das, was ich erlebt, wofür ich gekämpft habe. Doch sollte das wirklich eine Alternative für mich sein?

2.

Vergiss dich nicht und denk daran: Familie ist Reichtum

Wenn es um diese Art von Reichtum geht, bin ich wirklich zu beneiden, daran mangelt es mir gewiss nicht. Nur, Reichtum kann manchmal auch eine Last sein, das weiß man ja. Die typische Großfamilie ist zwar wieder so ein Klischee, das viele von uns Türken im Kopf haben, aber in diesem Fall kann ich nicht mal was dagegen einwenden.

Wenn ich das richtig überblicke, kommen in meiner Verwandtschaft allein dreiundzwanzig Cousinen und Cousins zusammen. Tayfun und mich dazugezählt, haben meine Großeltern also fünfundzwanzig Enkel. Dabei sind zwei von meinen sechzehn Onkel und Tanten nicht einmal mit Kindern gesegnet. Doch das wurde von anderen ausgeglichen, die gleich für fünf- beziehungsweise sechsfachen Nachwuchs gesorgt haben. Sie stammen alle aus Babas Linie, seine Geschwister waren eindeutig zeugungsfreudiger. Allein drei von ihnen haben unsere Familie um insgesamt fünfzehn Mitglieder bereichert. Die fünf Geschwister meiner Mutter bringen es zusammen gerade mal auf acht Kinder. Von Tante Zeynep abgesehen, haben alle jeweils zwei. Und immer sind es Tochter und Sohn, wie bei uns, als hätten sie sich irgendwann mal abgesprochen oder einen geheimnisvollen Trick weitergegeben, mit dem man diese Mischung hinbekommt. Alle zusammengenommen, umfasst unsere Familie knapp fünfzig Personen, und da zähle ich nur die engste Verwandtschaft: Großeltern, Eltern, Onkel, Tanten, Cousinen und Cousins. Behält da noch jemand den Überblick? Nein? Ich schon.

Vielleicht ist das alles ja blanker Zufall oder auch gottgewollt, doch ich glaube eher, dass es etwas über unsere Familie aussagt, wie verschieden die beiden Zweige der Sippe sind. Man kann es so formulieren: Die Leute aus Babas Familie sind ein ganzes Stück konservativer, dem Leben ihrer Vorfahren, den Traditionen und ursprünglichen Werten anscheinend mehr verhaftet als die aus Annes Familie. Oder andersherum: Annes Seite ist – alles in allem – irgendwie moderner, steht den Gegebenheiten der westlichen Welt aufgeschlossener gegenüber, lebt mehr im Jetzt. Ich denke, sie haben sich einfach besser integriert. Obwohl das eine ziemlich schwammige Formulierung ist. Besser oder schlechter integriert – was heißt das denn? Es ist ja auch niemand nur *ein bisschen* schwanger. Haben sie sich, haben wir uns nun integriert oder nicht? Gibt es darauf überhaupt eine Antwort? Integrieren, aber trotzdem Türke bleiben – schließt das einander vielleicht sogar aus? Hat man dann nicht schon zu viel von sich aufgegeben, um noch als echter Türke zu gelten? Oder gilt man als integriert, sobald man einen deutschen Pass bekommt? Obwohl man trotzdem weiterhin fünfmal am Tag in eine Moschee flitzt, um zu Allah zu beten?

Was weiß ich denn! So einfach ist das nicht.

Manchmal denke ich, Integration ist nur eines von diesen Modewörtern, das Politiker irgendwann mal dafür benutzt haben, weil es sich einfach besser anhört als »sich anpassen« oder »sich einfügen« oder »ein großes Ganzes bilden«.

Man soll Menschen nicht nach ihrem Äußeren beurteilen, das steht auch im Koran. In unserer Familie lassen Äußerlichkeiten allerdings schon auf einiges schließen. Anne zum Beispiel ist die Einzige aus ihrem Zweig, die ein Kopftuch anlegt, sobald sie die Wohnung verlässt, und auch weite Kleidung trägt, wie es der Islam vorschreibt. Sie betet fünfmal am Tag und liest mindestens einmal die Woche den Koran. Für Tante Zeynep käme das sowieso nicht in Frage, als Atheistin ist sie der krasse Sonderfall, aber Annes Schwester Hediye und die angeheirateten Frauen ihrer Brüder verzichten ebenfalls auf Kopftücher und nehmen es auch sonst nicht so genau. Sie glauben zwar an Gott und an den Propheten Mohammed, leben nach den fünf Säulen des Islam, den Grundpflichten eines jeden Muslimen – na ja, zumindest im Prinzip. Nach Mekka ist auf jeden Fall noch keine von ihnen gepilgert, obwohl das auch zu den Grundpflichten gehört. Das haben bisher nur Annes Eltern gemacht. Sie selbst würde auch gern, am liebsten mit mir. Ich konnte mich aber noch nicht entschließen, ob ich das wirklich will.

Ich denke, bei meinen Tanten mütterlicherseits ist es so ähnlich wie bei mir: Der Glaube ist grundsätzlich vorhanden, aber nicht zwangsläufig abhängig von irgendwelchen Ritualen. Die dazugehörigen Onkel ticken da nicht anders, höchstens dass der eine oder andere noch ein bisschen toleranter ist – besonders sich selbst gegenüber. Beim Thema Alkohol etwa.

Ich erinnere mich gut an einen Abend während unseres

letzten Sommerurlaubs, den wir mit Annes halber Familie in Antalya verbrachten. Fünf-Sterne-Hotel mit Park und riesiger Badelandschaft, direkt am Strand und auch sonst: *all inclusive*. Onkel Kaan war ziemlich angefressen, weil die vom Hotel ihm dreihundert Euro mehr auf die Rechnung gesetzt hatten, als abgesprochen gewesen war. Offenbar hatte er daraufhin beschlossen, sich das Geld gewissermaßen zurückzuholen, indem er eine der Bars plünderte. Ich habe nicht mitgezählt, wie oft er Nachschub orderte, für dreihundert Euro wird er wohl nicht gebechert haben, doch er gab sich redlich Mühe.

Ich habe ein Foto von diesem Abend, das sagt eigentlich alles: Wir sitzen in Korbsesseln auf der Hotelterrasse, Onkel Kaan direkt neben mir, zumindest sieht es so aus, denn seine körperliche Hülle hockt tatsächlich da. Schaut man jedoch seine Augen an, könnte man glatt meinen, er würde sonst wo schweben. Aber das Foto zeigt noch etwas, das man auf dem ersten Blick vielleicht nicht sofort erkennt – den totalen Gegensatz zwischen ihm und mir: lustig war ich zwar auch, allerdings im völlig nüchternen Zustand, null Komma null Promille. Meine Eltern saßen mit am Tisch. In ihrem Beisein hätte ich, obwohl achtzehn und damit auch nach türkischem Recht erwachsen, nicht einmal gewagt, an einem der zahlreichen Gläser, die Onkel Kaan leerte, auch nur zu nippen. Mich wunderte sowieso, dass Baba sich die Trinklaune seines Schwagers seelenruhig mit ansah. Sonst reagiert er höchst allergisch, wenn ein Muslim in seinem Beisein zu Alkohol greift. Und Onkel Kaan veranstaltete auf der Hotelterrasse quasi öffentliches Kampftrinken mit Ansage.

Da fällt mir ein, an diesem Abend hätte sogar Anne

um ein Haar gesündigt. Es war schon spät. Auf dem Tisch stand ein Glas mit Cola, zumindest dachte sie das. Sie nahm einen Schluck, spuckte ihn aber sofort wieder ins Glas zurück. Sie war vielleicht entsetzt. Ihren Gesichtsausdruck hätte man fotografieren sollen. Anscheinend hatte sie eins von Onkel Kaans Gläsern erwischt. Der hatte sich die Cola mit einem ordentlichen Schuss Bacardi verdünnen lassen.

Bei Alkohol ist Anne rigoros. Sie rührt keinen Tropfen an, weder Wein noch Bier, noch sonst etwas, auch nicht heimlich, für sie würde ich meine Hand ins Feuer legen. Bei Baba wäre ich da schon vorsichtiger. Er scheint nicht so konsequent zu sein.

Einmal, es ist noch gar nicht lange her, waren wir auf einer Hochzeit. Es war eine von diesen typischen türkischen Großfeiern, die ich lieber meide, vor allem wenn es sich um eine Hochzeit handelt. Hochzeiten sind der absolute Horror! Vielleicht ja nicht, wenn man selbst heiratet, ich meine, aus freien Stücken und nicht versprochen und verkuppelt von den eigenen Eltern. Doch ich komme mir dabei immer wie auf einem Viehmarkt vor. Zu jedem muss man höflich sein, selbst wenn man ihn oder sie überhaupt nicht ausstehen kann. Und wenn man nicht gerade steinalt ist oder einen furchtbaren Buckel hat, beglotzen einen die ganze Zeit irgendwelche Mütter und deren Söhne, die herauszufinden versuchen, ob man eine gute Partie abgeben würde. Und zu allem Überfluss ist das Essen meistens ziemlich mies. Wer kann für so eine große Meute schon gut kochen?

Warum mich Baba unbedingt bei dieser Feier dabeihaben wollte – ich habe es bis heute nicht herausgekriegt. Es waren nicht einmal enge Verwandte von uns. Ich kannte weder Braut noch Bräutigam und von den Gästen auch niemanden. Zumindest entdeckte ich keinen, den ich kannte, was bei dreihundert oder vierhundert Leuten in einem mittelgroßen Saal auch nicht so einfach war.

Aber um die Gästeschar genauer unter die Lupe nehmen zu können, blieben wir gar nicht lange genug. Denn kaum war die Braut mit dem üblichen Brimborium in den Saal einmarschiert, bestand Baba plötzlich darauf, dass wir sofort aufbrechen. Nicht, dass mich sein Sinneswandel unglücklich gemacht hätte, ich fragte mich nur, was ihn auf einmal geritten hatte. Erst hüh, dann hott. Und in was für einem Tempo! Baba hastete los, als würde er verfolgt. Anne und ich hinterher.

»Was ist denn passiert?«, fragte ich auf dem Weg nach draußen.

Anne sah mich verwundert an: »Na, hast du nichts bemerkt?«

»Es war ziemlich voll, und die Luft war stickig und …«

»Die Kerle am Tisch hinter uns haben Alkohol getrunken!«, unterbrach sie mich kopfschüttelnd, als könne sie nicht fassen, was sie soeben hatte mit ansehen müssen. In der Zwischenzeit hatten wir Baba eingeholt, der am Auto auf uns wartete. Auch er war ganz außer sich: »Alkohol auf einer Hochzeit! Das habe ich noch nie erlebt.«

Dermaßen strikt gegen alkoholische Getränke kann Baba nicht immer gewesen sein, denn es gibt auch andere Geschichten, von früher. Damals soll er manchmal mit Freunden hier in der Nähe in einer Bar herumgehangen haben. Davon hat mir Tayfun erzählt. Ich war zu der Zeit noch zu klein, um mich daran erinnern zu können. Ein anderes Erlebnis scheint meinem Bruder auf fast traumatische Weise in Erinnerung geblieben zu sein: Als Jugendlicher reiste er mit seiner Fußballmannschaft einmal zu einem Turnier nach Spanien. Einige Väter von Spielern begleiteten die Jungs, als Fans und Aufpasser, darunter auch Baba. Tayfuns Mannschaft gewann und bekam bei der Siegerehrung einen Pokal überreicht. Damit die Spieler auf ihren Sieg anstoßen konnten, wurde er gleich mit Sekt gefüllt. Doch Baba verbot ihm, davon zu trinken. Und das, obwohl er hinterher selbst mit den anderen Vätern loszog, um auf die erfolgreichen Söhne anzustoßen.

Diese Art der Inkonsequenz scheint sich irgendwie durch Babas Leben zu ziehen. Er raucht ja zum Beispiel auch. Das ist Muslimen zwar nicht direkt verboten, gehört sich aber nicht, für einen vorbildlichen Vater noch weniger. Ich mag das Gequalme zwar nicht, kann aber damit leben; es ist schließlich seine Entscheidung, ob er raucht oder nicht. Von mir aus dürfte er auch Alkohol trinken, natürlich nicht zu viel und nicht so oft. Aber das liegt eben daran, dass ich Baba so liebe, wie er ist. Ich erwarte nicht, dass er perfekt ist, jeder Mensch hat seine Macken. Ich finde bloß, er sollte auch dazu stehen und bei Tayfun und mir dieselben Maßstäbe anlegen wie bei sich und nicht immer gleich so tun, als wären wir total missraten, nur weil wir mal unseren eigenen Kopf durchsetzen und Dinge anders machen, als er sich das von seinen Kindern wünscht.

Ich weiß nicht, ob Tayfun raucht, ehrlich nicht. Manchmal finden Anne oder Baba ein Feuerzeug in seiner Jackentasche, und dann veranstalten sie immer ein Riesentheater. Als würde das Hohe Gericht bei uns zu Hause tagen, und sie spielen die Richter. Tayfun versucht sich jedes Mal herauszureden, das Feuerzeug gehöre einem Kumpel, oder er habe es nur benutzt, um in einer Gaststätte eine Kerze anzuzünden, und dann aus Versehen eingesteckt, irgend so was in der Art. Und ich stehe daneben und bin sprachlos, was bestimmt nicht oft vorkommt. Aber wie verquer ist das? Tayfun ist dreiundzwanzig. Und Baba verlangt von ihm allen Ernstes etwas, woran er sich selbst nicht hält. Das will mir nicht in den Kopf.

Bei anderen Dingen ist Baba genauso. Er betet selbst nicht fünfmal am Tag, wünscht sich aber, dass Tayfun und ich es tun. Oder dass wir jeden Tag im Koran lesen, das macht er aber auch nicht. Oder dass wir jedes Wochenende in die Moschee gehen, obwohl er sich dazu doch selbst nur an wichtigen Feiertagen durchringen kann.

Trotzdem ändern all diese Widersprüche nichts an meiner Sichtweise: Baba und Anne sind klasse Eltern, sie haben uns vieles beigebracht, durch sie haben wir ein Fundament, auch charakterlich. In einer Gesellschaft, in der man ratzfatz aus mindestens einer Million Gründen die Orientierung verlieren kann, haben sie uns auf den richtigen Weg geführt. Das ist verdammt viel, ihr großer Verdienst. Nur, warum können sie uns jetzt nicht einfach vertrauen? Es ist unser Leben, unsere Verantwortung. Außerdem sollten sie mich gut genug kennen, um zu wissen, dass ich nicht mit dem erstbesten Typen abhauen oder so kurz vorm Ende die Schule schmeißen würde und meine Pläne fürs Studieren sausen lasse. Ich wünschte, sie wüssten es. Insgeheim denke ich auch, dass ihnen das klar ist. Sollte es so sein, geben sie sich allerdings echt Mühe, mich das möglichst nicht spüren zu lassen.

Jetzt habe ich noch gar nichts von Babas Familie erzählt. Das ist auch nicht so einfach. Zwar leben alle in Berlin, bis auf einen Onkel, der auch mal kurz hier war, aber gleich wieder nach Istanbul verschwand. Doch die Stadt ist groß und die Verbindung zur Akbaş-Sippe längst nicht so eng. Als ich noch ein Kind war, trafen wir uns ungefähr alle drei Monate einmal. Mit der Zeit wurden die Begegnungen immer seltener. Heute sehen wir uns meistens nur an Feiertagen und selbst dann nicht jedes Mal, am ehesten noch zum Zuckerfest am Ende des Ramadan. Es ist islamischer Brauch, an diesem Tag nicht nur in die Moschee zu gehen und anschließend auf den Friedhof, um der Verstorbenen zu gedenken, sondern auch die lebenden Verwandten und Bekannten zu besuchen. Der Ausflug zum Friedhof fällt bei uns allerdings weg. Wenn jemand aus der Familie stirbt, beerdigen wir ihn in der Heimat. Wir feiern das Zuckerfest auch nicht so lange wie dort. Normalerweise geht es über drei Tage. In der Türkei bekommen die Kinder für die ganze Zeit schulfrei, falls es nicht gerade auf ein Wochenende fällt. Das Fest findet immer an einem anderen Termin statt. Es verschiebt sich von Jahr zu Jahr wie der Ramadan selbst auch, im Durchschnitt um elf Tage. Das liegt daran, dass sich der Fastenmonat nach dem islamischen Kalender richtet, und der ist mit dem Mondkalender identisch.

Vielleicht passen unsere Familien einfach nicht zueinander. Sie sind so grundverschieden. In Babas Familie tragen alle Frauen Kopftuch, aus tiefster Überzeugung, und alle lehnen sie den westlichen Kleidungsstil ab. Soweit ich weiß, besuchen sie mit ihren Männern und Kindern regelmäßig die Moschee. Und es scheint ihnen wesentlich besser zu gelingen, ihren Kindern die Traditionen und Werte des Islam weiterzuvermitteln, als Anne und Baba das bei Tayfun und mir geschafft haben. Onkel Hasan, einer von Babas Schwäger, würde eine deutsche Frau als Schwiegertochter überhaupt nur akzeptieren, wenn sie zum Islam konvertiert. Murat, sein zweitältester Sohn, hatte tatsächlich mal eine gefunden, die für ihn Muslimin wurde, aber dann blieben die beiden doch nicht zusammen. Die Tochter von Tante Işık, Babas Schwester, war schon in der Grundschule eifrige Kopftuchträgerin, obwohl es niemand von ihr verlangte. Auch mein Cousin Osman, ein anderer Sohn von Onkel Hasan, schien sich in diese Richtung geradezu musterhaft zu entwickeln. Er ging nach der Realschule für ein Jahr in die Türkei, um sich zu einem *Hafiz* ausbilden zu lassen. So werden Muslime genannt, die den Koran auswendig können. An einer Koranschule sollte ihm nicht nur der Text beigebracht werden, er sollte auch lernen, ihn mit einer speziellen Aussprache und Betonung als eine Art Sprechgesang vorzutragen. *Hafize* genießen in unserer Religion höchste Achtung, da angenommen wird, sie hätten die Worte Allahs regelrecht verinnerlicht, sie, die Worte Allahs, seien Teil ihrer selbst geworden. Ihnen ist praktisch das Paradies sicher, auf religiöser Ebene. Auf der weltlichen könnten sie mit dieser Fähigkeit Koranlehrer werden oder als professionelle Koranaufsager Geld verdienen. Oder sie könnten an Wettbewerben teilnehmen, auf denen die besten Koranvorleser gekürt werden. Die gibt es wirklich, sogar hier in Berlin.

Ich war mal bei einem, da traten *Hafize* aus allen möglichen Ländern an. Manche Muslime behaupten, sie würden gelungene Koranvorträge genießen können wie schöne Musik. Das funktionierte bei mir leider nicht. Ich habe mittendrin eine Kopfschmerzattacke vorgetäuscht und bin abgedampft. Wer weiß, vielleicht hat Osman an der Koranschule, die brutal hart gewesen sein soll – mit Schlägen von den Lehrern und solche Sachen –, auch irgendetwas vorgetäuscht. Auf jeden Fall ist es ihm nicht gelungen, *Hafiz* zu werden. Seitdem ist er wieder in Berlin und weiß nicht so recht, was er mit sich anstellen soll. Er wirkt ein bisschen verloren, fast wie ein Sportler, der jahrelang ehrgeizig trainiert, aber nie die Leistung erreicht, um Profi zu werden.

Soweit ich das mitbekommen habe, sind in Babas Familie einige auch untereinander zerstritten. Aus unterschiedlichen Gründen, die ich nicht kenne und über die Baba auch nicht gern spricht. Ich kann mich nicht erinnern, jemals mit allen bei einem Familientreffen zusammengesessen zu haben. In den letzten Jahren besuchten wir die Akbaş-Großeltern meistens allein – Tayfun, Baba und ich, aber auch nur ein- oder zweimal im Jahr, in der Regel an Feiertagen. Selbst Anne kam selten mit, weil sie sich mit ihnen nicht verstand. Ich sag das jetzt mal so. Da ich weiß, dass Anne jemand ist, der eher auf Menschen zugeht, muss zwischen ihnen in der Vergangenheit etwas vorgefallen sein, das sie sehr verletzt hat, sonst wäre sie bestimmt mitgekommen.

Unsere Besuche liefen immer gleich ab. Schon auf dem Weg zu ihnen, während wir noch im Auto saßen, bekamen Tayfun und ich ein mulmiges Gefühl. Papa beklagte sich jedes Mal, dass wir uns so selten bei seinen Eltern blicken ließen und niemals von allein den Wunsch äußerten, sie zu besuchen. Ich glaube ja, dass er damit nur sein eigenes schlechtes Gewissen auf uns übertragen wollte. Er machte es nämlich nicht anders, besuchte sie auch nicht häufiger, und er ist immerhin ihr Sohn. Baba ließ sich manchmal sogar verleugnen, wenn Großmutter anrief. Ich sollte dann immer sagen, dass er früher zur Arbeit musste oder so.

Die Großeltern wohnten im sechsten Stock eines dieser grässlichen Hochhäuser am Kottbusser Tor. Die Gegend ist übel, ein sozialer Brennpunkt, berüchtigt als einer der schlimmsten Drogenumschlagplätze Berlins. So sieht es da auch aus. Als Kind hätte ich mich niemals allein dorthin gewagt. Mit Baba war das etwas anderes, obwohl er sich für seine Eltern auch einen schöneren Platz zum Wohnen gewünscht hätte. Ihre Wohnung habe ich als sehr eng in Erinnerung. Die Zimmer waren klein oder wirkten so, weil sie mit Möbeln vollgestopft waren. Tayfun und ich setzten uns auf das dunkelblaue Ecksofa, das im Wohnzimmer stand, gegenüber einer Vitrine, die mir riesig erschien. Oder einfach auf dem Fußboden, auf dem ein dicker Teppich lag. Großmutter saß auch auf dem Sofa, am anderen Ende, das heißt, sie lag mehr. Ich habe sie eigentlich immer nur liegend gesehen. Sie war zuckerkrank und hatte Probleme mit ihrem Kreislauf und dem Herzen. Großvater pflegte sie.

Die beiden erzählten meistens Geschichten von früher, aus ihrem Dorf in der Türkei. Manchmal diskutierten sie darüber und kriegten sich in die Haare, ohne dass Tayfun oder ich verstanden, worum es ging. Das lag wahrscheinlich daran, dass wir selten zuhörten. Wir saßen nur still da, sahen aus dem Fenster und warteten insgeheim, bis Baba sich räusperte und den erlösenden Satz sagte, der das Zeichen zum Aufbruch war: »Wir sollten jetzt gehen!«

Es hatte nichts damit zu tun, dass ich die Großeltern nicht liebte, die Besuche bei ihnen machten einfach keinen Spaß. Ich war immer ganz verkrampft, weil ich nie wusste, wie ich mich verhalten sollte. Mitreden kam nicht in Frage. Wenn sich Erwachsene unterhielten, hatte man nicht dazwischenzuquatschen. Und wenn ich beim Sitzen mal meine Beine übereinanderschlug oder mich im Schneidersitz auf den Boden setzte, sah mich Baba sofort streng an. Für ein türkisches Mädchen gehört es sich nicht, in Anwesenheit Erwachsener die Beine übereinanderzuschlagen. Jedenfalls war das früher so, als die Großeltern jung waren. Zu Hause störte das Baba nie, aber bei seinen Eltern wollte auch er nichts falsch machen.

Als wir Großmutter das letzte Mal besuchten, lag sie im Krankenhaus. Sie hatte einen Herzinfarkt erlitten, war seit fünf Tagen auf der Intensivstation, sollte an diesem Tag aber auf eine normale Pflegestation verlegt werden, es bestand also Hoffnung. Tayfun war diesmal nicht dabei, ich war mit Baba alleine. Irgendjemand sagte uns, die Ärzte seien gerade bei ihr, wir sollten auf dem Flur warten. Wir warteten zwei Stunden, dann kam endlich ein Arzt.

Es war, wie man es in Filmen immer sieht: Der Arzt groß im Bild, wie er in seinem weißen Kittel einen Gang entlang direkt auf uns zukommt. Wir schnellen von unseren Stühlen und blicken ängstlich in seine Richtung. Ein Schwenk auf das Gesicht des Arztes, dann auf das meines Vaters. Noch hat keiner einen Ton gesagt, doch der Ausdruck in den Gesichtern, die Blicke verraten alles. Dann waren wir wieder in der Gegenwart. Die Worte, die der Arzt sagte, verhallten in der Weite des Flurs. Eine Aneinanderreihung von medizinischen Fachbegriffen, die alles bedeuten konnten, uns aber nichts sagten. Baba dürfte kaum etwas davon verstanden haben. Entscheidend war auch nur der letzte

Satz, den wir hörten: »Sie können sich jetzt von ihr verabschieden ...«

Baba war mir immer groß und stark vorgekommen, ein Baum von einem Mann, einer, der mich immer beschützen würde. Auf einmal sah ich, wie er in Tränen ausbrach, zu schluchzen begann und zusammensackte. Seine Mutter würde sterben! Ich wollte auch weinen, es kamen aber keine Tränen. Später erschien Babas Schwester, dann ein Bruder von ihm; alle aus der Familie, die in Berlin wohnen, versammelten sich und weinten. Ich weinte nicht. Die Welt verkehrte sich. Ich nahm Baba in den Arm, strich ihm tröstend über den Rücken. Irgendwann ging ich hinaus, um Anne und Tayfun zu benachrichtigen. Sie sollten ins Krankenhaus kommen. Vor dem Eingang schlug mir klare kalte Winterluft entgegen. Der Himmel war blau, die Sonne schien. Ich fand das unpassend.

Später saßen wir alle in Großmutters Krankenzimmer. Eine gruselige Kulisse. Ich hatte noch nie jemanden sterben sehen. Großmutter lag im Bett, ihr Körper war mit einem dünnen weißen Tuch zugedeckt, das Gesicht eingefallen, blass, sie wirkte leblos. Auf ihrem Mund war so ein Beatmungsding befestigt, das ein Arzt später abnahm. Unter dem Tuch kamen Kabel und Schläuche hervor, die irgendwo an ihrem Körper angeschlossen waren und zu Geräten führten, die am Kopfende neben ihr standen und verschiedene Geräusche von sich gaben. Eines signalisierte ihren Herzschlag, der langsam ging, aber stetig. Noch.

Anne hatte einen Koran mitgebracht. Bei uns erweist man Sterbenden oder Toten die letzte Ehre, indem man ihnen aus dem Koran vorliest. Doch niemand im Raum fühlte sich imstande zu lesen. Also bekam ich das Heilige

Buch in die Hand gedrückt. Ich legte ein Kopftuch an und begann, die Sure *Yasin* zu lesen, den Originaltext, auf Arabisch. Keiner aus meiner Familie versteht Arabisch, ich auch nicht, ich kann es nur lesen. Aber wir wissen alle, dass man am Sterbebett diese Sure liest. Man kann sagen, sie ist das Herz des Korans. Sie ist diejenige, die ich von allen Suren am besten lesen kann. Die erste Seite kann ich sogar auswendig. Es heißt, wenn man sie am Sterbebett liest, kommen für jeden Buchstaben, den man liest, zehn Engel herab. Die Sure hat dreitausend Buchstaben. Und jeder Engel, der herabkommt, setzt sich mit ans Sterbebett und betet, dass dem Sterbenden verziehen wird.

Diesmal fiel es mir schwer, den Text zu lesen, ich verhaspelte mich mehrmals und brauchte fast eine Stunde. Immer hörte ich das Piepgeräusch, das Großmutters Herzschlag anzeigte. Je länger ich las, desto langsamer schien es zu werden. Nachdem ich die letzten Worte ausgesprochen hatte, vergingen noch etwa fünf Minuten, dann wurde es still. Großmutter war von uns gegangen.

Später an diesem Tag traf sich die Familie in der Wohnung meiner Großeltern. Ich konnte mich nicht erinnern, sie jemals alle zusammen gesehen zu haben. Erst Großmutters Tod hatte sie wieder zusammengeführt. Anne kochte für alle, bereitete Tee zu, servierte, räumte ab und fand sogar noch Zeit für manche Unterhaltung. Nach allem, was sie mit Großmutter durchgemacht hatte, konnte sie ihr nicht besonders nahegestanden haben, doch das ließ sie sich nicht anmerken. Ich glaube, sie tat es für Baba. Ich kenne niemanden, der ein größeres Herz hat als sie. Dafür bewundere ich sie.

Ich werde mich hüten, ein Urteil über Babas Familie zu

fällen. Jeder lebt sein Leben, wie er es für richtig hält. Es ist möglich, dass ihnen das Festhalten an den Traditionen mehr Sicherheit gibt in einem Land, das nicht automatisch zu ihrer Heimat geworden sein muss, nur weil sie hier leben. Aber ich denke auch, dass ihnen Deutschland weniger fremd sein würde, wären sie Neuem gegenüber aufgeschlossener.

Für Baba ist das keine einfache Situation, er leidet darunter. Seine Familie ist ihm sehr wichtig. Aber irgendwie scheint er sich damit abgefunden zu haben, denn er unternimmt nichts mehr, um etwas daran zu ändern. Vielleicht weiß er einfach, dass es sowieso nichts bringen würde. Umso mehr sorgt er sich darum, dass wenigstens Anne sich gut mit ihrer Familie versteht. Kommt es zwischen ihr und ihren Geschwistern mal zu einem Streit, ist er der Erste, der zu schlichten versucht.

Mit Annes Familienzweig treffen wir uns jedes Wochenende, das ist zu einem Ritual geworden, manchmal auch während der Woche, meistens auf einen Tee. Alle sind allerdings nie dabei. Onkel Erol, einer von Annes Brüdern, lebt mit seiner Familie in der Türkei. Mit einem anderen Onkel ist die restliche Familie zerstritten, der Kontakt zu ihm ist fast völlig abgebrochen. Außerdem fehlen Annes Eltern immer dann, wenn sie sich in der Türkei aufhalten. Das ist ungefähr die Hälfte des Jahres der Fall. Seitdem Großvater Rentner ist, verbringen sie die warme Jahreszeit in ihrer Wohnung in Samsun am Schwarzen Meer. Da sind die Sommer noch richtige Sommer. Außerdem hat Großmutter ihre Freundinnen dort. Für die kalten Monate kommen sie nach Berlin zurück, natürlich weil sie ihre Kinder und Enkel schrecklich vermissen – und weil die Wohnungen hier besser geheizt werden. Man denkt es nicht, aber die Winter am Schwarzen Meer können richtig frostig sein.

Der Rest aber ist eine ziemlich verschworene Truppe. Das heißt nicht, dass es zwischen ihnen nicht auch zu Meinungsverschiedenheiten kommen würde. Ganz im Gegenteil. Meine Cousinen, Cousins, Tayfun und ich liefern immer wieder neuen Stoff, über den sich unsere Eltern herrlich in die Haare kriegen können, und das mitunter sehr ausdauernd. Ein einziges Thema kann für Monate reichen, ohne dass sich ihre Standpunkte einen Millimeter annähern. Es wird dann bei jedem Familientreffen wieder auf den Tisch gebracht.

Zuletzt war meine mangelnde Ordnungsliebe, die Anne mir unterstellt, ein solcher Dauerbrenner. Überhaupt ging es schon viel zu oft um mich. Erst meine saloppe Kleidung. Die war vergessen, als ich mich weigerte, weiter in die Moschee zu gehen. Danach wollte ich nicht mehr auf jede Hochzeit mit – und so weiter. Manchmal nervt das ganz schön, aber mittlerweile habe ich durchschaut, dass man dem gar nicht entgehen kann. Ab einem gewissen Alter rückt man automatisch in die Schusslinie. Zuerst erwischte es meine älteren Cousinen und Cousins, irgendwann landeten sie bei Tayfun, dann kam ich dran. Immer schön der Reihe nach, wie eine Gesetzmäßigkeit. Allerdings sollte man schon ein bisschen rebellieren, einen eigenen Willen demonstrieren, sonst könnte man übersehen werden. Nur die ganz Braven bekommen keine Chance, Familienthema zu werden. Ich muss mir da also keine Sorgen machen. Das Beste daran ist, dass es irgendwann vorbeigeht. Entweder wird man von einem der Nächstjüngeren in der Verwandtschaft getoppt, oder man ist irgendwann alt genug, dass einem die Eltern einen eigenen Willen zugestehen oder auch einfach nur resignieren. Obwohl ich mir das im Moment noch schwer vorstellen kann.

Aber mein Cousin Timur setzt gerade alles daran, mir den Rang abzulaufen, allerdings unfreiwillig. Der Junge ist erst dreizehn, er hat die Gesetzmäßigkeiten der Familiendiskussionen garantiert noch nicht erkannt. Ich würde sagen, er ist einfach überfordert. Typische Anzeichen von Pubertät. Timur ist ein begnadeter Fußballer, trainiert in einem Verein, will noch besser werden und setzt sich gewaltig unter Druck. Verständlich, dass die Schule dabei zu kurz kommt. Letztens brachte er eine Vier plus in einer Englisch-Arbeit mit nach Hause. Für Tante Hediye, seine Mutter, eine kleine Katastrophe, sie ist Perfektionistin.

Aber das ist nicht alles: Timur leidet unter seiner kleinen Schwester. Seit sie auf der Welt ist, fühlt er sich von seinen Eltern weniger geliebt als sie. Und weil er sich darüber hinaus ganz prinzipiell oft unverstanden fühlt und nicht weiß, wohin mit seinen Emotionen, reagiert er manchmal aggressiv. Das kommt sicher auch in deutschen Familien vor. Was den Unterschied zu den türkischen ausmacht: Bei uns mischen sich die anderen in alles ein, selbst in Erziehungsfragen, in die sogar besonders gern. Wir finden das völlig selbstverständlich. So ist es seit jeher üblich. Wir kennen das gar nicht anders. Jeder muss zu allem seinen Senf dazugeben, sagen das die Deutschen nicht so? Wenn zum Beispiel Tante Hediye Timur in unserem Beisein anfährt, weil er seine Hausaufgaben nicht in seiner besten Schönschrift erledigt hat, wir das aber übertrieben oder ungerecht von ihr finden, gehen wir dazwischen. Das kann dann schnell zu einem richtigen Spektakel ausarten. Jeder will seine Meinung zum Besten geben und meint natürlich, seine sei die einzig richtige. Dann fängt Tante Hediye an, sich zu verteidigen. Und schon erreicht das Ganze die nächste Stufe: Aus der Streitigkeit wird eine Streitigkeit über die Streitigkeit. Sozusagen der Gipfel unserer familiären Streitkultur.

Die Sache mal ganz nüchtern betrachtet: Das hat Vor- und Nachteile. Vorteile in erster Linie für Timur, der ein bisschen Unterstützung kriegt. Er wird auf diese Weise bald begreifen, dass er, mit etwas Geschick, seine Tanten gut gegen seine Mutter einspannen kann. Bei mir war das genauso. Ich nutze meine Tanten heute noch manchmal, um meine Mutter zu überreden. Aber auch die Nachteile liegen klar auf der Hand, nicht nur, weil dadurch Tante Hediyes Autorität untergraben wird: Wer hat nun recht? Nach wem soll ich mich richten? Lieben mich die Tanten mehr als meine eigene Mutter?

Solche und viele andere Fragen können ein Kind ganz schön durcheinanderbringen. Auch daran erinnere ich mich gut. Und noch einen Nebeneffekt bringen solche Situationen mit sich, nicht immer, doch gelegentlich, die Streiterei muss nur hitzig genug werden. Dann kommen Dinge ans Tageslicht, die sonst wahrscheinlich niemals ausgesprochen worden wären. Das ist dann wie ein reinigendes Gewitter, das im ersten Moment einen Schock auslöst, einen dann aber zum Nachdenken bringt.

Es ist noch gar nicht lange her, da hat es mich selbst erwischt, zufälligerweise auch bei Tante Hediye. Nach meinem Geschmack erwartet sie einfach zu viel von Timur. Natürlich will sie nur eine gute Mutter sein und das Beste für ihren Sohn, nur scheint sie ihn mit ihren Ansprüchen zu überfordern. Das sagte ich ihr auch, als wir wieder einmal zusammensaßen und darüber diskutierten. Plötzlich bekam ich von ihr zu hören, dass ich keine Ahnung hätte und was ich überhaupt wolle, wo ich mir doch nie Zeit für meinen Cousin nähme! Das saß, wie eine schallende Ohrfeige. Und ich muss gestehen: Sie hatte recht, viel kümmere ich mich wirklich nicht um ihn. Ich hab ihn gern, mir fehlt nur die Zeit.

Wir streiten aber nicht jedes Mal, wenn sich unsere Familie trifft. Oft tauschen wir uns einfach nur über das aus, was uns gerade beschäftigt. Arbeit, Schule, irgendwelche Sonderangebote im Supermarkt, Ikea-Möbel, Umzüge – und seit einiger Zeit häufig die Hochzeit meiner Cousine Deniz. Eine unendliche Geschichte, immer wieder gern zur Sprache gebracht, besonders weil sie Leon, einen Deutschen, heiratet und Großvater sich wünscht, Deniz' zukünftiger Mann würde sich beschneiden lassen. Was für Leon und sie überhaupt nicht in Frage kommt. Aber auch sonst ist es ein spannendes Thema, denn Deniz stammt aus der Familie, zu der wir kaum Kontakt haben. Doch bis zur Hochzeit ist es noch ein Weilchen hin, ich werde also später davon erzählen.

Manchmal kreisen unsere Gespräche auch um Politik, besonders wenn Wahlen anstehen wie letztens die Bundestagswahl. Mich interessiert Politik zu jeder Zeit, wie Tante Zeynep auch. Sie nahm schon als Jugendliche an politischen Treffen des Türkischen Vereins teil. Heute zählen zu ihrem Freundeskreis türkische Intellektuelle, die eher links geprägt sind. Ihr Lebensgefährte war einer der Mitbegründer der Türkischen Gemeinde Deutschlands. Sie liest auch jede Woche den *Spiegel*. Bei Anne ist eher ein – ich sag mal – Grundinteresse vorhanden, wogegen sich meine Großeltern kaum dazu äußern. Ich schätze, ihnen ist Politik ziemlich gleichgültig. Sie haben auch keine deutschen Pässe, dürften also sowieso nicht hier wählen. Für alle anderen von uns sind Wahlen eine wichtige Angelegenheit, einfach weil es um das Recht geht, mitentscheiden zu können. Das klingt sehr nach Schulbuch, ich weiß, aber wir sehen das nun mal so. Schon lange vor dem Termin besprechen wir ganz offen, wer wen wählen will. Meine Eltern entscheiden sich traditionell für die Sozialdemokraten. Ihre Überzeugung stammt aus der Zeit, als die SPD noch als die für Türken in Deutschland einzige in Frage kommende Partei galt. Unsere Verwandtschaft tendiert in dieselbe Richtung, manche kombinieren auch, einige mit den Grünen, andere mit der Linkspartei.

Beinahe hätte ich es vergessen: Fußball spielt natürlich auch immer wieder eine Rolle, vor allem wenn Europa- oder Weltmeisterschaften stattfinden. Dann sehen wir uns die Spiele der türkischen Mannschaft alle gemeinsam an. Baba, Tayfun, Timur und Onkel Cemal sind ohnehin große Fans, aber selbst Onkel Kaan sträubt sich nicht, obwohl er sich sonst nicht besonders für Fußball interessiert. Es ist höchst amüsant, unseren Clan beim Fußballgucken zu beobachten. Erst herrscht große Anspannung, alle fiebern mit, vergessen fast zu atmen, wenn es spannend wird. Sobald ein Tor fällt, natürlich für unsere Mannschaft, gehen wir ab wie Silvesterraketen, springen auf, jubeln und kreischen wild durcheinander. Fängt sie sich ein Gegentor ein oder verliert sie am Ende gar, fluchen die Männer und brüllen den Fernseher an, als könnte man sie auf diese Weise bis aufs Spielfeld hören. Lustig ist auch, dass selbst wir Frauen zu Fußballexperten mutieren und immer feste unsere Kommentare abgeben.

Das ist überhaupt das Schöne an unseren Familientreffen: Es gibt keine reinen Männerthemen und auch keine, an denen sich nur die Frauen beteiligen. In dieser Hinsicht herrscht ausnahmsweise Gleichberechtigung, obwohl natürlich nicht jeder von jedem gleich ernst genommen wird. Aber sagen dürfen alle, was sie denken und was ihnen auf dem Herzen brennt.

Ansonsten wird bei den Zusammenkünften noch gegessen – türkische Speisen wie *Kabak*, ein Gebäck aus gezuckertem Kürbis und Walnüssen – und getrunken. Schwarztee natürlich, den gibt es immer, er gehört zur türkischen Kultur wie Kaffee bei den Deutschen. Ich gehe morgens nie aus dem Haus, ohne Tee getrunken zu haben. Tee ist bei uns fast wie eine Religion. Wenn ich jemandem Tee serviere, bekunde ich ihm damit meinen Respekt. Außerdem ist es ein Zeichen dafür, dass man eine gute Hausfrau ist. Seit ich achtzehn bin, soll ich zu Hause immer den Tee zubereiten und dann auf einem Tablett servieren, so ist das üblich, doch meistens drücke ich mich davor. Manchmal habe ich nur keine Lust, aber oft sehe ich es auch nicht ein. Warum kann Baba sich nicht allein Tee zubereiten, wenn er doch sowieso nur vorm Fernseher hockt? Er sieht das natürlich anders, weil er immer bedient wird. Meine Mutter ebenfalls, weil sie es nicht anders kennt. Sie schimpft dann mit mir: »*Evde kaldın.*« Das sagt man im Türkischen, wenn ein Mädchen oder eine junge Frau in häuslichen Dingen so ungeschickt ist, dass sie kein Mann heiraten möchte. Das ist mir aber egal. Ich drücke mich ja nicht, weil ich es nicht kann, sondern weil ich nicht will. Bei den

Familientreffen ist das etwas anderes. Erst recht, wenn wir uns bei Onkel Cemal und Tante Hediye treffen, dann bereite ich sogar gern den Tee zu.

Ich weiß nicht, ob man schon gemerkt hat, dass mir unsere Familientreffen sehr viel bedeuten. Ich liebe diese Abende, weil ich meine Familie liebe. Es herrscht immer eine besondere Stimmung, schwer zu beschreiben, jedes Mal ist sie ein bisschen anders. Wahrscheinlich ist es das Gefühl der Verbundenheit, das ich daran so mag. Ganz gleich, bei wem wir uns treffen, wir sitzen immer alle zusammen im Wohnzimmer, auch wenn es manchmal eng wird. Großmutter und Großvater gehören die Plätze auf der Couch, die bequemsten, das ist Gesetz. Wir anderen suchen uns irgendeine Sitzgelegenheit, holen Stühle aus der Küche oder kauern uns einfach auf den Boden. Dann wird losgequatscht, manchmal von sieben Uhr abends bis nachts um zwei, und selbst dann gackern wir noch wie die Hühner.

Schade, dass wir zu Babas Sippe keinen so guten Draht entwickeln konnten, aber das kommt in den besten Familien vor. Trotzdem ist es interessant zu beobachten, wie unterschiedlich sich Annes und Babas Familien entwickelt haben, wo die Ausgangsbedingungen doch nahezu identisch waren. Beide stammen aus derselben Region im Norden der Türkei, sie lebten nur wenige Kilometer voneinander entfernt, in der Nähe des Schwarzen Meeres, allerdings ohne sich zu kennen. Beide waren Bauernfamilien, die nichts im Überfluss hatten, nur wenig verdienten, sich das Wenige aber hart erarbeiten mussten.

Meine Großeltern mütterlicherseits brachen zuerst nach

Deutschland auf, Anfang der Siebzigerjahre. Damals existierte ein Anwerbeabkommen zwischen der Türkei und der Bundesrepublik, das es ihnen ermöglichte, ganz offiziell als Gastarbeiter hierherzukommen. Zunächst kam Großvater allein, er holte Großmutter später nach, zusammen mit Tante Hediye. Anne und ihre anderen Geschwister blieben so lange bei einem Onkel in Istanbul. Der hatte dort ein sogenanntes *Gecekondu*-Haus gebaut, die zu dieser Zeit am Stadtrand wie Pilze aus dem Boden schossen. *Gecekondu* bedeutet »nachts hingestellt«. Nach einem Gewohnheitsrecht, das aus der Zeit des Osmanischen Reiches stammt, sind Häuser, die über Nacht auf öffentlichem Grund errichtet werden, geschützt. Sie dürfen nicht gegen den Willen des Besitzers abgerissen werden. Das ist übrigens immer noch so, obwohl sie nach heutigem Recht als illegale Bauten gelten. Man muss nur alle Materialien vorher zusammenhaben und es irgendwie schaffen, den Bau in einer einzigen Nacht hochzuziehen. Paläste entstehen so natürlich nicht, aber als Slums kann man diese Gegenden auch nicht bezeichnen. Viele der Häuser werden nachträglich verschönert. In der Region um Istanbul leben fast siebzig Prozent der Einwohner in solchen Häusern, in der Umgebung von Ankara und Izmir sind es noch mehr. Viele sind ehemalige Bauern, die es in die Stadt zog, weil sie dort leichter Arbeit bekamen und besser entlohnt wurden. Ein Onkel von Baba wohnt auch in einem *Gecekondu*-Haus. Seins ist sogar ziemlich schön, und es hat einen tollen Garten, in dem Weintrauben und Äpfel wachsen.

Anne war sieben Jahre alt, als sie von ihren Eltern nachgeholt wurde, mit ihr Tante Zeynep. Es gibt Fotos, die müssen ungefähr zu dieser Zeit gemacht worden sein, da stehen

Großmutter und Großvater hinter ihren sechs Kindern, drei Töchter, drei Söhne. Sie wirken sehr stolz. Aber was mir darauf noch auffällt: Großmutter trug ihren Rock viel kürzer als heute, er reichte gerade mal bis zu den Knien. Auch das Kopftuch hatte sie nicht so streng gebunden, wie sie das jetzt macht, auf ihrer Stirn lugten Haare hervor. Und sie sieht glücklich aus.

Nicht, dass Deutschland sie unglücklich gemacht hätte, ihr Plan sah nur anderes vor. Sich ein bisschen Wohlstand erarbeiten wollten sie und dann in die Heimat zurückgehen. Wobei Wohlstand für sie damals eine andere Bedeutung hatte als für mich heute. Sie gingen beide arbeiten, ernährten ihre Kinder, schickten Geld zu den Familien in die Heimat, sparten selbst etwas, um in den Sommerferien dorthin zu fahren, wo sie herkamen und wo sie nach ihrem Gefühl eigentlich auch hingehörten. Später reichte es für eine kleine Eigentumswohnung am Schwarzen Meer, ganz in der Nähe ihres Heimatdorfes, in der sie jetzt die Hälfte des Jahres verbringen. Eines Tages zurückgehen und wieder dort leben, nur noch dort, wie früher, so sah ihr Traum mal aus. Heute können sie sich das nicht mehr vorstellen.

Ich glaube, sie sind innerlich ganz schön zerrissen: dort die geliebte Heimat, hier ihre geliebte Familie. Als würden sie zwischen zwei Stühlen sitzen. Halten sie sich in der Türkei auf, fehlen ihnen vor allem die Kinder und Enkel, aber auch eine Menge Annehmlichkeiten, an die sie sich hier gewöhnt haben: an die guten Straßen – doch, die sind viel besser als in der Türkei –, an prall gefüllte Supermärkte oder an die Busse und Bahnen, mit denen sie in Berlin zu jeder Tageszeit leicht überallhin kommen. Sind sie dann in Deutschland und haben all das, vermissen sie wiederum ihre alten Nachbarn, die Berge und das Meer und die Ziegen und ich weiß nicht, was sonst noch alles; kurz gesagt ist es vermutlich das Gefühl von Heimat, das sie hier nicht haben.

Woran man außerdem erkennt, dass ihr Lebensplan einmal anders ausgesehen hat, ist der Umstand, dass es mit ihrem Deutsch nicht weit her ist. Großvaters geht noch, obwohl er schon mal in einem Prospekt für Spielekonsolen nach Kochtöpfen suchte, was ich sehr lustig fand. Es hat nie jemand von ihm verlangt, Deutsch zu lernen. In der Firma, für die er arbeitete, wurden den Gastarbeitern Dolmetscher organisiert, die allen Papierkram erledigten. Zu Hause halfen ihm seine Kinder mit ihrem Schuldeutsch. Und Freundschaften pflegte er sowieso nur zu anderen Gastarbeitern, man blieb unter sich. Hätte er nicht auch deutsche Arbeitskollegen gehabt, wäre sein Deutsch noch rudimentärer. Aber auch so käme er nie auf die Idee, einen deutschen Fernsehsender einzuschalten oder sich mit den komplizierten Sätzen in einer deutschen Zeitung herumzuquälen.

Vom türkischen Fernsehen dagegen kann er gar nicht genug kriegen, jetzt, da er ausreichend Zeit hat. Mindestens dreimal am Tag sieht er sich die Nachrichten an – jeweils auf sechs verschiedenen Kanälen. Ich sage immer, die Nachrichten sind Großvaters Lebenselixier. Man muss ihn einmal dabei beobachten, dann versteht man das: Kaum beginnt der Vorspann, schiebt er seinen Stuhl dicht vor den Fernseher, setzt sich darauf, beugt sich nach vorn, sodass er den Bildschirm mit dem Kopf schon fast berührt, und verfolgt mit weit aufgerissenen Augen, was gesendet wird. Gleichzeitig hält er in der linken Hand einen kleinen

Schreibblock bereit, in der rechten einen Kugelschreiber, um sich das Wichtigste zu notieren. Das ist eine alte Angewohnheit von ihm. Früher, als die meisten Gastarbeiter noch nicht genug Geld hatten, um sich Fernseher und Satellitenschüsseln leisten zu können, schrieb er immer die neuesten Nachrichten auf weiße Zettel, ging anschließend herum und verteilte sie in die Briefkästen seiner Freunde. Heute wartet keiner mehr auf seine Nachrichten, trotzdem schreibt er sie weiterhin. Meistens liegen sie anschließend in der Wohnung herum, bis Großmutter aufräumt und sie in den Müll wirft. Nur die, die Großvater für besonders wichtig hält, über neue Gesetze beispielsweise, hebt er in einer Schublade auf.

Bei Großmutter ist es mit der deutschen Sprache noch schwieriger. Sie bringt kein einziges Wort über die Lippen, nicht mal ein einfacher Begriff wie »Auto« ist ihr geläufig. Wie sie leben kann, ohne zu verstehen, was die Leute um sie herum sagen, ist mir ein Rätsel. Sie wird immer ganz traurig, wenn ich in ihrem Beisein mit meinen Tanten Deutsch spreche. Wir wiederholen dann alles noch einmal auf Türkisch, damit sie mitreden kann. Großmutter geht auch niemals allein zum Arzt. Ich meine natürlich: zu einer Ärztin, zu einem Arzt würde sie sowieso nicht gehen. Tante Zeynep nimmt sich jedes Mal einen Tag frei, um sie zu begleiten.

Einmal war ich auch dabei. Großmutter plagten Schmerzen in der Magengegend. Sie fuchtelte vor der Ärztin mit den Armen herum, um sich verständlich zu machen, was recht temperamentvoll aussah, jedoch nicht das Geringste zur Erhellung des Problems beitrug. Das gelang erst, als Tante Zeynep dolmetschte. Der Ärztin übersetzte sie

Großmutters Worte, und für die Ärztin stellte sie Großmutter Fragen, die helfen sollten, die Beschwerden besser deuten und genauer lokalisieren zu können. Als die Ärztin mit Großmutter fertig war, blieb Tante Zeynep sogar noch in der Praxis, um anderen türkischen Patientinnen zu helfen, die sich mehr schlecht als recht verständigen konnten. So ist sie, meine Tante.

Babas Eltern waren, was die deutsche Sprache angeht, noch konsequenter. Sie haben sich ihr völlig verschlossen, erst fünf Jahre lang, dann waren plötzlich zehn vorüber, dann zwanzig, jetzt über dreißig, fast vierzig, und das mitten in Berlin. Ich weiß, kann man sich schwer vorstellen. Noch heute ist es unmöglich, mit ihnen auch nur einen Satz auf Deutsch zu wechseln. Das ist nichts, worauf ich stolz bin, aber ich schäme mich deswegen auch nicht für sie. Immer wieder begegnen mir Menschen, die mich komisch angucken, wenn sie das merken, und meine Großeltern für furchtbar ungebildet und zurückgeblieben halten. Diese Leute vergessen einfach die Umstände. Man kann das nicht mit heute vergleichen. Erst recht kann ich meine Großeltern nicht mit mir vergleichen. Natürlich würde ich es ganz anders anstellen, wenn ich in ein fremdes Land ginge. Aber ich bin auch in einer Großstadt aufgewachsen, im Heute, und nicht vor fünfzig oder sechzig Jahren in einem rückständigen Dorf. Durch die Schule habe ich von anderen Kulturen erfahren und gelernt, mich damit auseinanderzusetzen. Für mich ist Sprache ein Mittel, um mich auszutauschen. Und ich will mich mit anderen austauschen, will keine Grenzen gesetzt bekommen, nur weil ich die Sprache der anderen nicht beherrsche. Meine

Großeltern dagegen kommen aus einem Dorf, in dem es früher weder Fernsehen noch Radio gab. Ihr Dorf war ihre Welt. Alle Menschen, die sie kannten und die ihnen wichtig waren, sprachen dieselbe Sprache wie sie. Dadurch bedeutete Sprache gleichzeitig Identität. Mehr kannten sie nicht, als sie in die Fremde zogen, nach Deutschland. Aus heutiger Sicht mag es verblüffen, wie sie damals reagierten. Anstatt sich dem neuen Land, der anderen Kultur zu öffnen, verschlossen sie sich dem Fremden wie Austern.

Ich glaube, Angst spielte da eine entscheidende Rolle. Es ging ihnen nicht darum, sich mit den Deutschen kulturell auszutauschen. Sie wollten Geld verdienen, um ein angenehmeres Leben zu haben, ihr gewohntes Leben, nur besser, frei von Armut. Ihre Kultur wollten sie behalten, denn die war das Vertraute. Als sie merkten, dass sie in Deutschland ein völlig anderes Leben erwartete, müssen sie Angst bekommen haben, Angst, diese Kultur zu verlieren, ihre Sprache und damit auch ihre Identität. Also gingen sie arbeiten, versuchten ansonsten aber so zu leben, wie sie das aus ihrer Heimat gewohnt waren. Sie praktizierten ihre Religion, pflegten ihre Traditionen, hielten ihre Werte hoch, kochten weiterhin türkische Gerichte, und wenn sie Kontakt zu anderen Menschen suchten, fiel ihre Wahl zuallererst auf Landsleute, mit denen sie die gemeinsame Sprache verband.

Ungefähr so müssen sich Annes und Babas Familien kennengelernt haben, hier in Berlin. So genau kann sich niemand mehr daran erinnern. Der Kontakt soll irgendwann einfach da gewesen sein. Vielleicht waren sich die Väter in der Moschee begegnet und ins Gespräch gekommen oder beim Arbeiten, oder die Mütter waren sich beim Einkaufen über den Weg gelaufen. Vielleicht hatte die eine Familie von der anderen gehört, dass sie aus derselben Gegend stammte. Es könnte sogar sein, dass sie sich dort, in der Türkei, schon mal begegnet waren, auf einer Hochzeit von entfernten Verwandten möglicherweise, ohne dass sie voneinander besonders Notiz genommen hätten. Jedenfalls war es keine dicke Freundschaft, die sie zusammenführte, zumindest das ist sicher. Näher kamen sie sich auch erst, als Baba, der als Dreizehnjähriger, sechs Jahre nach Anne, nach Deutschland gekommen war, das heiratsfähige Alter erreichte.

Die mündlich überlieferte Familienchronik besagt, dass mein Großvater mütterlicherseits derjenige war, der damals die Verkupplung meiner Eltern in Angriff nahm. Zunächst führte er ein Gespräch unter Männern mit Babas Vater. Nachdem geklärt war, dass Baba noch keiner Frau versprochen worden war, verständigten sich die beiden Väter darauf, dass Anne eine gute Partie für Baba und der umgekehrt eine gute Partie für Anne sei. Es folgte der obligatorische Familienbesuch. Babas Familie rückte bei Annes an. Na ja, und bei dieser Gelegenheit wurden gleich Nägel mit Köpfen gemacht, wie das üblich war – und bei vielen noch immer ist: Babas Vater begann mit der traditionellen Floskel: »Wir sind in einer heiligen Angelegenheit gekommen ...« Den wichtigsten Satz richtete er wenig später direkt an Annes Vater: »Mit Gottes Befehl und Zustimmung des Propheten wünschen wir Ihre Tochter für unseren Sohn.« Danach wurde auch noch Anne gefragt, was sie von einer Ehe mit Baba hielte, allerdings von ihrer Mutter.

Ich kann hier nur wiederholen, was mir erzählt wurde. Demnach soll Anne gleich einverstanden gewesen sein. Ach so, habe ich erwähnt, dass Baba gar nicht anwesend war? Und es war auch nicht so, dass die beiden zuvor schon zusammen aus gewesen wären oder auch nur ein Wort miteinander gewechselt hätten. Anne hatte Baba wohl einmal gesehen, das immerhin, mehr aber nicht. Vermutlich vertraute sie einfach ihrem Vater, der würde ihr schon keinen schlechten Mann aussuchen. Was sag ich? Vermutlich? So muss es gewesen sein.

Doch noch war Annes Zustimmung nicht verbindlich. Das sagte sie nicht, musste sie auch nicht, denn so geht der Brauch. Zwei oder drei Tage später – auch das gehört dazu – lief Babas Familie erneut bei ihr zu Hause auf, um sich das *Söz* abzuholen, das Wort, das Versprechen oder anders ausgedrückt: die Ehezusage. Diesmal war Baba dabei, ohne ihn wäre es auch schlecht gegangen, denn das *Söz* geben sich die zukünftigen Eheleute gegenseitig. Und damit alle sehen, dass sie einander versprochen sind, schenken sie sich Ringe. Normalerweise. Im Fall meiner Eltern wurde darauf verzichtet. Bei ihnen gab es die Ringe erst zur Verlobung, die fand aber auch nur zwei Wochen später statt. Von da an vergingen noch einmal knapp vier Monate – und sie waren Mann und Frau. Mit achtzehn.

Und mit neunzehn wurden sie Baba und Anne, Vater und Mutter. Ein atemberaubendes Tempo, finde ich, dafür, dass sie sich ja kaum kannten. Und vor allem dafür, dass sie das erste halbe Jahr nach ihrer Hochzeit quasi in der Wohnung von Babas Eltern verbrachten. Ich nenne diese Phase den Ehetauglichkeitstest. Allerdings musste sich dem nur Anne unterziehen. Für sie muss diese Zeit in etwa so gewesen sein, wie ich mir die Hölle vorstelle. Zwar hatten die beiden eine eigene Einzimmerwohnung. Die befand sich nur leider im selben Haus und auch noch auf derselben Etage, direkt gegenüber. Was zur Folge hatte, dass sie nur die Nächte dort verbringen konnten. Tagsüber hielten sie sich bei Babas Eltern auf, weil das so üblich war. Allerdings nicht zum gemütlichen Kaffeekränzchen, Annes Schwiegereltern wollten die Frischangetraute ihres Sohnes als perfekte Hausfrau erleben. Putzen sollte sie und kochen, Tee servieren und sich überhaupt gut benehmen, also die Klappe halten und sich fügen, unterwürfig jede Kritik ertragen und sich natürlich jederzeit gebührend kleiden, was nichts anderes hieß, als sich zu verhüllen. Selbst an heißen Sommertagen galten kurze Ärmel als Sünde.

Wie sie das aushalten konnte, ich wäre abgehauen, aber ich kann das heute leicht sagen. Vielleicht kam mein Brüderchen Tayfun ja auch deshalb so schnell. Zu dritt brauchten sie eine größere Wohnung und zogen fort. Zwar nur ein paar Straßenecken weiter, das genügte aber, um der Dauerbeobachtung durch Babas Eltern zu entkommen.

Baba dürfte sich über die hohen Ansprüche an Anne kaum gewundert haben. Wenn er von seiner Kindheit erzählt, klingt es so, als hätten ihn seine Eltern extrem streng erzogen. Manchmal hält er uns diese alten Geschichten vor und meint, daran könnten wir sehen, wie gut wir es hätten. Wovon er auch erzählt, stets wird deutlich: Respekt galt als oberste Grundtugend, vor allem Respekt Erwachsenen gegenüber. Dem eigenen Vater widersprechen? Undenkbar! Niemals hätte er sich solche Wortgefechte erlauben dürfen, wie ich sie manchmal mit ihm oder mit Anne austrage. Das hat ihn fürs Leben geprägt. Noch heute würde er nicht wagen, im Beisein seines Vaters zu rauchen, weil er weiß, dass dieser dagegen ist.

Mir fällt gerade auf, dass ich die ganze Zeit, während ich darüber schreibe, wie sich meine Eltern kennenlernten, den Kopf schüttele. Für mich ist die Geschichte ja nicht neu, aber vorstellen kann ich sie mir irgendwie trotzdem nicht. Wenn ich mal von mir ausgehe: Ich verliebe mich nicht Knall auf Fall in jemanden. Gut, verknallt bin ich schneller mal, aber das ist etwas anderes. Liebe braucht seine Zeit, ich muss den anderen erst einmal besser kennenlernen, mit ihm zusammen sein, ehe sich Gefühle einstellen oder eben auch nicht. Manchmal ist es ganz banal: Eigentlich gefällt er mir, aber dann merke ich, dass er sich ständig an der Nase kratzt, und plötzlich wird das nichts mit der Liebe, ohne dass ich erklären könnte, warum sich mein Herz wieder verschließt, wo er doch ansonsten ein netter Kerl ist.

Und jetzt stelle ich mir vor, wie es bei Anne und Baba gelaufen ist: Sie wurden einfach von ihren Eltern zusammenorganisiert. Hey, du hast doch eine hübsche Tochter, ich hab da einen tollen Sohn, die beiden wären doch was füreinander! Und dann wurde gleich geheiratet, ohne Probelauf und ohne Chance auf einen Rückzieher. Pragmatismus auf der ganzen Linie. In mein Weltbild passt das nicht. Ich frage mich, wie da Gefühle aufkommen sollen. Aber noch schlimmer ist die Vorstellung, dass niemals welche aufkommen, man aber trotzdem sein Leben miteinander verbringt, weil man sich einredet, das war so vorgesehen. Oder weil man hofft, irgendwann würde sich schon so etwas wie Liebe einstellen. Doch woher weiß man dann, was Liebe überhaupt ist? Letztens wurde ich gefragt, ob ich glaube, dass meine Eltern sich lieben. Um ehrlich zu sein, darüber hatte ich noch nie nachgedacht. Für mich war immer klar, dass sie sich nicht lieben, nicht auf die Art und Weise, wie ich Liebe für mich definiere. In meinen Augen lieben sie sich, weil sie seit über zwanzig Jahren verheiratet sind und zusammenleben. Weil sie zwei Kinder haben. Und weil sie nicht allein sein wollen, wenn sie einmal alt sein werden. Liebe ist für sie nicht gefühlsgebunden, sondern zweckgebunden. Seltsam ist nur, dass arrangierte Ehen wie die meiner Eltern meistens wesentlich länger halten als Ehen, die aus Liebe geschlossen wurden. Vielleicht wissen die, die auf diese Weise miteinander verbunden sind, gar nicht, was Liebe ist – und vermissen sie deshalb auch nicht. Vielleicht nehmen sie, was sie haben, einfach als gottgegeben hin und sind zufrieden damit.

Trotzdem kann ich mir nicht vorstellen, dass ich in einer solchen Beziehung Erfüllung fände. Seitdem ich das erste Mal verliebt war, frage ich mich häufiger, ob Anne glücklich ist. Ich wäre es an ihrer Stelle nicht. Dann denke ich aber: Doch, sie ist glücklich! Sie kann auch glücklich sein. Wie soll sie etwas vermissen, das sie nicht kennt, von dem sie nicht weiß, wie es sich anfühlt?

Als ich noch zum Religionsunterricht in die Moschee ging, erzählte unser Lehrer einmal eine Geschichte aus dem Islam, die gut dazu passt: In einem Dorf lebte eine alte Frau. Sie war noch Jungfer, weil sie jeden Mann, der um ihre Hand angehalten hatte, abgewiesen hatte. Eines Tages klopfte ein Witwer an ihre Tür. Er hatte drei Kinder zu versorgen, aber kein eigenes Haus und auch keine Wohnung mehr. Als die Frau auch ihn wegschickte, bat er sie, in einen Rosengarten zu gehen, die schönste Rosenblüte auszuwählen und mitzunehmen. Sie dürfe den Weg jedoch nur einmal gehen und auch nicht umkehren, wenn sie glaube, an der schönsten Rose vorbeigelaufen zu sein. Die Frau willigte ein, kam an unzähligen blühenden Rosen vorbei, eine schöner als die andere. Jedes Mal, wenn sie anhielt, weil sie dachte, die schönste gefunden zu haben, entdeckte sie weiter vorn eine, die noch schöner aussah. In dem Moment, als sie sich endlich für eine entschieden hatte, blendete sie plötzlich ein Lichtschein, der vom Ende des Weges kam. Dort wuchs eine Rose, dessen Blätter wunderschön funkelten. Also ging sie noch ein Stück. Doch das Licht hatte sie getäuscht. Die Rose war schwarz und hässlich. Da es aber die letzte war, musste die Frau sie nehmen.

Was uns der Religionslehrer damit sagen wollte? Nimm das Nächstbeste und gib dich zufrieden damit. Sonst bleibt dir am Ende nur das Schlechte, und du musst dich damit herumschlagen. Vielleicht dachte Anne einmal so, ihr wurde diese Geschichte wahrscheinlich auch irgendwann erzählt, oder eine ähnliche, die auf dasselbe hinauslief. Meine Philosophie ist das nicht. Ich würde alles geben, um die schönste Rose zu finden, selbst auf die Gefahr hin, am Ende allein dazustehen. Dann sollte es nicht sein, ich hätte es aber zumindest versucht.

Doch ganz so einfach ist die Geschichte von Anne und Baba auch wieder nicht. Ohne dabei gewesen zu sein, behaupte ich mal, Baba muss noch in der Pubertät gesteckt haben, als Tayfun geboren wurde. Er freute sich über den Sohn und war unheimlich stolz, aber darauf beschränkte sich sein Vatersein auch schon. Anne lebte praktisch wie eine alleinerziehende Mutter. Das änderte sich auch nicht, als ich geboren wurde. Baba ging arbeiten, damit die Familie versorgt war, und fand ansonsten, dass ihn alles andere nichts anginge. Anne versuchte, mit ihm zu reden, ihn zu ändern, sie stritten sich häufig, aber es kam nichts dabei heraus. Als ich acht war, hatte sie die Nase voll und trennte sich von ihm. Baba musste ausziehen. Für mich war das gar nicht so schlimm, durch seine Arbeit hatte ich Baba vorher auch kaum zu Gesicht bekommen. Aber Tayfun litt sehr darunter. Wenn wir abends in unseren Betten lagen, sagte er oft, wir müssten uns etwas ausdenken, um die beiden wieder zusammenzubringen. Er schmiedete alle möglichen Pläne. Ich sollte mit Baba reden, er wollte Anne überzeugen. Wir fädelten es dann so ein, dass Baba zum Fußballtraining von Tayfun kam, wo ich mit Anne auch hinfuhr. Danach gingen wir alle zusammen essen. An das Gespräch in der Gaststätte erinnere ich mich nicht mehr, aber danach änderte sich unser Leben wieder: Baba kam zurück, traf seine Freunde nicht mehr, er wurde ein richtiger Familienvater.

Und heute überraschen mich die beiden manchmal sogar und bringen meine ganze Theorie über ihre arrangierte Ehe ins Wanken. Diesen Sommer waren sie zum ersten Mal in ihrem Leben zu zweit im Urlaub, ohne uns Kinder, nur sie beide. Jedes Mal, wenn sie zu Hause anriefen, berichtete Anne mir ganz begeistert, wie sie Händchen haltend am Strand spazieren gehen. Und als sie zurückkamen, turtelten sie wie zwei Frischverliebte. Da soll noch einer schlau draus werden.

Neuerdings schafft Anne es sogar, mich regelrecht zu schockieren. Kürzlich hatte ich mir eine Frauenzeitschrift gekauft. Ständig musste ich für Klausuren pauken, da wollte ich mir zwischendurch zur Ablenkung mal leichten Stoff gönnen. Normalerweise ist es ein völlig harmloses Blatt. Diesmal lag ein kleines Heft bei, mit einem roten Umschlag. Da Dezember war, dachte ich, es ginge um Weihnachten. Für uns Muslime gibt es Weihnachten ja nicht. Weil ich nicht gleich dazu kam, die Zeitschrift durchzublättern, ließ ich sie auf meinem Schreibtisch liegen. Als ich später nach Hause kam, schien Anne bereits auf mich gewartet zu haben. Kaum war ich in meinem Zimmer verschwunden, steckte sie den Kopf herein, legte irgendwas in Tayfuns Schrank und sah mich dann mit großen Augen an. Was kommt jetzt?, dachte ich.

Da sagte sie: »Melda, du hast aber interessante Zeitschriften.« Sie machte ein Gesicht, das ich nicht so recht einordnen konnte. Lächelte sie, oder erkannte ich da einen Vorwurf in ihrem Blick? Ich wusste auch gar nicht, was sie meinte. Auf meine Frage zierte sie sich ein wenig, ging dann aber doch zu meinem Schreibtisch und nahm die Frauenzeitschrift in die Hand. Schon das war ein ungewohntes Bild für mich. Dann zog sie auch noch das rote Heftchen heraus, und ich konnte sehen, dass es gar nicht um Weihnachtsüberraschungen ging, sondern um aufregende Sextricks: Sex vorm Spiegel, Selbstbefriedigung vorm Partner, Rollenspiele, akrobatische Stellungen. Es verschlug mir die Sprache. Hätte ich das gewusst, ich hätte die Zeitschrift natürlich verschwinden lassen.

»Du hast das gelesen?« Eine bessere Frage fiel mir in dem Moment nicht ein. Dabei hätte ich gewettet, dass sie sich eher die Finger abgehackt hätte, als in einem solchen Heft zu blättern.

»Na ja, da steht groß *Sex* drauf, das macht einen natürlich neugierig.«

Wie bitte? Hatte ich mich verhört? Das konnte unmöglich Anne gesagt haben. Mehr als ein so zögerliches wie verwundertes »Aha« brachte ich darauf nicht hervor.

Aber sie setzte noch einen drauf. Einen Moment schien sie unschlüssig, ob sie es wirklich sagen sollte, dann bekam ich zu hören: »Darf ich das mal mitnehmen? Sex vorm Spiegel ist wahrscheinlich nichts für mich, aber wer weiß, vielleicht lerne ich mit meinen vierzig noch etwas dazu ...« Und dann marschierte sie einfach aus meinem Zimmer, so schwungvoll, wie ich sie lange nicht erlebt hatte.

Ich muss dagestanden haben wie ein begossener Pudel nach einer Sintflut. Irgendwann löste sich die Schockstarre. Ich rieb mir die Augen. Für eine Sekunde dachte ich: Melda, das kannst du nur geträumt haben.

3.
Ich will dich lächeln sehen

Wenn ich mir einen Mann fürs Leben aussuchen könnte, ich würde Onkel Cemal nehmen. Natürlich nicht ihn persönlich, erstens ist er viel zu alt für mich und zweitens an meine Tante Hediye vergeben, aber einen, der am besten genauso ist wie er. Ich kann lange überlegen, mir fällt kein anderer Mann ein, der so viele gute Eigenschaften in sich vereint wie er. Onkel Cemal ist lustig, lacht gern und oft, man kann aber auch ernste, tiefgründige Gespräche mit ihm führen. Er kocht zu Hause und putzt und vergisst nie den Geburtstag seiner Frau und auch nicht ihren Hochzeitstag. Seinen Kindern ist er ein toller Vater, seiner Frau ein guter Freund und Liebhaber, soweit ich das beurteilen kann. Und er ist ungemein geduldig. Das Ehezimmer im Haus seiner Eltern in der Türkei, in dem sie ihre Hochzeitsnacht verbrachten, hat er dreimal gestrichen, ohne sich aufzuregen, weil Tante Hediye die ersten beiden Farben nicht gefielen.

Aber so einen muss man erst einmal finden. Meine erste und bisher einzige Liebe hieß Batuhan. Ich fürchte, wenn ich ehrlich zu mir bin, hatte er wenige bis gar keine von den Eigenschaften meines Onkels. Aber dafür war ich damals offenbar blind. Als ich ihm zum ersten Mal beim Bezirksschülerausschuss, das ist eine Art Schülergewerkschaft, begegnete, dachte ich nur: Wie süß! Ich war fünfzehn, hatte von Jungs keine Ahnung und auch kein Interesse an ihnen. Dachte ich.

Bei Batuhan, den ich meistens nur Batu nannte, war das auf einmal anders. Dieser Junge irritierte mich, brachte meine Gedanken völlig durcheinander, und das nicht nur, weil er unverschämt gut aussah. Er war siebzehn, halb Türke, halb Koreaner, die schönste Mischung, die ich mir vorstellen konnte. Er hatte wunderschöne dunkle Augen, eine leicht gebräunte Haut, schwarze Haare. Sein selbstsicheres Auftreten faszinierte mich und auch, was er sagte. Er war in seiner ganzen Art ein großes Geheimnis, das die kleine Melda unbedingt ergründen wollte.

Das schreibt sich hier so leicht hin. Aber sag einem Jungen mal, mit dem du dich unbedingt verabreden willst, dass du Türkin bist, dass deine Eltern nicht wollen, dass du einen Jungen triffst, und überhaupt voraussetzen, dass sich ihre Tochter an die Korangebote hält, keine Männer zu küssen, nicht Händchen zu halten mit ihnen, vom verbotenen Sex vor der Ehe ganz zu schweigen. Genauso gut könntest du ihm gleich ins Gesicht schreien: Verpiss dich! Such dir ein anderes Mädel, mit dem es nicht so kompliziert ist! Bei mir erwartet dich nur Ärger!

Mancher könnte das trotzdem als Herausforderung auffassen, ein reizvolles Abenteuer darin sehen. Nur sagt mir meine Erfahrung, dass das eine sehr theoretische Annahme ist. Mir ist noch keiner untergekommen, der sich auf diese Weise angespornt gefühlt hätte. Die übliche Reaktion ist eher eine Verkrampfung vom Feinsten. Ich weiß nie, wie ich einem Jungen von meinen strengen Eltern erzählen soll, ohne ihn zu verschrecken. Am liebsten würde ich es verheimlichen, am Anfang zumindest, damit es überhaupt zu einem Anfang kommt. Aber das fände ich ihm gegenüber unfair. Er muss selbst entscheiden dürfen, ob er sich auf ein heimliches Date einlassen will. Und mit mir sind nun mal alle Dates heimlich, sogar jetzt noch, wo ich achtzehn bin. Verrate ich es ihm aber, bekommt ein an sich harmloses Treffen von vornherein eine andere Dimension, wird ernster, irgendwie verbindlicher. Obwohl ich das selbst gar nicht so sehe, sondern einfach nur Zeit mit ihm verbringen möchte, um herauszufinden, ob er nett ist oder interessant oder vielleicht sogar beides. Wie das andere Mädchen in meinem Alter auch tun. Dabei bin ich gedanklich mindestens tausend Kilometer davon entfernt, in einer Verabredung gleich eine Eheverpflichtung zu sehen. Ganz schön verzwickt, das alles!

Bei Batu kam ich gar nicht dazu, ihn in das Problem mit meinen Eltern einzuweihen. Wir hatten bisher nur bei den Sitzungen des Bezirksschülerausschusses miteinander gesprochen, allerdings nichts Persönliches, hätten ja alle zugehört. Ansonsten chatteten wir, das war seine Idee, aber auch irgendwie nicht die richtige Form, ihm so etwas anzuvertrauen. Prompt hatte ich ein schlechtes Gewissen, als wir uns das erste Mal allein trafen. Als wäre ich die böse Hexe, die ihn in eine Falle gelockt hatte.

Unser erstes Date war das erste Date, das ich in meinem Leben überhaupt hatte. Ich war fünfzehn, fast sechzehn, ein knapper Monat fehlte noch. Heute kommt es mir vor, als könnte ich mich an jede einzelne Sekunde erinnern, die wir zusammen verbrachten. Wie bei einem Film, den man so oft gesehen hat, dass man jede Szene auswendig kennt. Es war an einem Frühlingsabend, obwohl – vom Frühling war nicht viel zu spüren, wir bibberten vor Kälte. Anders sah es in meinem Bauch aus, mir war ganz heiß. Schmetterlinge flogen die wildesten Loopings. Oje, war ich nervös! Mein Herz pochte, dass ich dachte, es springt gleich heraus.

Ich hatte keine Ahnung, was mich erwartete. Ich wusste nicht, wie man Händchen hält, erst recht nicht, wie man küsst. Wen hätte ich danach fragen sollen? Vor allem wusste ich nicht, ob ich überhaupt geküsst werden wollte und was ich täte, wenn er es versuchte. Dafür hätte ich einen klaren Gedanken fassen müssen, aber dazu war ich gar nicht in der Lage. Das Einzige, was mir die ganze Zeit durch den Kopf schwirrte: Hoffentlich gefalle ich ihm!

Treffpunkt war eine Parkbank auf der Mittelinsel. Das ist eine ziemlich große Grünfläche, wie ein Park, inmitten des Kreisverkehrs am Ernst-Reuter-Platz in Charlottenburg. Auf den ersten Blick vielleicht nicht der romantischste Ort, weil man ständig von Autos umkreist wird. Doch von denen hört man kaum etwas, wenn man sich nah genug an die Brunnen setzt, in denen Wasser plätschert. Im Sommer kann es dort sogar richtig schön sein. Aber das war nicht der Grund, sich dort zu verabreden. Batu konnte erst abends um sechs kommen, und das war nicht unbedingt die Zeit, zu der ich unsere Wohnung ohne Erklärung noch hätte verlassen dürfen. Also hatte ich mich vorher mit zwei Mitschülerinnen getroffen, mit denen ich ein Referat ausarbeiten musste. Eine von ihnen wohnte ganz in der Nähe. Außerdem befindet sich das Schiller-Gymnasium, auf das ich damals ging, direkt dort. Was meinen kleinen

Ausflug noch glaubwürdiger erscheinen ließ. Ich brauchte also nicht mal zu lügen, verschwieg nur ein bisschen was.

Fast zwei Stunden saßen Batu und ich dort. Entspannt war ich keine Sekunde. Wir unterhielten uns, ich weiß nicht mehr worüber. Es war eher eine zähe Veranstaltung, das Gespräch stockte zwischendurch, oder ich empfand das nur so, weil ich furchtbar aufgeregt war und bei jeder Pause dachte, wir hätten uns nichts zu sagen. Inzwischen kenne ich Batu besser und weiß, wie wechselhaft er sein kann, fast wie eine Diva. Ist er von etwas begeistert, sprudelt er wie ein Wasserfall und kann jeden für sich einnehmen. Es gibt aber auch Situationen, in denen ist er schlecht gelaunt oder hat einfach keine Lust, dann schweigt er wie ein Fisch in der Dose, und man hat seine liebe Not, ihm ein paar Wörter aus der Nase zu ziehen.

Verliebtsein ist etwas Großartiges, und ich war bald sehr verliebt, auch wenn ich nicht recht wusste, wie ich mit meinen Gefühlen umgehen sollte. Sie waren neu, ich hatte sie nicht unter Kontrolle, was ich auch versuchte, sie gehorchten mir nicht. Ich erlebte das zum ersten Mal. Es war beängstigend, aber auch schön. Doch, schön vor allem.

Die nächste Verabredung zwei Wochen später: Wieder landeten wir auf einer Parkbank, wieder quatschten wir zwei Stunden, wieder geschah nichts, außer dass mein Herz noch verrückter Purzelbäume schlug. Und der Ort war diesmal richtig romantisch: Wir gingen an den Lietzensee, Eisessen. Erst Verabredung Nummer drei änderte alles. Mein sechzehnter Geburtstag. Für meinen Geschmack hatten wir uns eine Ewigkeit nicht gesehen. Zeit zu finden war immer eine Riesensache bei Batu, nie hatte er welche. Das hätte mich stutzig machen sollen, anscheinend gab es tausend andere Sachen, die ihm wichtiger waren als ich. Aber so etwas wollte ich nicht denken. Und sobald wir uns sahen, war das sowieso vergessen, ich blendete es einfach aus.

Wahrscheinlich hatte ich mir seine Zurückhaltung selbst zuzuschreiben. Bei unserer zweiten Verabredung hatte ich ihm doch von meinen Eltern erzählt und von ihrer korantreuen Auffassung, dass Kontakte zu Jungen für mich etwas Verbotenes zu sein haben. Die Idee, sich trotzdem mit mir zu treffen, nur eben heimlich, fand er offenbar nicht halb so aufregend wie ich.

Dann also mein sechzehnter Geburtstag und unsere dritte Begegnung. Wobei das eine mit dem anderen nichts zu tun hatte. Ich meine, Batu wollte mich nicht sehen, weil ich Geburtstag hatte. Es war Zufall, dass beides zusammenfiel. Wir hatten nicht einmal ein richtiges Date ausgemacht. Eine Sitzung des Bezirksschülerausschusses führte uns mal wieder zusammen, sozusagen ein Pflichttermin. Aber darum geht es nicht. Nach der Sitzung hatte er auf einmal Zeit, und das war es, was zählte. Wir fuhren mit der U-Bahn zum Kleistpark. Kaum hatten wir ihn betreten, die nächste Überraschung: Batu ergriff meine linke Hand und raunte: »Du musst mich führen.« Ich kapierte gar nichts mehr. Da meldete sich dieser Kerl ewig nicht, hatte nie Zeit, und auf einmal das.

Um es kurz zu machen: Wir setzten uns auf die nächste Parkbank – Batu und Parkbänke, das gehörte irgendwie zusammen –, versuchten ein Gespräch, brachten aber keins zustande. Ich sah Batu in die Augen, und je länger ich das machte, desto klarer wurde mir, worauf er es abgesehen hatte. Ich hätte nie gedacht, dass man das jemandem ansehen kann, einfach so. Und noch ehe diese Erkenntnis in mein Gehirn gewandert war, spürte ich seine Lippen auf meinen …

Mein erster Kuss! Und was für einer. So schmeckte sie also, diese verbotene Frucht, von der ein islamisches Mädchen wie ich nicht probieren durfte, nicht ohne Eheversprechen. Die Zeit blieb stehen und raste doch gleichzeitig, sodass es mir vorkam, als würden Stunden vergehen, bis sich unsere Münder trennten. Als ich wieder zur Besinnung kam, meldete sich auch mein Verstand zurück. Ein wenig überstürzt fand ich seine Kussattacke ja schon. Aber ich müsste lügen, würde ich behaupten, dass sie mir nicht gefallen hätte. Und das ist noch ziemlich untertrieben.

Was mich nicht weniger verblüffte: Warum stellten sich bei mir keine Schuldgefühle ein? Ich hatte gesündigt, daran gab es nichts zu deuteln. Meine Religion verbot mir schon, dass Batu meine Hand hielt. Jetzt hatte ich mich sogar von ihm küssen lassen. Aber nichts, Fehlanzeige auf der ganzen Linie, von Reue keine Spur. Ich mochte diesen Jungen, ich war dabei, mich in ihn zu verlieben. Liebe ist ein ehrliches Gefühl, gegen das man nicht ankommt, ein zutiefst menschliches, ganz gleich, was der Islam dazu meint. Das sollte also eine Sünde sein? Von mir aus, dann war es eben eine Sünde, eine verdammt schöne.

Das schlechte Gewissen stellte sich auch später nicht ein. Ich schwebte wie auf einer Wolke nach Hause. Mein Geburtstag! Mein erster Kuss! Von Batu! Meinen Eltern gegenüber erwähnte ich die Knutscherei auf der Parkbank natürlich mit keiner Silbe. Sie wären sonst vor Wut und Verzweiflung in die Luft gegangen. Doch als ich später im Bett lag und darüber nachdachte, machte es mich traurig, dass ich mein kleines Geheimnis für mich behalten musste.

Damals war ich mir sicher, sie hätten mich eher verstoßen, als zu versuchen, die Gefühle ihrer Tochter zu verstehen. Ich weiß nicht, wie sie das hinkriegen: Was ihnen die Religion verbietet, verbieten sie sich automatisch selbst. Wenn keine Gefühle da sein sollen, sind eben keine da. Doch anscheinend kann man so etwas nicht vererben, bei mir funktioniert das nämlich überhaupt nicht. Ich weiß, dass ich etwas Verbotenes tue, aber es kratzt mich nicht, weil ich darin nichts Verbotenes sehen kann.

Für meine Eltern existierte Batu auch gar nicht. Er und sie lagen auf der Landkarte meines Gehirns ungefähr so weit voneinander entfernt wie Istanbul von New York. Zwei verschiedene Welten, die ich in meinem Kopf komplett voneinander zu trennen hatte. Hätten Anne und Baba von Batu gewusst, garantiert hätten sie mir den Umgang mit ihm verboten. Wenn ich ihn wiedersehen wollte, und nichts wollte ich sehnlicher als das, musste ich ihn verschweigen und meine Gefühle vor ihnen verbergen. Sie durften nicht merken, dass es da einen Jungen gab, für den ich meine Ehre aufs Spiel setzte, nur so hatte ich eine Chance. Und, ehrlich, die Ehre war mir so was von egal. Meine Gefühle waren mir wichtig, und da Batu sie ausgelöst hatte, war er mir wichtig.

Zugegeben, im Nachhinein klingt das einigermaßen abgeklärt. Aber das täuscht. Das liegt nur daran, dass ich inzwischen eine andere Brille aufhabe, die »Ich-bin-jetzt-zwei-Jahre-älter-und-schlauer-Brille«. Neue Gläser, neues Gestell, neue Sichtweise. Aber ich habe nicht vergessen, wie ich damals herumgrübelte, warum ich in unserer Familie so aus der Art geschlagen war. Wieso hatte ich keine Skrupel? Warum machte es mir nichts aus, einfach meinen Gefühlen zu folgen? Ich musste ja nicht einmal gegen irgendwelche Gewissensbisse ankämpfen, sie waren gar nicht erst vorhanden. Oder irgendwo in mir so tief verschüttet, dass sie keine Chance hatten, an die Oberfläche zu gelangen.

Damals war mir das nicht so klar, aber inzwischen weiß ich, dass Tayfun in dieser Hinsicht ähnlich gestrickt ist. Er hat auch kein Problem damit, zu sündigen. Deswegen ein schlechtes Gewissen zu haben, das kennt er gar nicht. Nur ist das ein denkbar schlechter Vergleich, auch wenn es sich um meinen Bruder handelt. Türkischen Jungen werden viel mehr Freiheiten zugestanden als uns Mädchen. Das heißt, sie nehmen sie sich einfach, und meistens wird das auch toleriert. Sie dürfen sich nachts draußen herumtreiben und zu Hause aufkreuzen und wieder verschwinden, wann sie wollen. Ihnen wird viel früher erlaubt, allein, also ohne Familie, zu verreisen. Tayfun durfte das schon mit sechzehn. Sie können anziehen, was sie wollen, ohne dass ihre Eltern ihnen verbieten, die Wohnung zu verlassen. Und sie dürfen sich mit Mädchen treffen. Wenn sie vor der Ehe Freundinnen haben, macht kein Mensch einen Aufstand, nicht mal wenn sie sich wild durch alle möglichen Betten vögeln. Sie können beim Sex ja auch nicht ihre Ehre verlieren. Es gibt genug Typen, die sich erst richtig austoben, dann aber, wenn es ernst werden soll, bei ihrer zukünftigen Ehefrau darauf bestehen, dass sie noch Jungfrau ist. Und, regt sich darüber jemand auf? Das wird einfach hingenommen.

Mein Brüderchen ist sicher keiner von dieser extremen Sorte. Erfahrungen mit Mädchen hat er aber trotzdem. Das geht für unsere Eltern auch voll in Ordnung, denn das sagt ihnen, dass sie einen attraktiven Sohn haben, für den sich die Mädchen interessieren. Daran kann man gut sehen, wie viel toleranter sie ihm gegenüber sind, im Vergleich zu mir, eben weil er ein Junge ist. Als Tayfun sechzehn oder siebzehn war, ging er mit Seyyal, einer Türkin, die am liebsten gleich von ihm geheiratet geworden wäre. Doch als er das mitbekam, schreckte ihn das eher ab. Er verabredete sich nicht mehr mit ihr, ignorierte ihre Briefe, ging nicht ans Telefon, wenn sie anrief – bis sie aufgab. Davor hatte es auch andere Mädchen gegeben. In seinem Schrank liegt ein ganzer Stapel Liebesbriefe.

Zwei Jahre später kam Franziska. Neunzehn, so alt wie er, blondes Haar, blaue Augen, Sommersprossen. Franziska war eine Deutsche, sie wohnte mit ihren Eltern in einem hübschen Reihenhaus am westlichen Stadtrand. Mal ein anderes Klischee. Ich mochte sie gern, und für Tayfun tauchte sie gerade zur rechten Zeit auf. Er hatte sein Abitur in der Tasche, aber keinen Plan, was er damit anstellen sollte. Franziska war es, die ihn dazu brachte, sich um einen Ausbildungsplatz zu kümmern. Einmal kam ich nach Hause, als die beiden in unserem Zimmer saßen und seine Bewerbung schrieben. Warum ich das extra erwähne? Für die meisten sicher eine völlig belanglose Sache. Aber nicht für uns.

Die Beziehung zu Franziska war Tayfuns großes Geheimnis. Die beiden waren schon fast ein Jahr lang ein Paar, bevor er unseren Eltern beichtete, eine feste Freundin zu haben, die noch dazu eine Deutsche war. Von da an dauerte es noch mal einige Monate, bis sie akzeptierten, dass Franziska sich in unserer Wohnung aufhielt. Dass sie nun einfach so auf dem Stuhl in unserem Zimmer saß, als würde sie zur Familie gehören – also, das war schon etwas Besonderes. Anne hatte sie inzwischen richtig ins Herz geschlossen. Sie fand, dass sie einen positiven Einfluss auf Tayfun ausübte. Es beruhigte sie zu wissen, dass er sich nicht mit seinen Kumpels in irgendwelchen Kneipen herumtrieb, sondern die meiste Zeit mit ihr verbrachte. Und spätestens als Franziska Anne zum Muttertag einen selbstgebackenen Kuchen mitbrachte, war sie ganz hingerissen von ihr. Wir hatten nie zum Muttertag Kuchen gebacken. Ich glaube, Anne hätte nichts dagegen gehabt, wäre Franziska eines Tages ihre Schwiegertochter geworden.

Ganz anders Baba: Ihn machte das ziemlich fertig. Er brauchte ungefähr doppelt so lange, sich mit dieser Konstellation zu arrangieren. Gut hieß er sie deswegen trotzdem nicht. Wann immer die Sprache auf Franziska kam, wenn Anne zum Beispiel wieder von ihr schwärmte, schüttelte er den Kopf und murmelte: »Sie ist eine Deutsche!« Und das klang dann so, als hätte sie eine ansteckende Krankheit. Doch jetzt kommt der feine Unterschied: Baba war dagegen, dass sein Sohn eine Deutsche zur Freundin hatte. Er sprach über Tayfun wie über einen verlorenen Sohn, der vom rechten Weg abgekommen war. Man merkte ihm an, wie traurig ihn das machte. Aber – und das ist ein riesengroßes ABER: Er duldete die Beziehung. Er warf Franziska nicht aus der Wohnung. Er ließ zu, dass sie mit zu unseren Familientreffen kam und dabei war, wenn wir Geburtstage feierten. Schließlich fand er sich sogar damit ab, dass diesmal Tayfun es war, der eine Hochzeit in Erwägung zog und sich schon ausmalte, mit Franziska in nicht allzu ferner Zukunft Kinder zu bekommen.

Muss ich noch beschreiben, was geschehen wäre, hätte ich den Versuch unternommen, Batu oder irgendeinen anderen Jungen auf diesem Planeten, Türke oder nicht, als meinen Freund in unsere Familie einzuführen? Ein Wort dürfte genügen: UNDENKBAR! Vielleicht würde sich Anne eines Tages damit abfinden können, dass ich – nur mal theoretisch gedacht – einen Mann liebe, ohne mit ihm verheiratet zu sein. Baba könnte das nie, nicht bei seiner Tochter. Das wäre die größte Schande, die ich ihm bereiten könnte. Seine Melda ein gefallenes Mädchen! Ich mag gar nicht daran denken, was das auslösen würde. Das wird noch ein Kampf, sollte mir einmal der Richtige über den Weg laufen. Er tut mir jetzt schon leid. Seine Liebe wird sehr groß und er sehr stark sein müssen, und damit meine ich nicht seine Muskeln.

Und trotzdem, eines kann ich an dieser Stelle mit absoluter Sicherheit prophezeien: Sollte ich irgendwann heiraten, werde ich den Mann, mit dem ich mein Leben verbringen möchte, ganz sicher nicht erst in der Hochzeitsnacht richtig kennenlernen. Sorry, Baba, solltest du das hier lesen, aber ich kann nicht mein eigenes Ich verleugnen, nicht bei dieser Frage.

Die Beziehung zwischen Tayfun und Franziska ging nach drei Jahren auseinander. Sie machte Schluss. Keiner in unserer Familie kennt den wahren Grund, außer Tayfun natürlich, der rückt aber nicht mit der Sprache heraus. Er litt unter der Trennung, obwohl er versuchte, sich das nicht anmerken zu lassen. Männer und Gefühle eben. Doch meine geschwisterlichen Sensoren funktionieren gut. Einmal hörte ich, wie er nachts in seinem Bett lag und schluchzte. Ich würde es nicht beschwören, aber ich habe den Verdacht, eine Begebenheit könnte Franziska in ihrem Entschluss bestärkt haben.

Es war eines der letzten Familientreffen, bei denen sie dabei war. Onkel Cemal erlaubte sich öfter Scherze mit ihr. Er meinte es nicht böse, er mochte sie, er treibt nur gern seine Späßchen. Jedenfalls hatte er seinen Tee ausgetrunken, schob seine leere Tasse zu ihr hinüber und fragte: »Bringst du mir bitte Tee?« Sie wusste nicht, wie sie reagieren sollte, sie war ja selbst nur zu Gast. »Nun los, sei eine *Gelin*!«, forderte Onkel Cemal sie scherzend auf. Ich lachte, weil ich natürlich wusste, dass *Gelin* »Braut« heißt und dass »Braut« wiederum in unserer Kultur bedeutet, eine perfekte Gastgeberin zu sein, ganz gleich, in welchem Haushalt man sich gerade aufhält. Doch Franziska wusste das nicht. Nach ihrem Verständnis gehörte es sich nicht, das Zepter in einer fremden Küche zu übernehmen. Es leuchtete ihr auch nicht ein, warum sie Onkel Cemal bedienen sollte, er hätte sich seinen Tee doch selbst holen können. Also kam ich ihr zur Hilfe, nahm sie mit in die Küche und zeigte ihr, wie wir unseren Tee zubereiten. Ich kann mir gut vorstellen, dass sie sich an diesem Abend die große Frage stellte: »Will ich das wirklich, in so eine Familie?« Jedenfalls entschied sie kurz darauf, dass sie das nicht will.

Franziska kam nicht mehr zu uns, doch sie hatte Spuren hinterlassen. Tayfun und ich hatten eine schwierige Phase, bevor sie in sein Leben getreten war. Als ich klein war, war er immer als mein Beschützer aufgetreten. Und ich hatte meinen großen Bruder dafür geliebt. Mit der Pubertät, seiner Pubertät, hatte sich das geändert. Auf einmal tat er so, als wäre ich Luft für ihn. Wir sprachen selten miteinander, und wenn es doch mal zu einem Wortwechsel zwischen uns kam, war es meistens ein Streit. Nach Franziskas Abgang kamen wir uns wieder näher. Er zeigte Gefühle, und ich merkte, dass er gar nicht der Grobian war, für den ich ihn gehalten hatte. Das Beste war, dass er anfing, mich gegen Anne und Baba zu unterstützen. Wenn ich abends noch wegwollte, sie mich aber zurückhielten, kam er manchmal dazu und sagte: »Lasst sie doch gehen, sie ist alt genug!« Das brachte zwar meistens nicht viel, aber es tat gut, ihn auf meiner Seite zu wissen.

Seit das mit Franziska vorbei ist, macht sich die Familie Sorgen um Tayfuns Liebesleben, besonders meine Mutter. Letztens sagte sie: »Melda, siehst du denn nicht, der Junge ist einsam. Er braucht eine Frau.« Und Tante Zeynep pflichtete ihr bei: »Er hat sich in sein Schneckenhäuschen verkrochen, lässt kein Mädchen mehr an sich ran.« Die beiden müssen schon eine Weile in der Küche zusammengesessen haben, als ich hereinplatzte. Wie zwei Verschwörerinnen hockten sie am Tisch, taten ganz geheimnisvoll. Irgendwas hatten sie ausgeheckt, das spürte ich sofort.

»Was ist hier los?«, wollte ich wissen. Anne sah Tante Zeynep an, machte eine Handbewegung, die ihr wohl bedeuten sollte, nichts zu verraten. Doch darum scherte sich Tante Zeynep nicht: »Deine Mutter will deinen Bruder verkuppeln«, fing sie an.

»Pssssst!«, fuhr ihr Anne über den Mund, zu spät allerdings.

Tante Zeynep erzählte einfach weiter, und so erfuhr ich, dass Anne sich schon länger mit diesem Thema beschäftigte, auch einige ihrer Freundinnen eingeweiht hatte. Mir verschlug es fast die Sprache, als ich hörte, dass sie sogar schon eine junge Frau ausgeguckt hatte, die sie mit Tayfun zusammenbringen wollte.

»Trägt sie Kopftuch?«, war meine erste Frage. Auf eine mit Kopftuch würde sich Tayfun niemals einlassen.

»Soviel ich herausbekommen habe, trug sie früher eins, jetzt aber nicht mehr.«

»Hast du sie denn mal gesehen?«, fragte ich weiter.

»Ich habe es versucht. Sie arbeitet als Zahnarzthelferin. Also bin ich vorhin da vorbei und wollte mir einen Termin holen …«

Im ersten Moment dachte ich, Anne will mich veralbern, aber sie hatte sich das nicht etwa ausgedacht, sie war tatsächlich in die Praxis marschiert. Die Zahnarzthelferin, mit der sie dort sprach, war auch sehr hübsch, nur dummerweise die falsche. Das heißt, Anne wusste erst nicht, ob es die richtige war, da sie kein Namensschild trug. Um das herauszufinden, sagte sie ihr, sie habe ihren Terminkalender vergessen, und bat sie, ihr ihren Namen aufzuschreiben, damit sie sie anrufen könne. Die junge Frau hieß Melek, gesucht hatte Anne aber eine Belgin.

Doch so schnell gab sie nicht auf. Sie war fest davon überzeugt, Tayfun etwas Gutes zu tun, wenn sie eine passende Frau für ihn fände. Ich schätze, diese Kuppel-Ader hat sie von ihrem Vater geerbt. Für ihn ist es eine Passion, Paare zu verkuppeln, er brachte schon einige aus unserer Familie, auch weitläufige Verwandte, mit ihren zukünftigen Ehepartnern zusammen. Sein erfolgreichstes Beispiel sind Onkel Kaan, sein jüngster Sohn, und Tante Ipek.

Onkel Kaan hatte als junger Mann eine wilde Zeit. Er war ein richtiger Womanizer, bandelte ständig mit einer anderen an, und keine von ihnen gefiel meinem Großvater. Für ihn waren das alles »leichte Mädchen«, die er nicht in seiner Wohnung haben wollte. Als er genug von den

Amouren seines Sohnes hatte, flog er in die Türkei, fuhr in sein altes Dorf, begab sich auf die Suche – und entdeckte Ipek. Sie, dachte er, würde seinem Sohn gefallen. Wieder zurück in Berlin, setzte er Onkel Kaan ins Flugzeug, damit der sich seine zukünftige Braut ansah. Keiner von uns rechnete ernsthaft damit, dass das funktionieren würde. Es glich schon einem kleinen Wunder, dass Kaan sich überhaupt darauf einließ. Doch dann funkte es bei ihm sofort. Die beiden heirateten, inzwischen haben sie zwei Kinder und sind glücklich.

Diese Geschichte muss Anne die ganze Zeit im Hinterkopf haben. Sie würde einiges darum geben, Tayfun zu einem solchen Happy End zu verhelfen. Mit der Zahnarzthelferin ist es nichts geworden, obwohl Anne mit Tante Zeynep und mir und ihren Freundinnen tausend Pläne schmiedete, sie immer wieder verfeinerte, um irgendwie doch noch ein Treffen zwischen den beiden zustande zu bringen. Jetzt sucht sie nach einer neuen Kandidatin, allerdings ist gerade keine in Sicht.

Ich muss noch einmal auf Batu zurückkommen, die Geschichte mit ihm war ja noch nicht zu Ende: Nachdem er mir mit seinem Kuss gehörig den Kopf verdreht hatte, tauchte er einfach wieder ab. Fünf Wochen lang ab und zu eine Mail, unverfänglich, oberflächlich, als wären wir uns nie nahegekommen. Dann hatte ich die Nase voll und wollte wissen, woran ich war. Falls er eine romantische Ader besaß, verbarg er sie gut. Als Antwort kamen zwei Fragen, die sich wie Vorwürfe lasen: »Wie hast du dir das vorgestellt? Sollen wir uns ständig im Wald verstecken?«

Insgesamt verging ein halbes Jahr, bis ich ihn wiedersah.

Zwischendurch nur wieder der Mailkontakt wie zwischen zwei flüchtigen Bekannten. Ich war unendlich enttäuscht, aber nicht weniger verliebt, dagegen konnte ich nichts tun, ob mir das passte oder nicht. Jede noch so kurze Nachricht von ihm brachte mein Herz in Wallung, erschien mir wichtiger als alle anderen zusammen, die in dieser Zeit eintrafen. Batu here, Batu there, Batu he confused my hair. Was war ich naiv! Aber das allein erklärt es nicht. Batu war das Stück Freiheit, das ich unbedingt besitzen wollte. Ein Geheimnis, mein Geheimnis. Und je weniger ich es zu greifen bekam, umso mehr wollte ich es.

Nur deshalb kam es zu einer noch verrückteren Situation. Weihnachten vor zwei Jahren. Anne war mit zwei Freundinnen nach Antalya gereist, Tayfun mit Franziska für zwei Wochen in die Karibik verschwunden, Baba ging arbeiten. Solange er weg war, hatte ich sturmfreie Bude. Wie ich auf die Idee kam, Batu zu mir nach Hause einzuladen? Wenn ich das noch wüsste, es erscheint mir heute selbst absurd. Ich habe ihn einfach gefragt und nicht weiter nachgedacht, so muss es gewesen sein. Ich hatte ihn vorher schon einige Male gefragt, ob wir uns treffen wollen – nicht bei mir, irgendwo –, doch nie war er gekommen. Wahrscheinlich rechnete ich auch diesmal nicht damit. Erst sagte er zu, dann wieder ab, es war wie jedes Mal ein Hin und Her. Schließlich stand er doch vor der Tür.

In dem Augenblick, als er einen Fuß in unsere Wohnung setzte, muss sich mein Gehirn verabschiedet haben. Der Kerl nahm einem die Luft zum Atmen. Und ohne Sauerstoff klappt das mit dem Denken auch nicht so gut bis gar nicht mehr. Ich schaltete einen Film ein. Zehn Minuten sahen wir auf den Bildschirm oder taten zumindest so. Dann küsste er mich, und ich küsste ihn. Er zog mich aus, ich zog ihn aus, ungeduldig, als hätten wir diesem Moment seit Jahren entgegengefiebert. Irgendwann war ich fast nackt, nur noch in Unterwäsche...

Und dann muss von irgendwoher wieder Sauerstoff zu mir geströmt sein. Schlagartig nahm mein Gehirn seine Tätigkeit auf. Ich hatte keine Ahnung, was in Batu vorging. Ich wusste nichts von seinen Gefühlen für mich. Wahrscheinlich gab es da gar keine. Ich weiß nicht, was mir noch durch den Kopf ging. Ich weiß nur, dass ich auf diese Weise meine Jungfräulichkeit nicht verlieren wollte, nicht so und nicht an einen Mann, von dem ich nicht wusste, ob er mich liebte.

Batu war dann schnell verschwunden. »Das führt doch zu nichts«, hatte er noch gesagt, und beim Hinausgehen: »Lass es uns vergessen.« Zehn Minuten später kam Baba nach Hause. Wäre er von seiner Arbeit nicht so erschöpft gewesen, er hätte Batus fremden Geruch noch bemerken können.

Ich hatte wieder gesündigt. Und ich machte mir wieder nichts daraus. Aber ich wunderte mich nicht mehr darüber. Im Gegenteil. Es war ein ziemlich gutes Gefühl, zu merken, dass ich mich allmählich so akzeptierte, wie ich war. Ich konnte religiös sein, an Gott und den Propheten glauben, zu ihnen beten und trotzdem meinen Empfindungen folgen. Glaube und Freizügigkeit waren deswegen immer noch Gegensätze, aber sie schlossen einander nicht aus, nicht für mich.

Wem hatte ich diese Entwicklung zu verdanken? Batu? Nein, ihm sicher nicht. Er war nur derjenige, durch den ich herausfand, was ich wirklich wollte und wer ich bin. Dass ich mit ihm überhaupt so weit gegangen war, dafür gab es nur eine Erklärung, die mir schlüssig schien: Mein Umfeld, die Leute, mit denen ich mich umgab, hatten mich geprägt. Seit ich zur Schule ging, hatte ich immer deutsche Freundinnen. Und meine anderen Freundinnen, die Migrantenkinder waren wie ich, kamen aus eher fortschrittlichen Elternhäusern.

Ich will es mal ganz deutlich machen: Nehmen wir das Thema Sex. Das ist bei uns zu Hause praktisch nicht existent. Mit meinen Freundinnen spreche ich dagegen ganz offen darüber, ob das in der Schule ist oder in einem Café oder in der U-Bahn, wo es uns gerade in den Sinn kommt. Da gab es nie Berührungsängste. Es ist sogar so, dass Jungsgeschichten und Sexthemen, die ja meistens zusammenhängen, mittlerweile fast jedes Mal zur Sprache kommen, wenn wir uns treffen.

Unter meinen Freundinnen gibt es aber auch ein paar Früchtchen! Dagegen bin ich trotz der Erfahrung mit Batu ein Mauerblümchen. Da ist zum Beispiel Isabelle. Sie ist neunzehn, noch Jungfrau, was wahrscheinlich auch daran liegt, dass sie von einem Kerl mal übel ausgenutzt wurde. Trotzdem sehnt sie sich nach Liebe und möchte auch Sex haben. Alexandra ist ein Jahr jünger, hat ihre Unschuld aber bereits mit sechzehn verloren. Auch für sie ist Sex ein wichtiges Thema. Momentan ist sie allerdings, was das betrifft, ziemlich frustriert, weil sie schon länger keinen Freund mehr hatte. Caroline, die Nächste aus unserer Clique, eine Diplomatentochter, erlebt gerade eine aufregende Zeit. Sie hat zum ersten Mal einen richtigen Freund und möchte nichts falsch machen, auch auf sexuellem Gebiet. Sie saugt alles, was wir ihr dazu erzählen, begierig auf wie ein Schwamm. Von Johanna kann sie auf jeden Fall eine Menge erfahren. Johanna ist neunzehn und seit zwei Jahren mit einem Dänen zusammen, der sich jetzt extra in Berlin einen Studienplatz gesucht hat, um in ihrer Nähe zu sein. Ist ja klar, dass die beiden auch miteinander schlafen. Alessia wiederum wartet schon ungeduldig auf ihre Entjungferung. Sie ist immerhin schon zwanzig und will, dass es endlich passiert. Der Mann, der das übernimmt, müsste nicht mal ihre große Liebe sein, sagt sie. Dieser Satz hätte auch von Jenny stammen können, sie ist ebenfalls zwanzig, die Ausgeflippteste von uns allen und wohl auch die mit der meisten Erfahrung, ob es um Sex oder sonst was geht, nicht mal Drogen sind ihr fremd. Ihre wilde Zeit scheint sie allerdings hinter sich gelassen zu haben, seit sie mit Michael zusammen ist. Ich meine, langweilig ist es mit ihr auch jetzt nie, aber sie ist Michael treu und nimmt auch keine Drogen mehr. Das wüsste ich, mir gegenüber ist sie offen wie ein aufgeschlagenes Buch. Gerade waren wir wieder unterwegs, Unterwäsche kaufen, sie wollte Michael mit heißen Dessous überraschen. Jenny weiht mich in so ziemlich alle Details ihrer Beziehung ein. Ich könnte Dinge erzählen! Doch die gehören hier nicht her.

Ich verrate das alles auch nur, um zu verdeutlichen, wie weit dieser Teil meines Lebens von dem meiner Eltern entfernt ist. Wenn ich ihnen nur das Allerharmloseste von all dem erzählen würde – ihnen würden die Ohren glühen. Für mich ist das Alltag, völlig normal, so wie ich ganz selbstverständlich immer Kondome in meiner Tasche habe, gut versteckt natürlich, damit Anne oder Baba sie nicht zufällig finden. Die erste Packung kaufte ich, als das mit Batu war, nur vorsorglich, ich wusste ja nicht, wie weit wir gehen würden, dachte aber: sicher ist sicher.

Verhütung ist auch so eine Sache, über die bei uns zu Hause nicht gesprochen wird, höchstens wenn Tante Zeynep zu Besuch ist. Anne und Baba sehen keine Notwendigkeit dafür, da sie davon ausgehen, dass es vor der Ehe für uns sowieso nichts zu verhüten gibt. Komischerweise änderten sie ihre Meinung nicht einmal, als Tayfun so lange mit Franziska zusammen war. Dachten sie wirklich, mein Brüderchen hätte die Brücke noch nicht überquert? Das sagt man so im Türkischen, wenn man zum ersten Mal mit jemandem schläft. Tante Zeynep, die entschieden realistischer dachte, sprach Anne ein paarmal darauf an, aber die wich immer aus, sagte entweder: »Er ist noch zu jung!« oder »Das ist in unserem Glauben verboten!« Sie hörte es überhaupt nicht gern, wie locker Tante Zeynep damit umging. Manchmal, wenn Tayfun die Wohnung verließ, rief sie ihm einfach hinterher: »Benutzt Kondome!« Als ich ihr von meinem Date mit Batu berichtete, fragte sie als Erstes: »Habt ihr geknutscht?« Und gleich danach wollte sie wissen: »Wann wollt ihr Sex haben?« Das war selbst mir ein bisschen zu direkt. Als hätte ich bei der ersten Verabredung daran gedacht, mit ihm zu schlafen.

Übrigens verbietet der Islam nicht, die Pille zu nehmen oder Kondome zu benutzen. Wohlgemerkt in der Ehe, alles andere gilt sowieso als schwere Sünde. Abtreibungen werden als typisches Problem der westlichen Welt betrachtet, das durch den moralischen Verfall der Gesellschaft und die hohe Zahl unehelicher Kinder entstanden ist. Doch auch in unserer Religion sind sie nicht generell verboten. Bis zum vierzigsten beziehungsweise zweiundvierzigsten Schwangerschaftstag, da streiten sich die Rechtsgelehrten, stehen sie zumindest nicht unter Strafe. Danach gelten sie als Verbrechen, da angenommen wird, dass Embryos spätestens zu diesem Zeitpunkt von einem Engel eine Seele eingehaucht bekommen haben und beginnen, menschliche Organe herauszubilden.

Für meine Großeltern wäre Abtreibung nie in Frage gekommen. Sie denken, wenn ein Kind entsteht, nachdem Mann und Frau miteinander geschlafen haben, ist das Allahs Wille, und dagegen darf man sich nicht wenden. Ich vermute, so sehen das auch meine Eltern. Wir haben nie darüber gesprochen. Für mich ist eine Abtreibung auch alles andere als eine Wunschvorstellung. Würde ich jedoch – nur mal angenommen – in der jetzigen Situation schwanger werden, ich würde sehr gründlich überlegen, ob sich ein Kind mit meinen Zukunftsplänen vereinbaren ließe. Aber zum Glück ist das nur ein Gedankenspiel.

Obwohl, so theoretisch ist diese Thematik für mich gar nicht. In unserer Familie gab es schon eine Abtreibung, oder sagen wir: Es gab mindestens eine, von der ich etwas mitbekommen habe. Eine meiner Tanten wurde vor Jahren ungewollt schwanger und entschied sich für einen Abbruch. Welche es war, verrate ich nicht. Ich glaube, das wäre ihr nicht recht. Sie litt damals sehr darunter. Und dann gab es eine Situation, in der einer meiner Onkel sich heftig mit seiner Frau in die Haare bekam, weil sie heimlich die Pille abgesetzt hatte und schwanger wurde. Dabei wusste sie, dass ihr Mann kein Kind mehr wollte.

In deutschen Familien wird damit wahrscheinlich verschwiegener umgegangen. Bei uns war es ein Fall für den großen Familienrat. Alle erfuhren davon, sodass natürlich auch alle ihre Meinung kundtaten. Mein Onkel war ziemlich wütend und verlangte, dass seine Frau abtreibt. Das wiederum brachte Großvater in Rage. Er war natürlich strikt dagegen und meinte, meinen Onkel hätte der Teufel gepackt. Es ging turbulent her, sogar von Scheidung wurde gesprochen. Irgendwann beruhigten sich alle wieder, das Kind wurde geboren, ein Junge, und mein Onkel ist jetzt mächtig stolz auf den kleinen Stammhalter.

Seit ich mit dem Leben außerhalb unserer Familie konfrontiert bin, bewege ich mich also in zwei unterschiedlichen Welten. Anfangs, da war ich noch klein, fiel mir das gar nicht auf. Weil ich einfach auf das hörte, was Anne und Baba sagten. Doch je älter ich wurde, desto krasser empfand ich die Gegensätze. Zu Hause pochten Anne und Baba auf die alten Werte und Traditionen, die sie von ihren Vorfahren übernommen hatten, in der Schule versuchten die Lehrer, einen weltoffenen, westlich geprägten Menschen aus mir zu machen. Als ich dann, beeinflusst von beiden Seiten, meine eigene Gedankenwelt entwickelte, wurde mir klar, dass ich niemals nach der meiner Eltern leben würde. Ich kann sogar auf den Tag genau sagen, wann das war, ich muss nur in meinem Tagebuch nachschlagen ... hier, der 31. Mai 2006: Wir hatten von der Schule ein Mitteilungsblatt bekommen, das Anne unterschreiben sollte. Darin stand, dass demnächst eine Ärztin in unserer Klasse Aufklärungsunterricht durchführen würde. Für Anne war das ein großes Thema. Das heißt, bisher hatte sie nie mit mir über Sex, Geschlechtskrankheiten oder gar Verhütung gesprochen, das waren, wie gesagt, in unserer Familie absolute Tabuthemen. Aber nun hielt sie dieses offizielle Schreiben von der Schule in der Hand und wollte unbedingt mit mir darüber sprechen.

»Also, ich finde das gut«, begann sie. Ich grinste sie nur an, weil ich merkte, wie sie krampfhaft nach Worten suchte. »Das ist wichtig, das weißt du, oder?« Jetzt nickte ich, grinste aber weiter. Sie dagegen sah mich mit ernsten Augen an, und das machte es noch skurriler. Sollte sie wirklich nicht gewusst haben, dass sie um Jahre zu spät kam? Ich war längst aufgeklärt. Und dann brachte sie den entscheidenden Satz heraus: »Du weißt, das gibt es bei uns erst nach der Hochzeit!«

Es entstand eine Pause. Ich schwieg. Was sollte ich dazu auch sagen? Wie gut kannte mich meine eigene Mutter eigentlich? Glaubte sie tatsächlich, ich würde damit warten, bis ich verheiratet bin?

»Hast du mich verstanden?«, fragte sie. Was wollte sie hören? Erwartete sie, dass ich vor ihr ein heiliges Gelübde ablegte? Darauf hätte sie lange warten können.

Ich quälte mir ein »Jaaahaaa« heraus, das genervt klang und nur dazu gedacht war, dem verkrampften Gespräch ein Ende zu setzen. Warum sollte ich ihr verraten, wie ich wirklich darüber dachte? Sie würde meine Sichtweise sowieso nicht verstehen, sich nicht einmal bemühen, sie wenigstens zu akzeptieren. Ich hatte es vorher schon gespürt, aber dieses merkwürdige Gespräch machte es ein für allemal klar: Anne und Baba leben in ihrer Welt, ich in meiner. Manchmal überschneiden sich die beiden Welten, zwangsläufig, da wir unter demselben Dach leben, auf Dauer aber, da bin ich mir sicher, kann das nicht gut gehen.

Zurzeit hat sich unser Verhältnis etwas entspannt. Mit achtzehn lasse ich mir einfach nicht mehr alles vorschreiben. Davor jedoch gab es Phasen, in denen es ständig zwischen uns krachte. Das lag hauptsächlich daran, dass ich irgendwann anfing, mir selbst eine Meinung zu bilden und nicht mehr alles so zu sehen, wie Anne und Baba das gerne gehabt hätten. Vieles davon war auf den Kontakt mit meinen Freundinnen zurückzuführen, von denen ich immer hörte, wie viele Freiheiten ihre Eltern ihnen zugestanden, ohne dass sie erst groß darum kämpfen mussten.

Für mich war es ja schon so etwas wie ein Akt der Weltveränderung, Anne davon zu überzeugen, mit mir zu einem Frauenarzt zu gehen, nachdem ich meine Regel bekommen hatte. Alle meine Freundinnen waren längst bei einem gewesen, einige nahmen sogar schon die Pille. Ich musste Anne immer wieder nerven, beinahe zwei Jahre vergingen, ehe sie endlich bereit war, mir einen Termin zu besorgen. Und das auch nur, nachdem ich eingewilligt hatte, dass sie selbst eine Ärztin aussuchte und mich zur Untersuchung begleitete. Ein Arzt kam für sie natürlich nicht in Frage, das hatte ich mir schon gedacht. Aber Anne bestand auch darauf, dass es eine türkische Ärztin sein musste. Und sie kam tatsächlich mit, bis hinein ins Behandlungszimmer. Während die Ärztin mich untersuchte, wich sie nicht von deren Seite und wiederholte ständig, ich sei noch Jungfrau, sie müsse besonders vorsichtig sein, damit mein Jungfernhäutchen ja nicht beschädigt werde. Davor schien sie panische Angst zu haben.

Sie dachte in ihren alten Mustern: Jungfräulichkeit bedeutete Ehre. Nach ihrem Verständnis konnte ich nur im Zustand der Jungfräulichkeit eine ehrbare Ehefrau werden. Ich lag mit gespreizten Beinen auf dem Gynäkologenstuhl und wünschte mir nichts mehr, als dass dieser peinliche Auftritt bald vorüber sein würde. Mich interessierte, ob mit meiner Vagina und der Gebärmutter alles in Ordnung war, die Unversehrtheit meines Jungfernhäutchens erschien mir nicht so wichtig. Die Wahrscheinlichkeit, dass ich mir eines Tages einen Mann suchen werde, für den das ausschlaggebend sein könnte, ob er mich liebt oder nicht, tendierte damals schon gegen null.

Jedenfalls beschloss ich an diesem Tag: Zum Frauenarzt – nur noch allein! Und ich suchte mir fürs nächste Mal eine andere Ärztin. Deutschen Mädchen wird das lächerlich vorkommen, für mich bedeutet das etwas weniger Kontrolle durch meine Eltern. Und weniger Kontrolle heißt: ein kleines Stückchen mehr Freiheit.

4.
Sei stolz auf das, was du bisher geschafft hast

Das erste wichtige Ereignis in meinem Leben, an das ich mich erinnere, war meine Einschulung. Ich war sieben Jahre alt und konnte es kaum erwarten, endlich wie mein Bruder zur Schule zu gehen. Irgendwie schafften es meine Eltern, mir einen Platz in derselben Grundschule zu organisieren, obwohl sich die am Wittenbergplatz befand und wir nicht in ihrem Einzugsbereich wohnten. Wir waren seit Tayfuns Einschulung umgezogen. Am Morgen flocht Anne mir Zöpfe, ich zog mein neues Kleid an, das sie extra für diesen Anlass gekauft hatte, dann ging es los. Ich bekam sogar eine Zuckertüte, obwohl das in unserer Heimat nicht üblich ist. Lange konnte ich mich allerdings nicht daran erfreuen. Tayfun verputzte noch am selben Tag alle Süßigkeiten, die Anne für mich hineingetan hatte.

Ich ging gern zur Schule und nahm meine neue Aufgabe mit aller Hingabe in Angriff, die eine Siebenjährige aufzubieten hatte. Als ich nach wenigen Wochen auf Anhieb zur Klassensprecherin gewählt wurde, wusste ich, dass ich mich auf dem richtigen Weg befand. Es war eine geheime Wahl. Jeder von uns musste den Namen seines Kandidaten auf einen Zettel schreiben, den dann zusammenfalten und der Lehrerin geben. Sie zählte aus. Fünfundzwanzig meiner dreißig Mitschüler hatten »Melda« auf ihren Zettel geschrieben. Ich war stolz wie sonst was, bei den anderen dermaßen beliebt zu sein. Als das Ergebnis verkündet wurde, kam es mir vor, als würde ich mit einem Schlag gleich mehrere Zentimeter wachsen. Ich teilte mir den Posten mit Benno, der nicht ganz so gut abgeschnitten hatte. Er war für die Jungs zuständig, ich für die Mädchen.

Dann entstand eine Situation, die man mit der eines ambitionierten Hochspringers vergleichen könnte, der anläuft, zum großen Sprung ansetzen will, dabei aber feststellen muss, dass gar keine Latte aufgelegt wurde und auch nirgends eine aufzutreiben ist. Wir waren zwar Klassensprecher, aber niemand gab uns eine Aufgabe oder irgendein Ziel vor. Dieses Amt schien nur aus scheindemokratischen Gründen eingerichtet worden zu sein, wovon ich damals natürlich noch keine Ahnung hatte. Benno störte das nicht weiter. Jungs sind in diesem Alter noch sehr verspielt. Mir passte das überhaupt nicht. Wenn man mich schon zur Klassensprecherin erkoren hatte, musste ich auch mehr leisten als die anderen, so fasste ich das jedenfalls auf. Vor allem musste ich mehr zu sagen haben. Keine Ahnung, von wem ich das hatte, aber ich gierte regelrecht nach Verantwortung.

Es verstand sich von selbst, dass ich mich im Unterricht anstrengte. Den Unterschied machten die Pausen aus. Das war die Zeit, in der ich meine Klassensprecherfunktion mit Leben erfüllte. Kein Mensch hatte mir das aufgetragen, ich ließ mir einfach selbst etwas einfallen, kümmerte mich darum, dass nach jeder Stunde die Tafel gewischt wurde, achtete darauf, dass niemand im Klassenraum rannte oder herumtobte. Seine Pausenbrote durch die Gegend werfen durfte auch keiner. Und in den Hofpausen sorgte ich dafür, dass meine Mitschüler nicht herumschrien oder irgendwelche blöden Spiele spielten. Kurzum: Alles, was Schüler in Pausen normalerweise anstellen, um sich ein bisschen abzureagieren, versuchte ich kraft meines Amtes zu unterbinden, und ich konnte wirklich hartnäckig sein. Benno sollte mich dabei unterstützen, versagte aber kläglich, sodass ich häufig mit ihm schimpfen musste.

Als im nächsten Schuljahr wieder die Wahl der Klassensprecher anstand, schrieb mich niemand mehr auf seinen Zettel. Meine Mitschüler schienen von ihrem Pausenterrorisator nachhaltig traumatisiert zu sein. Bis zur sechsten Klasse gewann ich keine einzige Wahl mehr.

Nach und nach ging mir auf, dass meistens diejenigen zu Klassensprechern gewählt wurden, die auf der Coolness-Skala der anderen ganz weit oben standen. Nun war Coolness ein sehr subjektives Kriterium, doch nur wem es gelang, von seinen Mitschülern für cool gehalten zu werden, bekam überhaupt eine Chance.

Im Grunde war es in der Schule nicht viel anders als in der großen Politik: Wer gewählt werden wollte, brauchte eine starke Lobby, viele Freunde, die ihm seine Stimme gaben. Und die meisten von denen taten das in der Hoffnung, der Ruhm ihres Kandidaten strahlte dann auch ein bisschen auf sie ab. Was dabei herauskam, sah man ja: Es waren nicht unbedingt immer die Fähigsten, die in wichtige Positionen gehievt wurden, sondern häufig nur die geschicktesten Netzwerker.

Mit der siebten Klasse wurden die Karten neu gemischt: Ich wechselte aufs Gymnasium. Das war Anne und Baba sehr wichtig. Ich glaube, in dieser Hinsicht denken alle Eltern mit Migrationshintergrund ähnlich. Sie wünschen sich, dass es ihre Kinder im Leben zu etwas bringen. Doch bei vielen ist dieser Wunsch sehr abstrakt, sie unterstützen ihre Kinder nicht genug, können es vielleicht auch gar nicht, weil ihnen selbst die entsprechende Bildung fehlt oder eben das Geld. Man kann auch nicht gerade behaupten, dass Kinder von Migranten im Allgemeinen besonders gefördert würden. Das weiß ich aus eigener Erfahrung. Man muss sich schon selbst richtig reinhängen, um etwas zu erreichen. Mein Ehrgeiz ist nicht unbedingt mein Verdienst, ich nehme an, er wurde mir vererbt, von Anne wahrscheinlich, aber ohne den wäre ich manchmal ganz schön aufgeschmissen.

Anne nahm alles, was mit Tayfuns und meiner Schulbildung zusammenhing, immer sehr ernst. Sie kontrollierte unsere Hausaufgaben, legte Wert darauf, dass wir unsere Hefter ordentlich führten und mit einer anständigen Schrift schrieben. Sie nahm mich auch gern mit in die Bibliothek. Was sie aber noch mehr von vielen Eltern von Migrantenkindern unterschied: Sie versuchte, keinen Elternabend zu verpassen, und nutzte auch die Elternsprechtage, um sich mit den Lehrern über uns auszutauschen. Das kannte Anne so von ihren eigenen Eltern. Die haben sie immer angespornt, sich in der Schule anzustrengen. Anne schaffte dann auch einen Realschulabschluss, was in ihrer Generation als Ausländerkind hier in Berlin längst nicht selbstverständlich war. Der Normalfall sah damals eher so aus wie in Babas Familie. Seine Eltern legten keinen großen Wert auf Schulbildung. Sie bläuten ihren Kindern schon früh ein, dass es wichtiger sei zu arbeiten, um Geld für den Unterhalt der Familie beizusteuern. Es wundert mich nicht, dass das auf Baba abfärbte, der mit vierzehn Jahren die Hauptschule abbrach und sich einen Job als Kellner suchte. Aber gerade deswegen wollte auch er, dass Tayfun und ich einmal mehr erreichen.

In der neunten Klasse startete ich meine zweite Klassensprecherkarriere. Nicht, dass ich das geplant hätte; seit der Schmach in der zweiten Klasse war ich zurückhaltender geworden, es ergab sich eher zufällig. Meine Vorgängerin hatte keine Lust mehr. Überhaupt hatte sich für die meisten Schüler der Stellenwert des Klassensprecherpostens verändert. Er war längst nicht mehr so begehrt, dass sich alle darum gerissen hätten. Genau genommen gehörte ich zu den wenigen, die sich überhaupt noch freiwillig bereit erklärten, diesen Job zu übernehmen. Ich bekam zwei Stimmen mehr als die zweite Kandidatin, und das genügte.

Als Klassensprecher rutschte ich automatisch in die Schülervertretung unserer Schule, deren Chef nannte sich Schulsprecher. Ich erlebte zum ersten Mal eine Zusammenkunft der Schülervertretung. Sie fand in einem Raum gegenüber der Aula statt, was an sich schon bemerkenswert war, da es einer der wenigen Räume war, in denen Computer standen. Diese Räume waren bei den Lehrern hoch begehrt, und nun saßen wir hier und hatten nicht einmal Unterricht.

Benedikt, unser Schulsprecher, stand vor uns und redete. Jemand aus dem Vorstand der Schülervertretung führte Protokoll, was dem, worüber gesprochen wurde, irgendwie mehr Gewicht verlieh. Ich dachte, wenn es nicht wichtig wäre, würde sich keiner die Mühe machen, es aufzuschreiben. Worum es ging, weiß ich nicht mehr, aber da es bei solchen Sitzungen häufig um die gleichen Dinge ging, wie ich später noch merken sollte, wird Benedikt über die Schülerzeitung gesprochen haben oder über den Bandraum, den die Schulleitung nicht genehmigen wollte, vielleicht sogar über das neue Schul-Jahrbuch; also alles wirklich gewichtige Angelegenheiten.

Benedikt betrachtete ich als unseren Anführer. Er schien sogar den Schuldirektor auf seiner Seite zu haben. Der war es auch, der ihn in dieses Amt befördert hatte, obwohl es uns Schülern als demokratische Wahl verkauft worden war. Tatsächlich lief es aber so ab, dass sich eines Tages alle Schüler in der Aula versammeln mussten. Dort hielt erst Benedikt eine Rede, danach war ein Mädchen aus der Oberstufe dran, das sich etwas kürzer fasste. Anschließend sprach der Direktor. Er forderte alle auf, die Benedikt zum Schulsprecher wählen wollten, die Hand zu heben. Es schienen ihm genug zu sein, ohne dass gezählt worden wäre, war damit alles geregelt. Ob jemand für das Mädchen stimmen wollte, interessierte ihn gar nicht. Ich dachte mir nichts dabei. Erst als sich hinterher einige ältere Schüler über die merkwürdige Wahlmethode beschwerten, fing ich an, mir selbst Gedanken zu machen.

Und jetzt kommt der Punkt, warum ich das alles erzähle: Ich kann nicht behaupten, in der neunten Klasse in der Schülervertretung einen bleibenden Eindruck hinterlassen zu haben. Alles war neu für mich, was ich ziemlich aufregend fand. Ich war vor allem damit beschäftigt, die Strukturen zu durchschauen und die anderen bei ihrer Arbeit zu beobachten. Ich sage immer, in der Neunten hatte ich meine Erforschungsphase. Trotzdem war es natürlich unglaublich cool, mit Schülern aus den oberen Stufen zu tun zu haben. Damit konnte man bei den Mitschülern aus der eigenen Klasse Eindruck schinden.

Was mich jedoch am meisten faszinierte: In der Schülervertretung kam ich mit Leuten zusammen, die Schule nicht nur als lästiges Pflichtprogramm herunterrissen, sondern sich neben dem Unterricht für andere Dinge interessierten, die mit der Schule zu tun hatten, selbst etwas auf die Beine stellten oder es zumindest versuchten, ohne dass sie jemand dazu verdonnern musste. Schüler, die so drauf waren, imponierten mir. Sie wirkten reifer, erwachsener. Durch das, was sie machten und wie sie sich gaben, hoben sie sich irgendwie von der Masse ab. Für mich jedenfalls. Ich betrachtete sie als eine Art Elite, im positiven Sinne. Auch wenn eine Menge letztlich nicht klappte, sie versuchten wenigstens etwas. Das war mir allemal lieber, als mich mit Leuten abzugeben, die auf nichts Bock hatten und nur träge abhingen.

Wenn ich heute daran denke, wird mir klar, dass diese Zeit sehr wichtig für mich war. Damals fing irgendwie alles an. Als hätte ich an einer Wegkreuzung gestanden und mich für eine Richtung entschieden, die sich, ohne dass ich mir dessen bewusst gewesen wäre, im Nachhinein als die richtige herausstellte. Mein Denken veränderte sich. Ich lernte in kurzer Zeit wahnsinnig viel. Ich meine nicht den Schulkram, den alle lernen sollten, sondern wie es war, sich darüber hinaus zu engagieren, wie man das überhaupt anstellte und wie sich das anfühlte, freiwillig mehr zu tun; dass es einen bei allem Chaos, das manchmal herrschte, bei allen vergeblichen Mühen und Rückschlägen, mit denen man sich herumzuplagen hatte, am Ende doch irgendwie zufriedener machte.

Aber jetzt habe ich vorgegriffen. Denn, wie gesagt, die neunte Klasse diente mir dazu, erst mal alles zu checken. So richtig los ging es in der zehnten. Die meisten meiner Mitschüler waren der Ansicht, ich sollte weiterhin die Klassensprecherin geben. Das war die Voraussetzung, um auch bei der Schülervertretung wieder mitmachen zu können, was ich ja unbedingt wollte. In diesem Jahr gab es einen anderen Schulsprecher, diesmal wurde Patricia gewählt, ein Mädchen aus meinem Jahrgang. Patricia, blond, blaue Augen, geborene Kreuzbergerin, war noch ehrgeiziger als ich, für unser Alter schon ausgesprochen pragmatisch veranlagt – sie hielt sich nur mit Schülern auf, die ihr in irgendeiner Weise nützen konnten – und ein ausgemachtes Organisationstalent. Sie verpasste der Schülervertretung auch gleich eine neue Struktur. Die Arbeit wurde effizienter erledigt, es ging weniger chaotisch zu.

Wenn zwischendrin nichts Besonderes anlag, trafen wir uns jede zweite Woche. Es wurde unter anderem ein Toilettenkomitee gegründet – kein Witz, die Toiletten in unserer Schule waren der blanke Horror – und ein Jahrbuch-Gremium, bei dem ich mitmachte, ohne zu ahnen, was für einen riesigen Berg Arbeit ich mir damit aufholzte. Und da ich einmal dabei war, mir mein Leben ein bisschen stressiger einzurichten, erweiterte ich gleich noch den Radius meines außerschulischen Betätigungsfeldes, für meine Verhältnisse sogar gewaltig: Ich machte beim Bezirksschülerausschuss mit.

Böse Zungen könnten jetzt behaupten, ich hätte einmal zu viel »hier« gerufen, als mal wieder jemand für eine ehrenamtliche Aufgabe gesucht wurde. So ungefähr war es auch. Als das Thema zur Debatte stand, wusste keiner genau, was ein Bezirksschülerausschuss war und wofür er gut sein sollte. Die Schule, oder besser gesagt die Schülervertretung, hatte aber zwei Leute dorthin zu delegieren. Als partout keiner wollte, bekundete ich Interesse. Ich kann gar nicht mehr sagen, warum. Ich glaube, ich wollte einfach nur, dass das peinliche Schweigen im Raum aufhörte. Zur Belohnung gaben mir bei der Wahl, die dann noch inszeniert wurde – nie wurde einer einfach so für irgendetwas bestimmt, er musste immer erst gewählt werden –, alle ihre Stimme. So kann man auch gewinnen.

Man kann die ganze Sache aber auch anders auslegen: Während die Zusammenkünfte der Schülervertretung in der Schule und sogar während des Unterrichts stattfanden, musste ich für den Bezirksschülerausschuss meine Freizeit opfern. Und nicht nur das, ich musste jedes Mal mit der Bahn zum Bezirksamt Charlottenburg-Wilmersdorf oder zum Bezirksrathaus fahren, was hin und zurück, den Fußweg eingerechnet, insgesamt fast eine Stunde in Anspruch nahm. Damit, dass ich mir das zumutete, bewies ich also, dass ich mich wirklich ehrenamtlich engagieren wollte. Am Anfang dachte ich darüber gar nicht weiter nach. Ich sagte mir: Gut, dann fahre ich eben mal hin und sehe mir an, was da abgeht. So richtig bewusst wurde mir das erst, als bei jeder weiteren Sitzung die Zahl der teilnehmenden Schüler neue Rekordmarken erreichte, allerdings im Negativbereich. Waren es bei der ersten Sitzung noch sechzig, ließen sich bei der zweiten nur noch fünfzehn blicken, bei der dritten zehn, am Schluss war ich eine von fünf.

Ähnlich entwickelte sich das beim Bezirksschulbeirat, in den ich mich hatte wählen lassen, um auch konkret etwas zu tun, obwohl ich in dem Moment nicht die geringste

Vorstellung hatte, worum es da gehen würde. Hier kamen Lehrer, Schüler und Eltern aus verschiedenen Schulen zusammen, jeweils zwölf von jeder Gruppe. Die Treffen boten wenig, was einen magisch angezogen hätte. Manchmal stritten sich Lehrer und Eltern verbissen um irgendwelche Kleinigkeiten, was immerhin ganz lustig zu beobachten war. Aber sonst? Die Probleme, die besprochen wurden, betrafen meistens Grundschulen, die hatten wir Schüler alle längst hinter uns. Es war also nur verständlich, dass sich einer nach dem anderen nicht mehr blicken ließ. Es dauerte nicht lange, und ich war die einzige von den Schülern, die noch zu den Sitzungen erschien.

Ich fragte mich nicht nur einmal, warum ich mir das antat. Doch ich konnte einfach nicht anders. Ich hatte mich nun einmal bereit erklärt mitzumachen, also musste ich auch hingehen. In diesem Punkt war ich immer noch die kleine Melda aus der ersten Klasse: gewissenhaft, pflichtschuldig. Ich will damit nicht angeben, diese Charaktereigenschaft macht einem das Leben ja nicht gerade leichter. Ich versuche nur zu erklären, warum ich immer schön brav dorthin marschierte, obwohl es mir im Grunde nichts brachte. Außer dass sich in meinem Kopf die Frage festsetzte: Wenn solche Gremien wie der Bezirksschülerausschuss schon existierten, sogar von Politikern des Stadtbezirks unterstützt wurden, warum machte man dann nicht mehr daraus? In der Schülervertretung unserer Schule funktionierte das doch auch.

Man kann sich denken, wohin das führte: Ein Jahr grübelte ich darüber nach, nicht ständig, aber immer mal wieder. Und im folgenden Jahr kandidierte ich dann selbst für das Amt der Vorsitzenden. Ganz schön vorlaut, diese kleine Türkin, werden manche da gedacht haben. Zumal Schüler mit Migrationshintergrund nicht gerade dafür bekannt waren, sich um solche Funktionen zu reißen. Ich war da weit und breit eher die Ausnahme. Aber durch die Arbeit in der Schülervertretung traute ich mir das irgendwie zu. Dort hatten wir inzwischen ein tolles Team zusammen, das wirklich etwas bewegte. Es klingt vielleicht lustig, aber wir kämpften zum Beispiel weiter hartnäckig für bessere Toiletten, kamen dabei zwar nur mühsam voran, aber immerhin voran, was uns weiter motivierte. Wir durften nur nicht aufgeben. Jedenfalls gewann ich die Wahl beim Bezirksschülerausschuss. Ich fand nicht mal, dass das besonders schwierig war. Es machte mir nichts aus, mich vor die versammelte Runde zu stellen und ein paar Sätze zu sagen, die bei den meisten offenbar gut ankamen. Und weil es so gut flutschte, machte ich auch beim Bezirksschulbeirat wieder mit und ließ mich zusätzlich noch für den Landesschülerausschuss wählen, das ist die gesetzlich legitimierte Vertretung aller Berliner Schüler.

Das klingt ein bisschen so, als wäre ich aufs Postensammeln verfallen. Doch darum ging es mir gar nicht. Ich dachte, wenn ich den Vorsitz in unserem Stadtbezirk übernehme, war es nur logisch, den auch auf Landesebene zu repräsentieren. Außerdem hatte ich eines inzwischen verinnerlicht: Jeder Posten brachte zusätzlich Arbeit, aber bestenfalls auch mehr Anerkennung. Und es konnte nicht schaden, über die Schule und den Stadtbezirk hinaus seine Strippen zu ziehen. Je mehr Kontakte ich hatte, desto größer waren die Chancen, etwas voranzubringen.

Nicht, dass jemand das jetzt in den falschen Hals bekommt: Mir war schon klar, dass ich in den verschiedenen

Schülervertretungen, ganz gleich wo, nicht am großen Rad der Weltpolitik drehte, nicht mal an dem der Bundes- oder Stadtpolitik. Aber ich war fünfzehn, sechzehn, siebzehn, eine Schülerin, und als solche dachte ich auch gar nicht in diesen Dimensionen. Mir ging es um die Fragen, mit denen wir Schüler tagtäglich konfrontiert wurden, um das, was uns im Kleinen bewegte, was wir vielleicht an den Schulen ändern konnten. Bleiben wir von mir aus bei den unsäglichen Toiletten, da ich die bereits erwähnte. Toiletten sind ja nicht unwichtig, nicht in einem Gebäude, in dem Schüler ihren halben Tag verbringen. Die unappetitlichen Details erspare ich mir. Am besten, man stellt sich eine Toilette vor, die man freiwillig niemals betreten würde, und denkt sie sich dann noch zehnmal scheußlicher – so ungefähr sahen die meisten bei uns aus. Wir von der Schülervertretung schonten uns wirklich nicht, an diesem Zustand etwas zu ändern. Wir sahen uns jede Toilette im gesamten Schulhaus mehrmals an, und das war nie ein Spaß, bewerteten sie nach vorher ausgearbeiteten Kriterien, schrieben hinterher Protokolle und konfrontierten damit die Schulleitung.

Ich habe keine Ahnung, wie oft wir uns das antaten, aber das letzte Mal, als ich in der zwölften Klasse war. Denn danach rückten tatsächlich Handwerker an, die mit der schlimmsten Toilette begannen und nach und nach auch andere erneuerten. Es hat Jahre gedauert, aber wir haben es geschafft! Solche Sachen meine ich damit. Winzig klein und unbedeutend, wenn man sie aufs Universum bezieht, nicht aber für die, die jeden Tag damit leben müssen. Und das waren nun mal wir in unserem überschaubaren Schulkosmos.

Die ehrenamtliche Arbeit hatte aber noch einen anderen Aspekt, der für mich von Bedeutung war. In der Schülervertretung erlebte ich, dass es möglich war, Leute dafür zu begeistern, etwas zu tun. Ich war ja selbst so ein Fall, bin da nur reingerutscht und fand plötzlich Spaß daran. Weil ich auch einen Sinn darin sah. Das ist wohl das Entscheidende: Es muss für einen selbst Sinn haben.

Eine solche Erkenntnis springt einen nicht immer gleich an. Ich weiß das von mir. Man kann sich auch einreden: Sollen mal die anderen machen, ich habe genug mit mir zu tun. Oder man ist ganz ehrlich und gibt zu, dass man keine Lust hat oder einfach zu faul ist oder nicht einsieht, mehr als andere zu tun, und das auch noch, ohne bezahlt zu werden.

Besonders Letzteres war ein Punkt, den Baba überhaupt nicht verstand. Wie konnte ich meine Zeit verschwenden und nicht mal Geld dafür bekommen? Arbeit und Geld sind für ihn zwei Dinge, die untrennbar miteinander verbunden sind. Wer freiwillig das eine vom anderen abkoppelt, macht sich in seinen Augen zum Narren. Aber für ihn war das alles sowieso sinnlos. »Verschwendete Zeit«, sagte er immer, wenn ich mal den Versuch unternahm, ihm zu erklären, dass diese Arbeit für mich wichtig war. Sobald ich meinte, ich würde dadurch nicht dümmer und für meine Zukunft sei das auch gut, fiel er mir ins Wort: »Brauchst du nicht!«

Was sollte ich darauf noch erwidern? Wir stritten uns häufig darüber. Es war zum Verzweifeln. Wenn er sich zumindest die Mühe gemacht hätte, nach echten Argumenten zu suchen, mit denen er seinen Standpunkt hätte begründen können. Dann hätte ich mich wenigstens ernst genommen gefühlt. Aber er wiederholte einfach sein einmal gefälltes Urteil und merkte nicht, wie er mich damit verletzte. Warum konnte er sich nicht freuen, dass seine Tochter fleißig war?

Ich bin ziemlich sicher, Anne sah das anders. Ich schätze, sie war sogar stolz auf mich. Das Problem war nur, dass es in eine Zeit fiel, in der wir keinen richtigen Draht zueinander fanden. Es ist kompliziert, darüber zu schreiben, ohne dass unser Verhältnis in einem falschen Licht erscheinen könnte. Es war wohl so, dass wir beide in unserem Alltag gefangen waren, jeder für sich.

Anne ging arbeiten, hatte den ganzen Tag kleine Kinder um sich und musste sich danach noch um den Haushalt kümmern. Ich hatte die Schule und meine ganzen Verpflichtungen nebenbei. Wenn dann mal Zeit war, miteinander zu sprechen, war Anne oft erschöpft, sodass sie nicht richtig zuhörte. Also ließ ich es irgendwann sein, ihr von mir aus etwas zu erzählen. Manchmal war es auch so, dass sie mich fragte, ich aber keine Lust hatte, ihr ausführlich zu antworten. Weil es meistens anstrengend wurde. Ich konnte nicht einfach drauflos plappern, musste vorher immer erst überlegen: Was darf ich erzählen? Was muss ich aussortieren? Vieles hätte sie nicht verstanden oder falsch ausgelegt. Ich hätte nur einen Jungen erwähnen brauchen, mit dem ich irgendetwas völlig Harmloses erlebt habe, garantiert hätte sie mich gleich schief angeguckt. Also hätte ich dieses Missverständnis erst mal wieder aus der Welt schaffen müssen und so weiter. Dann erzählt man doch lieber gleich gar nichts.

Mit Tante Zeynep war das wesentlich unkomplizierter. Bei ihr musste ich nicht ständig diese Schere im Kopf haben. Ihr konnte ich alles erzählen, völlig ungefiltert. Dadurch wurde sie meine wichtigste Vertraute. Und was ich ihr erzählte, selbst die unverfänglichen Geschichten, wollte ich dann nicht auch noch Anne erzählen.

Heute kann ich es mir eingestehen: Diese ganze ehrenamtliche Arbeit, das war auch eine Art Flucht. Eine Flucht Richtung Freiheit, weg von meiner Familie. Das klingt hart, war aber so. Um das zu erklären, muss ich etwas ausholen.

Ich war noch in der Grundschule, als ich diesen Drang nach Freiheit entdeckte. Da wir von der Schule ein ganzes Stück entfernt wohnten, wurde ich nach dem Unterricht immer abgeholt. Bis zur dritten Klasse fand ich nichts dabei, aber dann wollte ich wie meine Mitschüler allein nach Hause gehen. Ab dem vierten Schuljahr durfte ich das endlich. Anfangs fürchtete ich mich ein bisschen, ohne Anne oder Baba mit der U-Bahn zu fahren, aber es war auch aufregend. Ich war ein kleines Mädchen und ganz allein in dieser großen Stadt unterwegs – ein Gefühl, das Bauchkribbeln verursachte.

Doch als ich mich gerade daran gewöhnt hatte, geschah etwas, wodurch meine neue Selbständigkeit wieder jäh eingeschränkt wurde. Ich war nach dem Unterricht mit der Bahn nach Hause gefahren, lief die letzten Schritte bis zur Haustür, als mich ein Mann ansprach, der mich nach einer Veronika fragte. Ich kannte keine Nachbarin, die so hieß. Trotzdem drängte sich der Fremde an mir vorbei ins Treppenhaus und tat so, als würde er den Weg kennen. Ich ging hinauf, schloss unsere Wohnungstür auf, wollte sie hinter mir wieder schließen, doch das ging nicht. Wie aus dem

Nichts war dieser Mann wieder aufgetaucht und hielt sie fest.

»Kann ich mir bei euch die Hände waschen?«, fragte er nicht unhöflich, trotzdem fühlte ich mich bedroht. Außer mir war niemand zu Hause.

»Fragen Sie bitte die Nachbarn. Bei mir geht das nicht«, antwortete ich und hoffte, dass meine Stimme nicht allzu ängstlich klang.

»Ich will mir doch nur die Hände waschen!« Jetzt hörte er sich schon unfreundlicher an, gleichzeitig drückte er fester gegen die Tür, versuchte, sie aufzustoßen. »Lass mich rein, die Toilette ist doch gleich da.« Als hätte er sich in unserer Wohnung ausgekannt. Ich verneinte abermals und stemmte mich mit aller Kraft gegen die Tür. So ging es eine Weile, er wollte herein, ich meinte, das ginge nicht, bis ich nicht mehr wusste, was ich noch tun sollte. Zum Telefon laufen und Großmutter anrufen konnte ich nicht, dann hätte ich die Tür loslassen müssen, und er wäre ohne Weiteres in die Wohnung gekommen. Zum Glück machte er dann einen Fehler, nahm kurz seine Hand zurück, sodass ich die Tür zuschlagen und sofort verriegeln konnte. Aber es war noch nicht vorbei. Der Typ schien allmählich aggressiv zu werden. Er klingelte Sturm und schrie: »Mach auf!«, mehrmals hintereinander, jedes Mal etwas lauter, oder kam mir das nur so vor, aus lauter Angst, er könnte die Tür zertrümmern? Ich verkrümelte mich in die hinterste Ecke meines Zimmers, während er draußen brüllte. Noch nie war ich mir so klein und hilflos vorgekommen. Dann fiel mir endlich wieder das Telefon ein, und ich wählte Großmutters Nummer. Sie wohnte nur zwei Straßen weiter und machte sich sofort auf den Weg. Als sie ankam, war von dem Kerl, der mich belästigt hatte, jedoch nichts mehr zu sehen.

Ich hasse diesen Schuft heute noch. Fast ein Jahr lang durfte ich danach nicht mehr allein zur Schule fahren. Baba brachte mich morgens hin und holte mich nachmittags wieder ab. Einerseits bin ich ihm dankbar, dass er das machte. Ich hatte eine Zeit lang wirklich Angstzustände, sobald ich das Haus verließ. Andererseits konnte ich mich dadurch so gut wie nie frei bewegen wie die anderen Mädchen aus meiner Klasse, was meinen Freiheitsdrang später nur noch verstärkte.

Irgendwie kam alles zusammen: Da war das Erlebnis mit diesem Kerl und seine Folgen. Da waren meine Eltern mit ihren Traditionen und Werten und ihrer Liebe, die es ihnen sogar heute noch schwer macht, ihr Töchterchen einfach mal seiner Wege gehen zu lassen. Und da war ich, hin und her gerissen zwischen der Welt der Schule und meiner Freundinnen und der Welt meiner Familie. Ich wollte zu beiden gehören, in beiden leben, es beiden Seiten irgendwie recht machen. Aber das ging nur, wenn ich mich zu Hause verbog und das Bild von einer Tochter entwarf, wie ich glaubte, dass Anne und Baba sie sich vorstellten. Denn in der Schule und gegenüber meinen Freundinnen brauchte ich mich nicht zu verstellen. Selbst vor den Lehrern nicht, die nahmen mich, wie ich war. Ich hatte mich für nichts zu rechtfertigen, höchstens wenn ich eine Arbeit vermasselte, doch das kam selten vor. Ich musste niemandem eine Lüge auftischen, wenn ich am Wochenende aus war. Ich konnte mich ganz normal mit Jungs abgeben, wie das die anderen Mädchen auch taten, ohne vorwurfsvoll angestarrt zu werden oder selbst ein schlechtes Gewissen zu bekommen, dass ich damit gegen Grundsätze des Islam verstieß. Von meiner Kleidung will ich gar nicht erst wieder anfangen. Ich lief nicht anders herum als die meisten, und das war für alle in Ordnung so.

Ich glaube, jetzt versteht man, warum ich immer gern zur Schule ging.

So, und nun komme ich zur Schülervertretung zurück und zu all den ehrenamtlichen Funktionen, die ich mir aufgehalst hatte. Denn damit verhielt es sich ähnlich. Sie erweiterten meinen Freiraum, den mir Anne und Baba sonst vermutlich niemals zugestanden hätten. Wenn ich nach der Schule noch mal losmusste, konnte ich immer sagen: Es ist für die Schülervertretung! Oder für den Bezirksschülerausschuss! Oder eben für irgendeines der Gremien, in denen ich mitmachte. Dagegen konnten sie nichts einwenden. Das heißt, sie konnten schon, Baba meckerte oft genug, ich würde nur meine Zeit damit verplempern, aber er meckerte eben nur und verbot es mir nicht.

Das war ein Punkt. Der nächste betraf die eigentliche Arbeit, die damit verbunden war. Auch die bedeutete für mich zusätzlichen Freiraum. Denn den Inhalt bestimmten nicht meine Eltern, den bestimmte ich selbst oder mit den Leuten der Schülervertretungen zusammen. Ich ging nicht in die Moschee beten, las nicht den Koran, half Anne nicht beim Putzen unserer Wohnung, sondern organisierte irgendetwas, traf mich mit anderen, um gemeinsame Projekte anzuschieben. Selbst wenn es nur darum ging, sich für das nächste Jahrbuch eine Umfrage unter den Schülern auszudenken – für mich war es ein Stück gedanklicher Freiheit.

Außerdem bekam ich durch meine Posten endlich auch die Gelegenheit, eine Menge Leute kennenzulernen, ohne Anne oder Baba um Erlaubnis bitten zu müssen. Dadurch wurde ich wiederum mit den unterschiedlichsten politischen Ansichten konfrontiert. Für jemanden, der wie ich aus einer Familie kommt, in der in vielerlei Hinsicht recht engstirnig gedacht wird, allein aufgrund unserer Religionszugehörigkeit, war es ungeheuer spannend, dies zu erleben. Als hätte sich direkt vor meinen Augen eine riesengroße Wundertüte geöffnet, aus der die verschiedenartigsten Gestalten und Charaktere schlüpften. Allerdings stand ich nicht wie ein kleines Kind mit offenem Mund staunend davor. Ich war keine stumme Beobachterin mehr, ich mischte mich ein, denn eines hat mir meine Familie dann doch beigebracht: dass es wichtig ist, sich selbst eine Meinung zu bilden und die auch zu vertreten. Ich weiß, das hört sich wie ein Widerspruch an. Ich habe auch nie behauptet, unsere Familie sei frei von Widersprüchen, das ist sie ganz und gar nicht. Doch das mit der eigenen Meinung betrifft eigentlich nur familieninterne Angelegenheiten. Ich erzählte ja, dass sich alle immer kräftig in die Probleme der anderen einmischen und dass bei unseren Familientreffen viel und lange und durchaus kontrovers diskutiert wird. So erlebte ich das von klein auf. Dabei war es selbstverständlich, dass alle, die im Zimmer saßen, ihre Ansicht kundtun durften, ungeachtet ihres Alters. Also auch wir Kinder. Die anderen hörten zu, und wir fühlten uns ernst genommen. Selbst wenn Erwachsenenprobleme besprochen wurden, schickten sie uns nicht hinaus. Ich erinnere mich, wie sie einmal über einen meiner Onkel redeten, der so viel trank, dass sie ihn für einen Alkoholiker hielten.

Natürlich steckte auch darin ein großer Widerspruch, denn es gab eine Reihe von Themen, zu denen war keine eigene Meinung gefragt. Ich sage nur: Stichwort Religion, Sex vor der Ehe und so. Aber darüber wurde bei den Familientreffen auch nicht diskutiert oder höchst selten. Es sei denn, es betraf jemanden, der nicht zum engen Familienkreis gehörte. Wenn ich mir vorstelle, ich hätte in dieser Runde die Geschichte mit Batu ausgeplaudert – nicht auszudenken, was passiert wäre! Da bin ich ganz schnell wieder bei der braven Tochter, die ich versuchte ihnen vorzuspielen.

Durch meine ehrenamtliche Tätigkeit verstärkte sich der Konflikt mit meinen Eltern nur. Es kam nämlich noch etwas Entscheidendes hinzu, das mich von ihnen wegtrieb. Was ich zu Hause auch machte, immer hatte ich das Gefühl, dass es falsch ist, dass ich es Anne und Baba nie recht machen konnte. Vielleicht ist das so in diesem Alter, dass man sich von den Eltern permanent unverstanden fühlt. Vielleicht gehört das einfach zum Abnabelungsprozess. Ich weiß es nicht. Der Gegensatz erschien mir nur extrem krass. Denn in der Schule, in der Schülervertretung, beim Bezirksschülerausschuss und wo ich sonst noch herumwirbelte, bekam ich das, was ich zu Hause vermisste: Zuspruch und Anerkennung! Und davon fast eine Überdosis, so kam es mir vor, wenn ich es mit dem verglich, was mir zu Hause davon zugestanden wurde.

Ich hatte inzwischen ein Abonnement auf den Posten der Klassensprecherin. Ich wurde stellvertretende Schulsprecherin, saß im Jahrbuch-Gremium und neuerdings auch in der Schulkonferenz, in der unter anderem die Budgetplanung für die gesamte Schule abgesegnet wurde, was nicht gerade eine Kleinigkeit war. Ich leitete den Bezirksschülerausschuss und arbeitete in mehreren Unterausschüssen, in denen auch Erwachsene, Lehrer und Eltern, mitwirkten, die mich immer wieder lobten. Ich war ständig unterwegs, rackerte hier und rackerte dort, ohne in der Schule nachzulassen. Manchmal überblickte ich mein Pensum selbst kaum noch. Es war, als wäre ich in einen Strudel geraten. Das Verrückte daran: Es machte nicht nur Spaß, trotz aller Belastung hatte ich oft sogar das Gefühl, ich könnte noch mehr tun, müsste noch mehr schaffen.

Doch wenn ich dann nach Hause kam, erschöpft meistens, aber oft auch zufrieden, fragten mich Anne oder Baba nicht, wie es war, was ich wieder geschafft hatte, oder vielleicht sogar, ob ich ihre Unterstützung gebraucht hätte. Sie zogen es vor, mich mit Vorhaltungen zu empfangen: Warum ich wieder so spät nach Hause käme. Wieso ich mir so viel Arbeit aufladen würde. Ob ich mich auch genug um die Schule kümmerte. Ebenso gut hätten sie mir zur Begrüßung eine Keule über den Schädel ziehen können.

Das Bild mit dem Strudel passt auch auf die Situation, die zu Hause mit meinen Eltern entstand. Alles wurde durcheinandergewirbelt. Immer seltener gelang es uns, normal miteinander zu sprechen. Baba war sowieso meistens arbeiten, aber auch mit Anne funktionierte das nicht. Sicher lag es nicht nur an ihr, uns war irgendwie das gegenseitige Verständnis abhanden gekommen. Da wir beide recht temperamentvoll sein können, arteten selbst Kleinigkeiten meist in Streitereien aus. Hinterher fragte ich mich manchmal, ob es das alles wert war und warum ich nicht so sein konnte, wie meine Mutter mich gern gehabt hätte. War ich eine undankbare Tochter, nur weil ich nicht so sein wollte, wie sie in ihrer Jugend gewesen war? Wie konnte sie das überhaupt vergleichen? Sie hatte die ersten Jahre ihres Lebens in einem abgeschiedenen Dorf in der Türkei verbracht. Berlin dagegen ist nicht nur eine Stadt, sondern im Vergleich dazu eine ganz andere Welt. Außerdem sind seit ihrer Jugend fast dreißig Jahre vergangen. War es wirklich unverschämt, ein bisschen mehr Freiheit einzufordern?

In meinen starken Phasen hatte ich klare Antworten auf all diese Fragen. In den schwächeren verunsicherten sie mich. Es ging so weit, dass ich mir selbst Vorwürfe machte: Wieso kannst du deine Bedürfnisse nicht einfach unterdrücken? Andere muslimische Mädchen schaffen das doch auch. Warum bist ausgerechnet du so ein Dickschädel?

Das Dilemma war, dass die schwächeren Phasen zunahmen, je mehr Arbeit ich mir zumutete. Ich hätte von allein daraufkommen können, dass das eine mit dem anderen zusammenhing, nur war ich viel zu beschäftigt. Außerdem: Wer denkt mit sechzehn daran, dass sein Körper streiken könnte? Davon hörte man bei älteren Menschen, die vierzig oder fünfzig waren oder darüber hinaus.

Vor zwei Jahren dann die ersten Alarmzeichen. Ich dachte noch: eine Magen-Darm-Verstimmung, nichts Besonderes. Es war Winter, Schmuddelwetter, da fängt man sich schnell so etwas ein. Mich hätte der Tag davor aufschrecken sollen, denn da fing es eigentlich an. Ich wollte mich nach der Schule mit Isabelle treffen, einer Freundin aus meiner Klasse. Nicht aus Langeweile, wir mussten ein Referat für die Schule besprechen. Es war kurz vor fünf, als ich loswollte. Ich wusste, dass es draußen schon dunkel war, dafür konnte ich ja nichts. Anne war da anderer Meinung. Sie sagte, das mit dem Referat hätte mir auch früher einfallen können, als es noch hell war. Sie war allen Ernstes der Meinung, für ein sechzehnjähriges Mädchen sei es zu spät, draußen noch herumzulaufen. Und dann stellte sie eine Frage, die mich auf die Palme brachte: »Warum kann Isabelle nicht herkommen?« Isabelle war genauso alt wie ich, was machte den Unterschied? Wahrscheinlich hätten ihre Eltern keinen Mucks gesagt, aber wir hatten nun einmal besprochen, uns am Ernst-Reuter-Platz zu treffen. Sollte ich anrufen und sagen, dass meine Mutter mich um diese Zeit nicht mehr aus der Wohnung lässt? Wie peinlich wäre das denn gewesen!

Ich versuchte, ruhig zu bleiben: »Ich muss da jetzt hin, es ist wichtig!« Nur überzeugte sie das nicht. Wie oft hatten wir solche Dispute schon geführt? Es war immer dasselbe. Irgendwann schaukelte es sich hoch, Anne fing an zu schreien, und ich piepste auch nicht gerade wie ein Mäuschen. Das Letzte, was ich hörte, bevor ich im Treppenhaus verschwand: »Dann geh doch! Geh ruhig! Wenn dir etwas passiert, wirst du schon bereuen, nicht auf deine Mutter gehört zu haben ...« Das Ganze natürlich auf Türkisch.

So kriegte sie mich immer. Kaum saß ich in der Bahn, meldete sich mein schlechtes Gewissen. Wieder war ich die böse Tochter gewesen, die ihre Mutter enttäuscht hatte. Würde das denn niemals aufhören?

Ich hatte mich mit Isabelle auf der Mittelinsel am Ernst-Reuter-Platz verabredet, dort, wo ich bei meinem ersten Treffen mit Batu gewesen war, aber daran dachte ich jetzt nicht. Isabelle verspätete sich. Ich wartete auf einer Bank, zitternd wie Espenlaub, ein eisiger Wind strich über den Platz. Mir war hundeelend, ich kämpfte mit den Tränen. Um mich abzulenken, schaltete ich das Radio an meinem

Handy ein. Ich dachte, ich höre nicht richtig. Etwas Passenderes hätten sie nicht spielen können: Christina Aguilera sang »*So mother, I thank you for all that you've done and still do ...*« Erst wollte ich ausschalten, ließ es dann aber, hörte zu und versank in Melancholie. Es stimmte ja, Anne hatte sich in all den Jahren so sehr um mich gekümmert, war ich es ihr da nicht schuldig, eine gute Tochter zu sein, über die sie sich freuen konnte, die sie zum Strahlen brachte, sobald sie sie nur sah?

Eindeutig, es war meine schwächste Phase seit langem. Dieser läppische Streit warf mich um, dabei hatten wir schon unzählige von dieser Sorte ausgetragen. Ich hätte davon irgendwo auf meiner Seele Hornhaut haben müssen. Doch ich fühlte mich einsam wie ewig nicht und unverstanden und irgendwie wie ausgespuckt. Dazu noch absolut ratlos, wie es weitergehen sollte. Kurz gesagt: Ich war völlig im Eimer.

Als ich dann Isabelle kommen sah, verließ mich auch noch das letzte bisschen Kraft, mit dem ich mich irgendwie aufrecht gehalten hatte. Ich sank regelrecht in mich zusammen, als hätte mir jemand die Muskeln aus dem Leib gezogen. Ich heulte Sturzbäche, konnte mich gar nicht wieder beruhigen, bekam auch kein einziges Wort heraus, um Isabelle zu erklären, was mit mir los war. Ich wusste das ja selbst nicht, hatte so etwas noch nie erlebt.

Heute würde ich sagen: ganz klar, ein Nervenzusammenbruch. Sonst brachten Tränen immer Erleichterung, ich fühlte mich hinterher besser, diesmal war es anders. Immer wenn ich dachte, ich könnte aufhören, die Tränen versiegten, schüttelte mich auf einmal eine neue Heulattacke. Ich konnte überhaupt nichts steuern. Dann meldete sich auch noch mein Magen, drückte seinen Inhalt nach oben, bis ich ihn auf dem Boden vor mir sehen konnte. Aber selbst das war nicht das Ende.

Am nächsten Tag musste ich das Bett hüten, ein Magen-Darm-Virus, dachte jetzt auch Anne. Blöd nur, dass der sich von da an alle drei Wochen aufs Neue einstellte. Ich kotzte mir die Seele aus dem Leib, sah im Gesicht aus wie eine Kalkwand und nahm in den folgenden Monaten fünf Kilo ab, was bei meiner Gestalt ziemlich viel ist. Übel war mir auch an den Tagen dazwischen, eigentlich wachte ich jeden Morgen auf und fühlte mich schlecht. Und das fast ein Jahr lang. Wenn es schlimmer wurde, also im Schnitt alle drei Wochen, ging ich zu meiner Hausärztin, ohne dass sie herausfand, was mir fehlte. Ein Virus, war ihre häufigste Erklärung, ohne ihn konkretisieren zu können, was mir einleuchtete, da Tausende von Viren unterwegs sind, die einen krank machen können. Davon besserte sich mein Zustand nur auch nicht. Nach einem Jahr schickte mich die Ärztin zu einer Magenspiegelung. Dabei wurden ein paar fiese Bakterien gefunden, die sich in meinem Magen eingenistet und eine Schleimhautentzündung hervorgerufen hatten. Nicht viele, aber die wenigen konnten auch Schaden anrichten. Ich musste drei Wochen Antibiotika schlucken, danach noch ein anderes Medikament. Es ging mir besser, geheilt war ich noch nicht. Also zum nächsten Arzt, der als Erstes wissen wollte, ob ich magersüchtig sei, womit er bei mir gleich unten durch war. Ich aß häufig zu wenig, aber bestimmt nicht mit Absicht, weil ich mich zu fett fühlte. Danach wandte ich mich noch an einen dritten Mediziner. Dieser verschrieb mir wieder Tabletten, andere diesmal, und ich musste sie über einen längeren Zeitraum einnehmen. Das Entscheidende aber hatte ich inzwischen selbst erkannt: Es war der Stress, der mich krank gemacht hatte. Nicht die Arbeit in den verschiedenen Schülervertretungen allein und nicht nur die ewige Zankerei mit Anne und Baba, schuld war alles zusammen, das ganze große Bündel, das ich mit mir herumschleppte.

Ob ich wollte oder nicht, ich musste einen Weg finden, mit all dem besser klarzukommen. Es war unerträglich, immer als die undankbare Tochter gesehen zu werden. Aber genau dieses Gefühl vermittelte mir Anne, sobald wir uns in die Haare kriegten. Sie schrie mich an, und ihre Worte hallten tausendfach in meinem Kopf wider, verfolgten mich, ich hörte sie Stunden später noch.

Wäre es eine Lösung, von zu Hause auszuziehen? Ich dachte ernsthaft darüber nach. Mir fehlte die Hoffnung, dass sich etwas ändern würde, dass Anne und Baba jemals toleranter würden, dass nicht jeder Schritt, den ich alleine gehen wollte, immer in einen Kampf mit ihnen ausarten würde.

Doch, ich wollte weg. Ich musste weg. Nur, wie sollte ich das anstellen? Ein Mitschüler von mir war mithilfe des Jugendamtes in einer betreuten WG untergekommen. Sollte ich zum Jugendamt gehen? Was sollte ich denen erzählen? Ich wurde weder geschlagen noch vernachlässigt. War es nicht vielmehr ein Problem, das ich mir selbst zuzuschreiben hatte? Weil ich unbedingt anders sein wollte?

Doch wenn ich ehrlich zu mir war, musste ich mir eingestehen, dass ich Anne und Baba liebte wie niemanden sonst auf der Welt, trotz alledem. Und der Gedanke, ihnen wehzutun, indem ich mich aus dem Staub machte ... – nein, ihnen noch mehr Sorgen bereiten, das war das Letzte, was ich wollte.

Ich blieb.

Es änderte sich nicht schlagartig etwas. Schließlich konnte ich meine ehrenamtlichen Jobs nicht mitten im Schuljahr hinschmeißen. Und meinen Ehrgeiz konnte ich auch nicht einfach so abstreifen. Erst mal versuchte ich, etwas gelassener an die Aufgaben heranzugehen. Außerdem hörte ich mehr auf meinen Körper. Na ja, eigentlich nur auf meinen Magen. Der wurde so etwas wie eine Alarmanlage für mich. Wenn ich morgens wach wurde und merkte, mir war übel, wusste ich:

Melda, du musst mehr schlafen!

Melda, du musst regelmäßiger essen!

Und, Melda, du musst dein Arbeitspensum reduzieren!

Vorher hatte ich mich auch dann in die Schule geschleppt, wenn es mir dreckig ging. Ich hatte keinen Termin bei den Schülervertretungen versäumt. Selbst als ich Fieber hatte, redete ich mir ein, ich dürfte nicht fehlen. Das ließ ich nun bleiben. Ich wusste jetzt, wann ich besser ins Bett gehörte.

Auch zu Hause mit Anne und Baba war es eher ein schleichender Prozess. Wahrscheinlich begann es damit, dass ich manchem Streit von vornherein aus dem Weg ging. Falls es doch wieder krachte, legte ich nicht jedes Wort, das in der Aufregung fiel, auf die Goldwaage. Ich versuchte, Auseinandersetzungen abzuhaken, sobald sie vorbei waren, und schleppte nicht jede stundenlang mit mir herum, spielte sie im Geiste nicht noch hundertmal durch, wie ich das vorher gemacht hatte. Ich zermarterte mir nicht wegen jeder Kleinigkeit das Gehirn.

Aber es wäre ungerecht zu behaupten, dass nur ich mich veränderte. Auch mit Anne und Baba vollzog sich eine

Wandlung. Sie reagierten nicht mehr bei jeder Sache, die ihnen nicht passte, so verbohrt. Sie ließen die Zügel lockerer. Nach sechs Uhr abends noch aus dem Haus gehen war irgendwann kein Diskussionsthema mehr. Wobei ich mich immer noch frage, ob sie einsahen, dass sie es mit ihren Einschränkungen übertrieben hatten, ob nun aus Fürsorge oder Ängstlichkeit oder was weiß ich, oder ob sie es leid geworden waren, sich jedes Mal wieder mit meinem Dickschädel anzulegen. Eines Tages werde ich sie danach fragen, aber noch sind wir nicht so weit.

Ich denke, es half auch, dass ich in der Zwischenzeit achtzehn wurde. Obwohl das in türkischen Familien nicht unbedingt viel heißen muss. Man gilt in der Türkei zwar mit achtzehn, genau wie in Deutschland, laut Gesetz als volljährig, mit allen Rechten und Pflichten, die sich daraus ergeben. Innerfamiliär jedoch wird man oft, besonders als Tochter, erst mit der Hochzeit als volljährig anerkannt. Was einfach daran liegt, dass viele Eltern immer noch voraussetzen, dass ihre Töchter erst mit der Hochzeit das Haus verlassen, wie es seit jeher Tradition ist.

In diesem Punkt waren Anne und Baba zum Glück etwas fortschrittlicher. Sie erlaubten mir sogar, eine Party zu veranstalten. Nicht bei uns zu Hause, das hätten sie niemals gestattet. Doch der Zufall wollte es, dass meine Cousine Deniz an dem betreffenden Wochenende nach Istanbul flog und mir ihre Wohnung überließ. Ein bisschen geflunkert habe ich natürlich auch. Ich konnte ihnen ja schlecht sagen, was an diesem Abend, in dieser Nacht wirklich abgehen sollte. Ich erzählte einfach, ich würde mit ein paar Freundinnen feiern. Zu meiner Verwunderung fragten sie nicht weiter nach. Ich denke, in dem Moment zwangen sie sich, möglichst coole

Eltern abzugeben. Wahrscheinlich beruhigte sie auch, dass Tayfun versprach, er würde den Aufpasser spielen. Ein großer Bruder kann manchmal ein Segen sein.

Ich will nicht jede Einzelheit verraten, nur so viel: Hundertfünfzig Leute in einer Zweizimmerwohnung, und jeder von ihnen brachte ein Getränk mit. Gegen zwei Uhr morgens rückte die Polizei an, gleich mit drei Mannschaftswagen, als hätte jemand eine kleine Straßenschlacht gemeldet. Dabei waren wir nur laut und hatten die Fenster aufgerissen, weil bei den Massen der Sauerstoff echt knapp wurde. Aber dass die Polizei aufkreuzte, war wichtig. Eine Party ist nur dann gut, wenn die Leute ausgelassen feiern und sich um sonst nichts scheren. Und wenn sie das machen, rückt irgendwann immer die Polizei an. Das ist ungefähr so, als würde einem die Stiftung Warentest das Prädikat »Sehr gut« verleihen.

Tayfun empfing die Beamten auf seine sympathischste Art, mit der er fast jeden rumkriegt. Am Ende lachten sie sogar – und zogen ab. Wir mussten nur die Fenster schließen. Mein Brüderchen machte an diesem Tag irgendwie alles richtig. Schon, dass er sich Babas Auto geliehen hatte, war clever gedacht gewesen. Sonst wären unsere Eltern garantiert irgendwann in der Nacht angetanzt und hätten den Schock ihres Lebens gekriegt. Auch als sie ab Mitternacht ständig auf seinem Handy anriefen, reagierte er geschickt – nämlich gar nicht. Wir konnten bis morgens um fünf ungestört feiern, schöner hätte ich mir meinen achtzehnten Geburtstag nicht vorstellen können.

Damit wäre ich in der Gegenwart angekommen. Wie steht es heute zwischen uns? Schwer zu sagen. Anne und Baba gestehen mir mehr Freiheiten zu, aber längst nicht so viele wie die Eltern meiner Freundinnen. Am Wochenende bei einer von ihnen zu übernachten ist inzwischen ohne große Diskussionen machbar. Da frage ich auch gar nicht mehr, ich sage einfach nur Bescheid. Ich kann sogar mal an einem Wochentag erst gegen zehn Uhr abends nach Hause kommen, ohne dass sie daraus ein Drama machen. Gern sehen sie das zwar nicht, auch wegen der Schule, aber sie schlucken es. Kurze Kleider oder Röcke lehnen sie nach wie vor ab, mit dem Unterschied, dass sie genau wissen, dass ich sie trotzdem anziehe. Auch auf das Thema Jungs reagiert Baba wie gehabt allergisch. Wenn es irgendwie geht, vermeide ich es, mit ihm darüber zu sprechen. Anne fragt schon mal, wenn ich irgendwohin gehe, ob Jungs dabei sein werden. Meistens antworte ich ehrlich, und das nimmt sie dann so hin. Alkohol, Tanzen und Sex allerdings sind weiterhin absolute No-gos. Jedes für sich ist in ihren Augen eine große Sünde, alle zusammen praktisch unverzeihlich.

Was mir aufgefallen ist: Seit ich an dem Buch sitze, hat sich ihre Toleranz noch einmal spürbar erhöht. Entweder, weil sie im Moment ihren Kopf mit eigenen Problemen voll haben. Baba hat Ärger in seinem Job, und Anne überlegt, sich vielleicht selbständig zu machen. Es könnte aber auch daran liegen, dass ich ihnen gesagt habe, dass sie eine wichtige Rolle in meinem Leben spielen, also zwangsläufig auch in dem Buch auftauchen werden und nicht eben als Randfiguren. Anfangs waren sie begeistert, als ich ihnen erzählte, was ich vorhabe, und posaunten es überall herum. Was mich gleich ein bisschen wunderte. Bis mir aufging, dass sie sich inhaltlich etwas ganz anderes vorstellten. Als die ersten Umschlagentwürfe vom Verlag eintrudelten, begannen die Diskussionen. Den Untertitel »Mein Leben zwischen Moschee und Minirock« fanden sie zu negativ. Sie meinten, dadurch würden die Moscheen verunglimpft, und ich stünde so da, als würde ich nur schlimme Sachen anstellen. Die Leute, die uns nicht kennen, würden denken, meine Eltern hätten mich eingesperrt, und ich würde jetzt ausbrechen wollen. Ich dachte nur: gut erkannt, schwieg aber.

Ich bin gespannt, wie sie reagieren werden, wenn sie erst den ganzen Text in die Hände bekommen. Aber das ist das Tolle an unserer Familie: Langweilig wird es nie.

5.
Habe Mut!

Manchmal erweisen sich Sachen, die man völlig ungeplant in Angriff nimmt, als die besten. Man hegt keine großen Erwartungen und ist dann ziemlich baff, was sich daraus doch entwickelt. Genauso verhielt es sich, als ich letztes Jahr beschloss, in den Sommerferien ein Praktikum zu absolvieren. Erst mal war da nur eine spontane Idee. Ich dachte, es könnte nicht schaden, irgendwo reinzuschnuppern, idealerweise für zwei Wochen, so wären die Ferien noch lang genug. Da mich Jura und Politik am meisten interessieren, zog ich ein Anwaltsbüro in Betracht und den Bundestag, obwohl ich keine Vorstellung hatte, wie man das anstellt. Im Grunde war es mir auch ziemlich gleichgültig, wo ich letztlich landen würde, Hauptsache, ich erlebte etwas anderes als Schule.

So ungefähr schilderte ich das Ganze auch Tante Zeynep, als wir mal wieder zusammensaßen. Bestimmt erwähnte ich bereits, dass in ihrem Freundeskreis Politik eine wichtige Rolle spielt. Sie ist mit einem der Sprecher des Türkischen Bundes Berlin-Brandenburg zusammen, ist dort selbst auch Mitglied, da geht das gar nicht anders. Der Geschäftsführer des Türkischen Bundes wiederum ist gleichzeitig Bundesvorsitzender der Türkischen Gemeinde in Deutschland. Den kennt sie auch schon lange. Ich will jetzt nichts Falsches sagen: Vielleicht gibt es in einigen Orten Vereine oder Organisationen, die dort einflussreicher sind, doch bundesweit gesehen dürfte die Türkische Gemeinde die wichtigste Organisation für Türken und Türkischstämmige sein, wovon es immerhin über zwei Millionen in Deutschland gibt. Man muss sich das vorstellen wie eine große parteiunabhängige Interessenvertretung. Ihr oberstes Ziel ist die rechtliche, soziale und politische Gleichstellung und Gleichbehandlung der Türken. Sie kämpft gegen deren Diskriminierung, gegen Ausländerfeindlichkeit überhaupt. Zudem setzt sie sich dafür ein, dass Türken sich besser in die deutsche Gesellschaft integrieren können, ohne dabei ihre kulturelle Identität aufgeben zu müssen.

Klingt alles hochpolitisch, dabei sind es oft kleine Schwierigkeiten im Alltag, bei denen die Türkische Gemeinde den Leuten zur Seite steht. Rechtsberatung ist beispielsweise ein ziemlich wichtiger Punkt. Die wenigsten kennen sich mit den deutschen Gesetzen aus. Wahrscheinlich höre ich mich jetzt selbst so an, als wäre ich ein Funktionär von denen. Wie soll man solche Dinge aber auch ausdrücken? Kein Wunder, dass Politiker oft so geschwurbelt reden. Aber die Wahrheit ist: Als ich damals mit Tante Zeynep sprach, wusste ich selbst kaum etwas darüber. Ich wusste, dass es die Türkische Gemeinde und den Türkischen Bund gibt, viel mehr aber auch nicht.

Nach dem Gespräch mit Tante Zeynep vergaß ich den Bundestag. Das Anwaltsbüro hatte ich gedanklich ohnehin gestrichen, nachdem ich gehört hatte, dass man da in zwei Wochen sowieso nichts mitbekommt. Stattdessen fuhr ich an meinem nächsten freien Nachmittag zum Hauptsitz der Türkischen Gemeinde in Deutschland, der liegt mitten in Kreuzberg, bewarb mich für ein Praktikum – und wurde genommen.

Wahrscheinlich kennt jeder diese *Kahvehane* (Kaffeehäuser nach orientalischem Vorbild) von türkischen Kulturvereinen, die man in den meisten deutschen Städten in irgendeiner Ecke findet. Zur Straße hin eine große Schaufensterscheibe, meist mit blickdichten Vorhängen, hinter denen alte Männer auf Stühlen hocken und Tee oder Kaffee trinken, morgens, mittags oder auch abends, egal, zu welcher Zeit man vorbeikommt. So sieht es bei der Türkischen Gemeinde nicht aus. Die Räumlichkeiten erinnern eher an eine Arztpraxis oder eine stinknormale Bürogemeinschaft. Ein langer Flur mit weißen Wänden, an denen Plakate mit politischen Losungen hängen. Rechts und links davon gehen die Türen der einzelnen Büros ab. Auf dem Boden dunkelgrauer Teppich. An der Decke fahles Licht, das einem das Gefühl für die richtige Tageszeit stiehlt. Kenan Kolat, der Bundesvorsitzende, sitzt allerdings in einem anderen Gebäude, ganz in der Nähe. Die Geschäftsstelle dort liegt im Erdgeschoss und sieht aus wie eine umfunktionierte Altbauwohnung. Da kam ich aber erst später hin.

Zunächst steckten sie mich zu einem Projekt, mit dem Jugendliche mit Migrationshintergrund angespornt werden sollten, sich um einen Ausbildungsplatz zu kümmern und ihre Lehre dann auch bis zum Ende durchzuziehen. »Youngsters for Best Practice« hieß das. Dieser Slogan sollte sich wohl cool und jugendgemäß anhören.

Als ich anfing, war das Projekt schon so gut wie gelaufen. Ich sollte noch helfen, die Abschlussveranstaltung vorzubereiten. Dabei waren weniger politischer Aktivismus als handwerkliches Geschick und Computerkenntnisse gefragt: Mappen falten, die Kosten für das Bedrucken von Luftballons herausfinden, irgendwelche Listen mit Excel erstellen.

Sie übertrugen mir aber noch eine andere Aufgabe, einen typischen Praktikantenjob, vergleichbar mit Kaffeekochen: Ich hatte jeden Tag die Post, die für den anderen Teil des Hauptquartiers bestimmt war, dorthin zu bringen. Ein kurzer Spaziergang von vielleicht fünf Minuten für jede Strecke. Das ist es, was ich eingangs meinte: Ich war zufällig bei der Türkischen Gemeinde gelandet, das war ja alles Tante Zeyneps Einfall gewesen. Ich kam dort nicht mit einer Mission an, die die Welt verändern sollte. Ich erledigte einfach, was man mir auftrug, fand die Beschäftigung ganz okay, aber nicht übermäßig spannend und ging ansonsten davon aus, dass nach zwei Wochen alles vorüber sein würde.

Doch dann ergab es sich, dass mich eines Tages Kenan Kolat, der Bundesvorsitzende, auf meinem Postgang begleitete. Auch das kann nur reiner Zufall gewesen sein. Er hatte bei uns eine Besprechung gehabt, wollte nun in sein Büro zurück und brach genau im selben Moment auf wie ich. Wie es seine Art ist – er scheint nie auch nur eine Minute einfach zu vertrödeln –, liefen wir nicht schweigend nebeneinander her, er der große Chef, ich die kleine Praktikantin. Er nutzte die paar Schritte, um mich ein Loch in den Bauch zu fragen: Was ich sonst mache, ob ich noch zur Schule gehe, auf welche, wie alt ich bin, ob ich nebenbei jobbe, wie die Noten auf meinem letzten Zeugnis aussehen ... Er schoss die Fragen nur so ab, dass ich kaum hinterherkam, ihm zu antworten. Wenn ich etwa sagte, dass ich das Schiller-Gymnasium besuche und dann noch vom Abitur erzählen wollte, kam ich höchstens bis Abi... – dann interessierte ihn schon das Nächste. Als hätte er nach etwas ganz Bestimmten gesucht. Erst als er herausgefunden hatte, dass ich stellvertretende Schulsprecherin war, im Bezirksschülerausschuss mitmachte und auch sonst nicht dazu neigte, faul herumzulungern, drosselte er seinen Frageschwall mit einem Mal und schien nachzudenken. Als überlegte er, ob er mir ein Geheimnis anvertrauen könne.

Ich will die Geschichte nicht aufbauschen, aber der kurze Spaziergang an der Seite dieses Mannes, den ich zu diesem Zeitpunkt noch gar nicht richtig kannte, wirbelte mein Leben durcheinander, zumindest die folgenden anderthalb Jahre. Aus dem Gespräch, wenn man das Turbo-Frage-Antwort-Spiel so bezeichnen kann, entstand eine Idee. Aus der Idee entwickelte sich – oder besser gesagt: entwickelte ich, nicht allein, aber doch federführend – eine Aktion. Und diese Aktion machte eine junge Türkin aus dem Stadtbezirk Berlin-Schöneberg, die für den Rest des Sommers eigentlich etwas anderes vorgehabt hatte, in ganz Deutschland bekannt. Mehrere Zeitungen berichteten über sie, auch überregionale, sogar *Der Spiegel*, und das ZDF schickte ein ganzes Team, um sie bei ihrer Arbeit zu filmen. Aber stopp, jetzt bin ich vorangeprescht. Mal schön der Reihe nach.

Obwohl, wenn ich es recht bedenke, ging es dann auch rasend schnell. Ohne dass ich davon wusste, hatte ich die Anlaufphase offenbar bereits hinter mir, als wir die andere Geschäftsstelle erreichten. Kenan Kolat nahm mich gleich mit in sein Büro. Er musste auf der Straße eine Entscheidung getroffen haben. Seine Mitarbeiter waren gerade damit beschäftigt, eine Bildungskampagne auf die Beine zu stellen. Sie hatten sich verschiedene Projekte ausgedacht, mit denen Eltern, Studierende und Auszubildende erreicht werden sollten. Was ihnen noch fehlte, war ein Projekt für Schüler. Und ich war nun mal eine Schülerin, so wird er kombiniert haben. Neben mir arbeitete noch eine zweite Praktikantin dort, Hacer Bilgiç, ein Jahr älter als ich. Sie hatte das Abitur gerade hinter sich und bereitete sich auf ihr BWL-Studium vor. Ehe wir uns versahen, waren wir ein Team, und die Arbeit ging los.

Als Erstes entwickelten wir ein Konzeptpapier, ohne genau zu wissen, wie so etwas überhaupt aussieht. Wir machten es einfach, wie wir es für richtig hielten. Das Wichtigste war, ein Ziel zu formulieren. Das sagte uns der gesunde Menschenverstand. Wie kann man loslaufen, wenn man nicht weiß, wohin die Reise gehen soll? Wir wollten Schüler mit Migrationshintergrund dazu bringen, sich in ihren Schulen mehr zu engagieren. Klingt erst mal etwas abstrakt, hatte aber einen konkreten Hintergrund. Ich hatte es in den verschiedenen Schülergremien selbst erlebt und Hacer auf ihrem Gymnasium auch. Wer machte denn in den Schülervertretungen mit? Kinder von Migranten? Doch höchstens, wenn deren Eltern aus Amerika stammten oder vielleicht aus Schweden. Das sind ja auch Migranten, was oft übersehen wird. Schüler mit türkischen Vorfahren jedenfalls konnte man dort suchen wie die berühmte Stecknadel im Heuhaufen. Dafür muss es Gründe geben, auch die wollten wir herausfinden. Vor allem aber hat es Folgen, davon bin ich überzeugt. Wer sich nicht für die Schule interessiert, für die Möglichkeiten, die einem dort geboten werden, auch außerhalb der Unterrichtsstunden, kickt sich praktisch selbst ins Aus.

Aber ich will das hier gar nicht alles haarklein erklären. Ich glaube, man versteht auch so, was wir erreichen wollten. War nur die Frage, wie wir das schaffen könnten. Wir kamen darauf, Workshops zu organisieren. Uns schwebten keine politikschweren steifen Informationsabende vor, wir wollten das ganz locker aufziehen, jugendgemäß, abwechslungsreich, damit es auch Spaß brachte. Wir sagten uns, wer Spaß hat, ist eher bereit, sich mit der eigentlichen Problematik zu beschäftigen. Und damit das Baby auch einen Namen bekam, nannten wir unser Projekt »Let's organize somethin'«. Ist nicht auf meinem Mist gewachsen, war Hacers Idee. Ich fand sie ziemlich genial. Da lag Schwung drin.

Bei Kenan Kolat kam unser Konzept auf jeden Fall schon mal super an. Als wir es ihm vorstellten, saß ein Journalist der türkischen Zeitung *Hürriyet* mit im Raum, angeblich rein zufällig. Rein zufällig schoss er auch gleich noch ein Foto von Hacer und mir, das wir dann am nächsten Tag in seiner Zeitung wiederfanden. Aber das war erst der Anfang, es wurde immer aufregender.

Als Nächstes kündigte sich hoher Besuch bei der Türkischen Gemeinde an. Kenan Kolat meinte, jemand vom Bundesamt für Migration und Flüchtlinge käme, es ginge um Fördergelder. Bei der Gelegenheit würde er auch gleich für uns einen Termin organisieren. Schön und gut, doch weder Hacer noch ich hatte jemals von diesem Amt gehört. Hoffentlich machte das nichts.

Der Tag kam, und auf einmal saßen wir sogar einer

Staatsministerin der Bundesregierung gegenüber, Maria Böhmer, Mitglied des Bundestags und Beauftragte der Bundesregierung für Migration, Flüchtlinge und Integration. Nicht, dass ich das in dem Moment gewusst hätte, das habe ich erst später gegoogelt. Muss ich daran erinnern, dass ich zu diesem Zeitpunkt siebzehn war, ein türkisches Mädchen, das in seiner kleinen überschaubaren Welt lebte, eine ganz normale Berliner Schülerin? Und sie war eine Staatsministerin, die ihr Dienstbüro direkt im Kanzleramt hatte. Aber ihre Visitenkarte hätte ich schon gern mal gesehen. Bei den langen Titeln, mit denen sie sich schmücken darf, muss die Karte doch so groß sein wie ein Blatt meines Tagebuchs.

Neben Frau Böhmer waren noch andere Frauen erschienen, komischerweise saßen nur Frauen da, aber sie war die mächtigste unter ihnen. Hacer und ich kamen nicht gleich dran, sodass ich Zeit hatte, sie mir genauer anzuschauen. Ich meine, wann kommt man einer hochrangigen Politikerin schon mal so nah? Irgendwie erinnerte sie mich an Angela Merkel. Ihre Frisur, die Körperstatur, der Hosenanzug, alles ziemlich ähnlich. Vielleicht geht sie zum gleichen Friseur. Und vielleicht gibt es im Kanzleramt so etwas wie eine Kleiderkammer für Dienstbekleidung, in der sich alle bedienen können. Könnte doch sein.

Dann waren wir an der Reihe. Obwohl wir uns nicht groß vorbereitet hatten – uns hatte ja niemand gewarnt, was, oder besser: wer uns hier erwarten würde –, lief es glänzend. Alle schienen begeistert. Zum ersten Mal war ich den Lehrern in der Schule dankbar, dass sie uns so oft mit Referaten malträtiert hatten. Ich hätte nie gedacht, dass ich das mal sagen würde. Doch die Übung zahlte sich jetzt aus.

Wir gaben unsere Vorstellung mehr oder weniger aus dem Stegreif. Anfangs waren wir noch aufgeregt, nach ein paar Sätzen aber ganz bei der Sache. Die Frauen drückten uns zwar nicht gleich einen dicken Scheck in die Hand, aber sie versprachen, sich noch einmal gründlich mit unserem Projekt zu befassen. Wochen, nein, Monate später machten sie tatsächlich Geld locker. Andernfalls wäre unser Vorhaben auch gescheitert gewesen, bevor es überhaupt richtig begonnen hätte.

Natürlich konnte ich es kaum erwarten, zu Hause von unserem triumphalen Auftritt zu berichten. Immerhin besaßen wir dadurch einen direkten Draht ins Bundeskanzleramt, na ja, jedenfalls so ungefähr. Während Tante Zeynep sich freute, dass wir mit unserer Idee gut angekommen waren, bremste Baba gleich wieder meine Euphorie. Er fragte: »Warum machst du das?« Ich kenne Baba inund auswendig, an seinem Tonfall erkannte ich, dass er eigentlich meinte: Wie kannst du so was nur machen? Ihm hatte schon nicht gepasst, dass ich das Praktikum angegangen war. Natürlich, weil dabei wieder kein Geld zu verdienen war. Aber das schien nur ein Vorwand gewesen zu sein. Denn selbst jetzt, als uns eine Bezahlung in Aussicht gestellt wurde, redete er dagegen. Tante Zeynep meinte, es ginge ihm gar nicht ums Geld, wahrscheinlich fürchte er vielmehr, seine kleine Tochter könnte zu selbständig werden. Mmh, daran wird er sich wohl gewöhnen müssen.

Unser Projekt war nicht mehr aufzuhalten. Das wollte auch keiner, abgesehen vielleicht von Baba, aber der zählte ausnahmsweise nicht. Es war sogar so, dass es manchen anscheinend nicht schnell genug gehen konnte, die Sache ins Rollen zu bringen. Noch im Sommer, lange bevor die Fördergelder zugesagt wurden, berief die Türkische Gemeinde eine Pressekonferenz ein. Vielleicht ist das so üblich. Hacer und ich nahmen an, Kenan Kolat und seine Leute würden schon wissen, wie man so etwas anstellte. Ihre Kontakte zu den Medien schienen hervorragend. Wer da alles anrückte! Journalisten von Fernseh- und Radiosendern, von Zeitungen, deutschen und türkischen, sogar Nachrichtenagenturen waren vertreten.

Um ehrlich zu sein: Wir hatten ganz schön Schiss. Das würde eine andere Nummer werden als die Referate in der Schule oder selbst die Präsentation vor den Frauen dieses Bundesamtes, die uns ziemlich ins Schwitzen gebracht hatte. Jetzt sollten wir gefilmt werden, und die Leute würden mitschreiben, was wir sagten. Wahrscheinlich würden sie nur darauf warten, dass uns ein Patzer unterlief. Ich hatte vorher noch nie mit Journalisten zu tun gehabt, immer nur gehört, sie würden zwar freundlich tun, aber hinterhältige Fragen stellen, um einen hereinzulegen.

Tante Zeynep war übrigens auch mitgekommen. Sie wollte sich unseren Auftritt nicht entgehen lassen. Umso besser, wir konnten Beistand gebrauchen. Sie setzte sich in die hinterste Reihe, von da konnte sie den gesamten Raum überblicken. Es war gut zu wissen, dass sie dort saß, doch ich traute mich nicht ein einziges Mal, sie anzusehen. Sie ist ein sehr direkter Mensch und ziemlich rigoros in ihren Urteilen. Ich hatte einfach Angst, sie könnte enttäuscht sein, was ich ihrem Gesichtsausdruck sofort angesehen hätte. Und das hätte mich nur noch mehr verunsichert.

Eigentlich guckte ich niemanden an. Ich weiß nicht, wer mir den Tipp mal gegeben hat, am einfachsten sei es, wenn man den Blick ein Stück über den Köpfen der Zuschauer schweben ließe. So könne einen nichts irritieren, man könne sich ganz auf das konzentrieren, was man sagen wolle. Für die anderen wirke es aber, als würde man jemanden ansehen.

Kenan Kolat hielt eine kurze Ansprache. Danach kamen wir dran, der Hauptact sozusagen. Es dauerte knapp eine Stunde, dann war sie überstanden, unsere erste Pressekonferenz. Wir waren ein bisschen erschöpft – und unendlich erleichtert. Allerdings fragten wir uns auch, warum wir so aufgeregt gewesen waren. Vielleicht gibt es Aasgeier unter den Journalisten, die vor uns gesessen hatten, mussten eher zu den handzahmen gehören.

Natürlich flitzte ich sofort – immer noch voller Adrenalin, völlig aufgedreht – zu Tante Zeynep: »Und – wie war ich?«

Ihr Blick hätte mich warnen müssen, Begeisterung sieht bei ihr nämlich anders aus, aber den übersah ich in der Aufregung. Sie fasste ihre Einschätzung in drei Sätzen zusammen: »Du hast zu unbestimmt geguckt. Das sah aus, als wärst du unsicher gewesen. Du hättest dir einen Punkt im Publikum aussuchen sollen, auf den du guckst …«

Das war wieder mal typisch. Krach – bumm – bäng! Ich hätte durchaus auch etwas Positives vertragen können. Dann eben nicht.

Trotzdem konnte ich es am nächsten Tag kaum erwarten, zu einem Zeitungsladen zu kommen. Ich kaufte gleich einen ganzen Packen deutsche und türkische Blätter, praktisch alle, von denen ich annahm, sie würden über uns berichten. Gespannt blätterte ich jede einzelne Zeitung durch, fand ich auf Anhieb nichts, noch ein zweites oder drittes Mal. Die meisten Artikel waren jedoch groß genug, dass ich sie nicht übersehen konnte. Insgesamt entdeckte ich neun, immerhin. Und nirgends ein böses Wort. Ich schnitt alle sorgfältig aus, schrieb an den Rand, aus welcher Zeitung sie stammten, an welchem Tag sie erschienen waren, und überlegte, wo ich sie verstauen könnte. Es kam eigentlich nur ein Ordner in Frage – der, in dem ich meine wichtigsten Unterlagen aufbewahre, Geburtsurkunde, Schulzeugnisse, Zeugnisse vom Unterricht in der Moschee, Steuerkarte, Schreiben vom Finanzamt.

Das Archivieren lenkte mich erst mal ab. Hinterher begann ich nachzudenken. Ich stellte mir vor, wie wildfremde Menschen die Artikel über uns lasen, sich die Fotos anschauten, auf denen wir abgebildet waren. Bisher kannte ich nur die andere Perspektive. Ich war mir nicht sicher, welche ich angenehmer fand. Natürlich schmeichelte es, dass wir anscheinend nicht die Einzigen waren, die unser Projekt gut fanden. Und einer schrieb über mich: »Sie will Politikerin werden. Vor Publikum sprechen kann sie schon ziemlich gut.« Darüber kann man sich auch nicht beschweren, außer vielleicht, dass ich noch gar nicht weiß, was ich werden will.

In unserer Familie wurde es als Sensation gehandelt, dass so viele Zeitungen über mich berichteten. Alle waren mächtig stolz auf mich. Für Großvater war es besonders aufregend. Die Artikel in den deutschen Zeitungen verstand er nicht, aber er holte sich die türkischen Blätter. Es begeisterte ihn, dass er in seiner Sprache etwas über seine Enkelin lesen konnte, die doch lieber Deutsch spricht. Auch meine Onkel und Tanten lasen alles und gratulierten mir. Onkel Cemal machte natürlich seine Späßchen. Wenn wir uns trafen, hielt er mir die Hand vor den Mund

und tat so, als würde er mich interviewen. Oder er spielte einen Fotografen, der mich aus allen Perspektiven ablichten wollte, oder er bat mich um ein Autogramm, als wäre ich ein Star. Tayfun prahlte mit seiner kleinen Schwester. Den *Spiegel,* in dem später etwas über mich stand, nahm er sogar mit zur Arbeit, um ihn seinen Chefs zu zeigen.

Anders war es mit meinen Freundinnen und den Leuten in der Schule. Die meisten wussten gar nichts von meinem Projekt. Ich bin nie rumgerannt und habe groß davon erzählt. Nur meine drei »dicksten« Freundinnen hatte ich eingeweiht. Und die freuten sich auch riesig mit mir.

Natürlich war ich auch ganz aufgedreht, aber da gab es noch etwas, das mich beschäftigte. Möglicherweise würden alle, die an diesem Tag von uns lasen, das am nächsten schon vergessen haben. Mag sein. Es wäre aber auch denkbar, dass sich der eine oder andere an mich erinnert, wenn ich ihm irgendwann in der U-Bahn gegenübersitze oder woanders begegne. Es gab ja nicht nur die Zeitungen, auch im Fernsehen waren unsere Gesichter zu sehen, zwar erst mal nur auf einem Regionalsender, ein paar Wochen später aber auch im ZDF. Es war nicht so, dass ich in diesem Augenblick beschloss, ab sofort zu allen Menschen nur noch freundlich zu sein. In meinem Hinterkopf nistete sich eher der Vorsatz ein, in Zukunft mehr darauf zu achten, *wie* ich auftrat, *was* ich sagte und *wie* ich etwas sagte, nicht gleich patzig zu werden, wenn mir was nicht in den Kram passte. Vor allem wollte ich versuchen, erwachsener zu wirken. Wie auch immer man das anstellte, denn das war mir nicht so klar.

Nicht lange, und ich erhielt die Gelegenheit, diese Vorsätze umzusetzen. Die Herbstferien waren gerade vorüber.

Ich kam vom Urlaub aus der Türkei zurück, Hacer hatte inzwischen ihr Studium in Frankfurt an der Oder begonnen, was unsere Zusammenarbeit deutlich erschwerte. Auf Dauer konnte das nicht funktionieren, doch das Projekt war unser Baby, wenigstens diesen einen Auftritt wollten wir noch gemeinsam über die Bühne bringen. Wir mussten bei den Damen vom Bundesamt für Migration und Flüchtlinge einen bleibenden Eindruck hinterlassen haben. Die Zentrale des Amtes befindet sich in Nürnberg. Und genau dorthin waren wir unterwegs. Zu einem Kongress. Ich sage jetzt mal Kongress dazu, wie sich die Veranstaltung genau nannte, weiß ich nicht mehr. Es waren eine Menge Leute da, und alle hatten irgendwie mit Migrantenselbstorganisationen zu tun. Das ist praktisch ein Oberbegriff für alle möglichen Vereine und Initiativen, in denen sich Migranten oder Nachkommen von Migranten engagieren. Ich hätte nicht gedacht, dass es davon ungefähr eine Million gibt. Na, vielleicht nicht eine Million, aber unheimlich viele. Man braucht nur mal alle Nationalitäten zusammenzuzählen, die in Deutschland vertreten sind, und von jeder gibt es zig Vereine. Da wird immer gelästert, die Deutschen seien mit ihren Kaninchen- und Taubenzüchtervereinen ein Volk von Vereinsmeiern. Also, ich weiß nicht, ob Migranten da wirklich so anders sind.

Was ich ganz vergessen habe: Wir *flogen* nach Nürnberg. Das Bundesamt wollte, dass wir bei der Veranstaltung unser Projekt präsentierten, also zahlte es den Flug. Ich erfuhr, dass man das Reisekostenrückerstattung nennt. Feine Sache. Dadurch bekam unser Trip natürlich einen anderen Stellenwert. Die Herrschaften ließen uns einfliegen, klang irgendwie cool. Zumal ich gerade erst mit dem Flieger aus Antalya gekommen war. Wenn es hoch kam, hatte ich in der Nacht zwei Stunden geschlafen, bevor ich losmusste, wieder zurück zum Flughafen Tegel. Dabei ist mir das nicht einmal schwergefallen, ich war viel zu aufgeregt.

Die Anspannung stieg mit jedem Kilometer, den wir Nürnberg näher kamen. Und dann fanden wir uns plötzlich in einem Saal bei diesem Bundesamt wieder, hinter einem Rednerpult, vor schätzungsweise hundert Zuschauern – mindestens. Ich kann nur für mich sprechen, wie ich mich in diesem Moment fühlte: Mir ging die Muffe. Ich hätte nichts dagegen gehabt, wäre jemand gekommen und hätte gesagt: »Mädels, lasst mal, ihr seht müde aus, ich mache das für euch.« Hacer muss es ähnlich gegangen sein. Sie erzählte hinterher, dass sie sich auch am liebsten in Luft aufgelöst hätte.

Ich hatte im Urlaub eine Powerpoint-Präsentation vorbereitet, nur ganz simpel, die wichtigsten Fakten: Ziele, Zielgruppe, Vorgehen. Das Ganze hatte mich keine fünfzehn Minuten gekostet. Unter einer gründlichen Vorbereitung könnte man auch etwas anderes verstehen. Wahrscheinlich war ich deshalb so nervös.

Doch kaum hatte Hacer zu sprechen begonnen – sie war für die Einleitung zuständig –, löste sich die Verkrampfung. Ich musste mir nur die Gesichter der Leute im Saal ansehen. Kein Zweifel, uns schlug Sympathie entgegen. Hier konnte uns nichts passieren. Die Menschen, die vor uns saßen, erwarteten keinen perfekten Vortrag. Wir waren jung und durften uns Fehler erlauben. Wir waren überhaupt die Jüngsten im Saal, wahrscheinlich nicht mal halb so alt wie die meisten. Manche schienen uns allein deshalb zu bestaunen, weil sie uns für die letzten Vertreter einer aussterbenden Spezies hielten: Jugendliche mit Motivation. So nach dem Motto: Wow, die gibt es auch noch?

In der Pause schwappte ihre Zuneigung wie eine warme Welle über uns. Menschen, denen wir zuvor nie begegnet waren, kamen einfach an unseren Tisch, gratulierten und lobten uns in höchsten Tönen, einige erzählten von eigenen Projekten und wollten unbedingt mit uns zusammenarbeiten. Das machte uns ganz verlegen. Was hatten wir schon geleistet? Noch waren das nur Ideen und ein paar Pläne, wie man sie verwirklichen könnte.

Solange uns die Leute umringten, war ich viel zu beschäftigt, um an andere Dinge zu denken. Doch hinterher, nach dem ganzen Trubel, wünschte ich mir, meine Eltern hätten das miterlebt. Vielleicht hätte Baba dann endlich aufgehört, an dem zu zweifeln, was ich machte.

»Let's organize somethin'« hatte seine Bewährungsprobe bestanden – in der Theorie. Bisher hatte es vor allem Spaß gemacht, es war aufregend gewesen, wir hatten unheimlich viel erlebt und eine Menge Leute getroffen. Jetzt musste das Projekt nur noch umgesetzt werden. Ich hatte eine klare Vision im Kopf. Die Schüler, die an unseren Workshops teilnehmen sollten, waren in meiner Vorstellung von dem Thema mindestens so begeistert wie ich. Mag sein, dass sie nicht direkt darauf brannten, sich für irgendetwas neben der Schule zu engagieren. Das lag dann aber nur daran, dass noch niemand auf geschickte Art und Weise ihr Interesse wachgekitzelt hatte. Genau das würden wir tun. Wie gesagt, so sah das in meiner Phantasie aus. Woran man erkennt, dass ich mit einer ordentlichen Portion Enthusiasmus – und vielleicht auch Naivität – an die Sache heranging.

Hacer hatte sich inzwischen ganz zum Studium verabschiedet. Ich war mehr oder weniger auf mich allein gestellt. Erst dachte ich, dass schaffe ich niemals. Dann sagte ich mir: Doch, Melda, das kriegst du hin!

Ich suchte rund fünfzig Schulen aller Schulformen aus ganz Berlin heraus, von den meisten wusste ich, dass sie unter ihren Schülern einen hohen Migrantenanteil haben. An jede schickte ich einen Brief, packte Informationsbroschüren, Flyer und Plakate dazu, die an die Schulsprecher oder, noch besser, an alle Klassenlehrer weitergereicht werden sollten. Auf diese Weise würde ich genügend Interessenten zusammenbekommen. Dachte ich in der ersten Woche danach. In der zweiten dachte ich das auch noch. Am Ende war das Resultat niederschmetternd: Eine einzige Schule antwortete. Die dortige Schulleiterin bat mich zu einer Audienz. Danach meldete auch sie sich nicht mehr.

Wir versuchten so ziemlich alles, was uns einfiel. Nachdem Hacer nicht mehr dabei war, half mir Samira, eine gute Freundin, die ich seit der Grundschule kenne. Ihre Eltern kommen aus Palästina, sind über Syrien nach Deutschland geflohen. Wir verteilten Flyer, hingen in Bibliotheken unsere Plakate auf, sprachen beim Landeslehrerausschuss vor. Als das auch nicht viel brachte, stellten wir uns sogar auf die Straße und sprachen einfach Schüler an. Manche ließen uns gleich stehen, andere hörten zu, zeigten sich auch interessiert. Einige schrieben uns ihre Mailadressen oder ihre Telefonnummern auf, damit wir sie zu unseren Workshops einladen konnten. Allerdings stellten sich mehr als die Hälfte davon entweder als unleserlich oder falsch heraus.

Um es abzukürzen: Ein halbes Jahr nachdem ich die Briefe an die Schulen verschickt hatte, fand endlich unser erster Workshop statt. Ein Erfolg, hätte ich gesagt, wäre da nicht ein entscheidender Schönheitsfehler gewesen: Acht Schüler – mehr hatten wir nicht zusammenbekommen. Nach dem ganzen Aufwand eine deprimierende Ausbeute. Sicher, es war immerhin ein Anfang. Doch in meinem Kopf hatte ich die Sache irgendwie größer angelegt. Ich wollte mehr erreichen, wesentlich mehr.

Da stand ich nun und haderte mit mir selbst. Hatte ich versagt? Was machten wir falsch? Was machte ich falsch? Hätte es ein anderer besser hingekriegt? Hätte ich es besser hingekriegt, wenn ich mehr Zeit gehabt hätte? Wie eine Siegerin fühlte ich mich jedenfalls nicht.

Doch dann machte ich, machten wir einfach weiter, rührten von Neuem die Werbetrommel, marschierten wieder los, um in Neukölln und Kreuzberg und Schöneberg und in Mitte Schüler aufzustöbern, die sich für das interessierten, was wir ihnen anboten. Wir organisierten den nächsten Workshop und hinterher noch einen, immer so weiter, insgesamt wurden es elf. Doch sosehr wir uns ins Zeug legten, wir bekamen einfach nicht mehr Leute zusammen. Für deutsche Schüler hätten wir jeden Tag zwei Workshops organisieren können, so viele meldeten sich und wollten mitmachen. Aber kaum jemand mit Migrationshintergrund, an die kamen wir irgendwie nicht heran. Zwei- oder dreimal waren zehn Schüler da, aber nie mehr. Wir liefen und liefen und traten doch nur auf der Stelle, so fühlte sich das an.

Die Fragezeichen in meinem Kopf wuchsen sich allmählich zu Riesengebilden aus. War es nur eine fixe Idee gewesen, in die ich mich verrannt hatte? Nein, das glaubte ich damals nicht. Und das glaube ich auch jetzt, mit etwas

Abstand, nicht. Vielleicht machten wir Fehler, das will ich nicht bestreiten. Aber der Ansatz war richtig, war wichtig.

Davon bin ich inzwischen sogar noch mehr überzeugt. Was übrigens daran liegt, dass sich in meinem Leben etwas Wichtiges verändert hat: Seit Beginn meines letzten Schuljahres gehe ich auf ein anderes Gymnasium. Das heißt, ich habe diesen Punkt in meinem Leben verändert, absichtlich und bei vollem Bewusstsein, obwohl mich einige für verrückt erklärten. Ich will damit nur sagen, es hat sich nicht einfach so ergeben, es gab auch keinen zwingenden Grund, der mir keine andere Wahl gelassen hätte. Ich wollte es einfach. Und wenn ich mir etwas in den Kopf setze, kann ich ziemlich stur sein, das hat man bestimmt schon gemerkt.

Es war für mich bestens gelaufen auf dem Schiller-Gymnasium. Klassensprecher, Schülervertretung, gute Freundinnen, das habe ich ja alles erzählt. Die meisten Lehrer hatten mich akzeptiert, mehr als das, und bis auf Mathematik hatte ich auch mit meinen Noten zufrieden sein können. Außerdem ist das Gymnasium eine staatlich anerkannte Europaschule, steht im beliebten Stadtbezirk Charlottenburg, genießt einen guten Ruf und ist bei Schülern ziemlich begehrt. Trotzdem wechselte ich auf ein anderes, das sich auch noch ausgerechnet in Kreuzberg befindet – und nicht gerade dafür bekannt ist, besonders angesehen zu sein.

Man könnte ebenso gut sagen, ich wechselte in eine andere Schulwelt. Das war gleich am ersten Tag unübersehbar. Hatten im Schiller von achthundert Schülern vielleicht zehn Mädchen Kopftuch getragen, verhüllt hier fast jedes zweite seinen Schopf. Wobei einige ihr Kopftuch mit

Miniröcken kombinieren, was nicht einmal ich verstehe. Welcher Religion wollen sie damit gerecht werden? Oder tragen sie das Kopftuch nur, weil ihre Eltern darauf bestehen – und den Minirock als Protest dagegen? Das sollte ich mal ergründen.

Auch das Verhältnis zwischen deutschen Schülern und denen mit Migrationshintergrund ist rein zahlenmäßig völlig anders. Der Anteil an Migrantenkindern liegt bei achtundneunzig Prozent. Mit Abstand die meisten von ihnen sind türkischstämmig. In meinem Jahrgang finden sich gerade mal zwei Schüler, die von deutschen Vorfahren abstammen. Mit der Sprache verhält es sich ähnlich. Offiziell gilt zwar Deutsch als Schulsprache, doch in den Pausen hört man fast nur Türkisch. Deswegen fiel ich auch gleich auf. Ich bin es seit der ersten Klasse gewohnt, in der Schule Deutsch und nur Deutsch zu sprechen. Als ich auf dem neuen Gymnasium nach einem Monat zum ersten Mal etwas auf Türkisch sagte, ich glaube, es war im Kunst-Leistungskurs, sahen mich die anderen entsetzt an. Eine Mitschülerin fragte ganz schockiert: »Hast du gerade Türkisch gesprochen?« Mittlerweile spreche ich häufiger Türkisch, und oft fällt es mir gar nicht mehr auf, weil es an der Schule völlig normal ist.

Einige aus meinem alten Freundeskreis betrachten meinen Schulwechsel als Rückschritt. Sie sehen nur das unterschiedliche Leistungsniveau an beiden Gymnasien und verstehen meine Entscheidung nicht. Das nehme ich ihnen gar nicht übel. Es gibt wahrscheinlich nicht viele, die diesen Schritt gegangen wären, zumindest nicht freiwillig wie ich. Selbst für meine neuen Lehrer stellte ich anfangs offenbar ein Rätsel dar. Der Kunstlehrer war der Erste, der mich in einer Pause darauf ansprach. Ich gab ihm eine Kurzversion meiner Gründe: Im anderen Gymnasium war alles eingefahren, irgendwie langweilig. Ich wollte etwas Neues ausprobieren. Auch wenn ich nicht ungedingt geplant hatte, in diesem zu landen. Ich wollte nur auf ein Gymnasium in Kreuzberg oder Neukölln, hatte mir verschiedene angesehen, hier passten die Fächer, die angeboten wurden, einfach am besten. Ich kann nicht sagen, ob ihn das überzeugte. Er meinte nur: »Du weißt schon, dass im Lehrerzimmer über dich geredet wird?«

Von mir aus, dann war ich eben die neueste Attraktion an der Schule. Mir doch egal, wenn keiner verstand, warum ich hierherkam. Viel wichtiger war, dass ich mit mir im Reinen war. Und für mich fühlte sich der Wechsel richtig an. Vielleicht nicht gleich am ersten Tag und nicht in der ersten Woche, dafür war die neue Umgebung zu fremd, die Umstellung zu groß, später aber schon.

Und die Gründe? Es gab eine Reihe mehr, als ich meinem Kunstlehrer genannt hatte. Aber irgendwie hingen sie alle zusammen, sodass man sie auch in einer Begründung zusammenfassen konnte. Draußen schneit es gerade, vielleicht beschreibt es ein Bild ganz gut: Es war so, als hätte ich einen Schneeball geformt und diesen dann über eine verschneite Wiese gerollt, wie man das macht, wenn man einen Schneemann baut. Je länger ich rollte, umso größer wurde die Schneekugel, mit jeder Umdrehung wuchs sie um eine Schicht.

Anfang der zwölften Klasse beschäftigte ich mich zum ersten Mal damit, eventuell die Schule zu wechseln. Aus meiner Klasse waren einige Mitschüler abgegangen, aus unterschiedlichen Gründen, von denen viele nicht gegen das Gymnasium sprachen. Trotzdem war das der erste Impuls, sozusagen der Moment, als ich den Schnee in die Hände nahm und zu einem Ball formte. Ich suchte nicht gezielt nach Gründen, ich begann einfach nur nachzudenken. Und irgendwann traf ich Süheyla, die Tochter einer Freundin von Anne. Sie hatte den Schritt mit dem Schulwechsel schon hinter sich und schwärmte, ihn keinen Tag bereut zu haben. Was sie sonst noch erzählte, klang für mich nach Abenteuer, und das wollte ich auch erleben.

Es war ganz seltsam: Die Vorstellung, das Nest zu verlassen, an das ich mich gewöhnt hatte, in dem ich mich geborgen fühlte, machte mir keine Angst. Im Gegenteil, sie reizte mich sogar, genauso wie der Gedanke, etwas zu tun, was niemand von mir erwartete, was mir wahrscheinlich auch kaum jemand zutraute. Wer gibt schon von allein seinen etablierten Posten auf? Ich! Auf einmal konnte ich es kaum noch abwarten.

Der Schneeball war zu einer beträchtlichen Kugel geworden. Er hatte allerdings noch nicht seine endgültige Größe erreicht. Noch fehlten Gründe, den Plan auch wirklich umzusetzen. Das heißt, diese Gründe existierten bereits, ich musste sie für mich bloß noch als solche erkennen. Und hier komme ich auf »Let's organize somethin'« zurück, dem Projekt bei der Türkischen Gemeinde. Möglicherweise hätte ich den Schulwechsel nie vollzogen, oder ich wäre auf einem Gymnasium gelandet, auf das weniger Kinder von Migranten gehen, hätten wir damals mehr Leute für unsere Workshops begeistern können. So aber musste ich mir eingestehen, dass ich unsere Zielgruppe falsch eingeschätzt hatte. Das wiederum bedeutete, dass ich diese Zielgruppe offenbar gar nicht richtig kannte. Obwohl wir Schüler gesucht hatten, die den gleichen Hintergrund wie ich haben sollten, deren Eltern wie meine aus der Türkei kamen, gefangen waren in ihren Werten und Traditionen und all den Beschränkungen, die ihnen unsere Religion auferlegte.

Ich rege mich immer über Politiker auf, die über etwas reden, wovon sie anscheinend keine Ahnung haben. Gerade wenn es um Migranten und deren Probleme geht, kann man das häufig beobachten. Dabei muss ich genauso gewesen sein, als wir an dem Projekt arbeiteten. Natürlich nicht absichtlich, aber das spielt im Endeffekt keine Rolle. Wie sagt man? Unwissenheit schützt vor Strafe nicht. Außerdem halte ich Unwissenheit für eine ausgesprochen blöde Eigenschaft. Ich bin selbst ein Migrantenkind und weiß nicht, wovon ich spreche, wenn ich über Migrantenkinder rede? Das geht gar nicht!

So absolut trifft das zwar nicht zu. Ich denke, ich weiß sogar eine Menge, aber vieles eben auch nicht. Ich dachte, ich wüsste es, und ging dabei von meinen eigenen Erfahrungen aus und von denen meiner Freundinnen, die in ähnlichen Verhältnissen leben. Aber wir stellen eben nur einen winzig kleinen Ausschnitt dar. Nirgends wird einem das klarer als auf einer Schule wie meinem neuen Gymnasium. Das konnte ich vorher nicht wissen, doch ich hatte gehofft, dass es so sein würde. Und diese Hoffnung war schließlich der letzte Anstoß, den Wechsel an eine andere Schule zu wagen, die sich vom Schiller unterschied wie die Nacht vom Tag, wie Istanbul von Berlin, wie Charlottenburg von Kreuzberg.

Mir ist schon klar, dass das sehr idealistisch klingt für eine Achtzehnjährige. Als ich die Entscheidung fällte, war ich sogar noch siebzehn. Aber soll ich etwas erfinden, wenn es doch so war? Die Melda, die hier versucht, ein paar Geschichten aus ihrem Leben aufzuschreiben und was sie darüber denkt, tickt nun einmal so.

Bei einem der Interviews, die ich im Zusammenhang mit »Let's organize somethin'« gab, fragte mich ein Journalist: »Was hast du überhaupt mit den Kids aus Neukölln gemeinsam?« Nichtberlinern sollte ich vielleicht erklären, dass der Stadtbezirk Neukölln, zusammen mit Kreuzberg, als Klein Istanbul gilt. Ich weiß die Zahlen nicht aus dem Kopf, aber der Anteil von türkischstämmigen Migranten, die dort wohnen, liegt deutlich höher als in anderen Bezirken. Während sich Kreuzberg immer stärker zu einem In-Viertel mit coolen Bars und angesagten Clubs entwickelt, scheint in Neukölln die Zeit mehr oder weniger stillzustehen. Ein Stück orientalische Kultur mitten in Europa. Die Schilder in vielen Geschäften sind auf Arabisch geschrieben. Auf den Straßen hört man Kurdisch, Türkisch oder eben Arabisch, aber kaum Deutsch. Und die meisten Frauen, die einem begegnen, laufen verhüllt herum. Meine deutsche Freundin Jenny – die mit dem regen Sexleben – bat mich einmal, mit ihr dorthin zu gehen. Sie war neugierig, wollte sich das Viertel ansehen, traute sich allein aber nicht. Als wir zurück waren, meinte sie: »Ich habe mich eben gefühlt wie im Urlaub.«

Aber es sind nicht nur diese Äußerlichkeiten. Viele Türken, die dort wohnen, leben fast so wie in unserer alten Heimat. Sie pflegen Kontakte zu ihren Landsleuten, suchen aber keine zu Deutschen. Sie leben die alte Kultur, einschließlich der Religion, und schotten sich gegen alles Fremde und Neuartige ab. Es gibt dafür sogar einen Fachbegriff: Segregation. Das ist praktisch das Gegenteil von Integration. In letzter

Zeit wurden Studien dazu gemacht. Demnach sind türkische Migranten, die in Deutschland leben, entweder ziemlich gut integriert oder so gut wie gar nicht.

Offenbar gehören viele Familien in Neukölln eher zur zweiten Kategorie. Die jetzige Elterngeneration setzt die Traditionen der eigenen Eltern fort und erzieht ihre Kinder, wie sie einst selbst erzogen wurden. Dagegen dürften Anne und Baba selbst in ihren strengsten Phasen noch freizügig gewesen sein. Das war auch der Punkt, auf den die Frage des Journalisten abzielte. Es gab zwischen den Kids in Neukölln und mir mehr Unterschiede als Gemeinsamkeiten. Trotzdem behauptete ich, mich mit dem Projekt für sie einsetzen zu wollen. Das wollte ich ja auch. Ich ging nur von anderen Voraussetzungen aus, ohne dass mir das klar gewesen wäre. Natürlich wusste ich, dass es andere Familien gab als unsere, und Neukölln war mir auch ein Begriff. Dass dort viele Türken leben. Aber ich wusste nicht viel über das Leben dort – dass es so viel anders ist. Das habe ich erst begriffen, seit ich auf die neue Schule gehe. Dadurch bin ich irgendwie ein Teil dieser Welt geworden. Zwar nur partiell, stundenweise wie auf Besuch, aber in dieser Zeit auch mittendrin. Mag sein, dass das Niveau an meiner neuen Schule nicht so hoch ist wie am Schiller. Dafür lerne ich viel mehr über das Leben, über diesen Ausschnitt des Lebens. Das gleicht es allemal aus. Auch wenn ich heute noch nicht weiß, was ich beruflich einmal anstellen werde, ganz sicher werde ich mich weiter politisch engagieren. Und eines habe ich mir nach dieser Erfahrung fest vorgenommen: Ich rede nur noch über Themen, von denen ich etwas verstehe.

In dieser Hinsicht habe ich seit Beginn des Schuljahres kräftig aufgeholt. Ich dachte immer, meine Eltern seien schrecklich konservativ (mal abgesehen von der jüngsten Entwicklung, die mich selbst völlig überraschte – ich sage nur: Anne und das Sex-Ratgeberheftchen. Ob sie das auch Baba gezeigt hat?). Mittlerweile weiß ich: Gegen die Eltern meiner Mitschülerinnen wirkt sogar Baba ausgesprochen tolerant. Was ich mir allerdings nicht erklären kann: Wie stellen sie es an, dass sich ihre Kinder nicht gegen sie auflehnen? Darüber denke ich oft nach. Meine neuen Mitschülerinnen stoßen mich auch ständig auf dieses Thema. Und wenn ich dann meine Meinung sage, tappe ich meistens gleich voll in einen Fettnapf.

Erst letztens stand ich mit einigen vor der Mathestunde zusammen, da passierte es wieder. Eigentlich wollte ich nur wissen, was sich die anderen fürs Wochenende vorgenommen hatten. Eine freute sich auf die Wiederholung einer Folge einer beliebten Fernsehserie, die nächste wollte mal richtig ausschlafen. Die dritte erzählte, sie ginge auf eine Hochzeit. Dafür hatte sie sich extra ein Kleid gekauft, das sie dabeihatte und uns zeigte. Ein schönes Teil, schwarz, mit Pailletten an den Trägern, das mir gut gefiel. Dann sagte sie allerdings: »Meine Mutter findet es zu kurz, ich muss es nachher zurückbringen.« Das kam mir irgendwie bekannt vor. Im Sommer hatte es bei uns zu Hause eine ähnliche Situation gegeben. Ich hatte mir ein weißes Kleid gekauft, doch Anne wollte nicht, dass ich es anziehe, ihr war der Stoff zu durchscheinend. Trotzdem hängt das Kleid jetzt in meinem Schrank, und sobald es wieder warm ist, werde ich es auch anziehen. Das erzählte ich den Mädels. Woraufhin sie mich ansahen, als hätte ich den Teufel im Leib. Das wäre ein guter Zeitpunkt gewesen, meine

Klappe zu halten, aber ich war gerade so schön in Fahrt, also machte ich ihr noch den Vorschlag: »Warum behältst du das Kleid nicht einfach? Du bist alt genug. Es ist deine Entscheidung, wie du dich kleidest. Also, ich würde …«

Mitten im Satz klingelte es zum Unterricht, und es schien so, als wären die Mädels erleichtert, mir, der Ketzerin, nicht länger zuhören zu müssen.

Wenn das keine verdrehte Welt war! Da hatte ich, vor allem durch meine deutschen Freundinnen, über Jahre gelernt, wie ich mir mühsam Stück für Stück ein bisschen mehr Freiheit erkämpfen konnte, gegen den Willen meiner Eltern, und hier war ich auf einmal diejenige, die solche Reden schwang. Vor Mädchen, die im gleichen Alter waren und aus türkischen Familien stammten wie ich.

Vielleicht ist das mein Dilemma. Für Deutsche bin ich eine Türkin, für Türken eher eine Deutsche. Weder Baum noch Borke. Nichts Richtiges. Ein Zwischending. Nicht gerade beruhigend, solch ein Gedanke. Jeder will doch irgendwo dazugehören. Ich kann weder das eine noch das andere sein, ohne mich an irgendeiner Stelle selbst zu verleugnen, aber beides geht eben auch nicht.

Ich bemühte mich, meine neuen Mitschülerinnen besser kennenzulernen, eine gemeinsame Sprache mit ihnen zu finden. Einmal, ziemlich am Anfang, schlug ich einigen von ihnen vor, zusammen einen Mädelsabend zu veranstalten. Wir verabredeten uns für einen Freitag in einem indischen Restaurant, das sich in einer Seitenstraße vom Ku'damm befindet. Neutrales Territorium. Alles schien abgemacht, ich freute mich darauf. Dann kam der Freitag. Im Kunst-Leistungskurs traf ich Leyla, eines von den Mädchen, das dabei sein sollte.

»Sehen wir uns heute Abend?«, fragte ich, einfach so, ohne Hintergedanken.

»Nein, ich komme nicht«, antwortete sie.

»Wieso denn nicht?«

Sie zögerte einen Moment, sah zu Boden und sagte dann: »Na ja, Erkan will nicht mitkommen.« Ich kannte keinen Erkan. Sie muss mir meine Frage angesehen haben, denn ohne dass ich einen Ton sagte, erklärte sie: »Das ist mein Freund. Mit ihm bin ich seit zwei Jahren zusammen.«

»Ja, und?«, fragte ich, weil mir nicht einleuchtete, was ihr Freund mit unserem Mädelsabend zu tun haben könnte.

»Du verstehst das nicht.«

»Was gibt es da zu verstehen? Warum muss er unbedingt dabei sein?«

»Versteh doch, er möchte nicht, dass ich alleine gehe.«

Fahrünissa, ein Mädchen aus unserem Jahrgang, das mir kurz vorher erzählt hatte, es werde demnächst heiraten – mit achtzehn! –, hatte unser Gespräch verfolgt. Auf einmal mischte sie sich ein, zeigte mit der Hand auf Leyla und verkündete salbungsvoll: »Ich respektiere dich! Du tust das einzig Richtige!«

Ich überhörte diese Bemerkung einfach und sagte: »Er kann dir doch nicht verbieten, irgendwohin zu gehen. Außerdem ist es ein stinknormales Restaurant.« Das hätte ich mir nicht einmal von Batu gefallen lassen, und für ihn hätte ich wirklich vieles getan. Dieses Gespräch machte mich rasend.

Leyla dagegen blieb ganz ruhig. »Sieh mal, wir haben uns deswegen schon gestritten. Außerdem verbiete ich ihm ja auch, mit seinen Freunden wegzugehen.«

Ich dachte, ich höre nicht richtig. »Du verbietest ihm, sich mit seinen Freunden zu treffen?«

»So was respektiere ich!«, rief Fahrünissa wieder dazwischen.

Ich behielt Leyla im Blick und fragte: »Vertraust du ihm denn nicht?«

»Das hat mit Vertrauen nichts zu tun«, sagte sie. »Aber das kannst du nicht verstehen, dafür müsstest du verliebt sein.« Jetzt klang sie fast wie meine Eltern. Wenn ich früher nicht einsehen wollte, dass sie mir etwas verbieten, sagten sie auch immer: »Das wirst du erst verstehen, wenn du selbst mal Kinder hast.«

Der Mädelsabend fand niemals statt. Im Laufe des Tages sagten auch die anderen nacheinander ab, als hätte ihnen jemand eingeimpft, das Zusammensein mit mir würde ihren Charakter verderben. Für die eine war es plötzlich zu spät, für die andere zu weit weg, die dritte schob wie Leyla ihren Freund vor, der etwas dagegen habe, die vierte ihre Eltern und so weiter.

Schwer zu sagen, wie ich mich fühlte. Auf jeden Fall weit weg von ihnen. Dabei hatten wir denselben familiären Hintergrund, zumindest durch Babas Seite unserer Sippe. Dieselbe Heimat hatten wir auch, und dieselbe Religion. Mehr noch: Wir waren in derselben Stadt geboren und lebten nur ein paar U-Bahnstationen voneinander entfernt. All das hätte uns verbinden müssen. *Hätte.*

Doch mir fiel es viel leichter, zu Carmela einen Draht zu finden. Sie ist die dritte in unserem Jahrgang, die keine türkischen Wurzeln aufzuweisen hat. Ihre Eltern sind Italiener. Mit Carmela verstand ich mich auf Anhieb, obwohl sie ein ziemlich kompliziertes Geschöpf ist, was an ihren schwierigen Lebensumständen liegen dürfte. Viel erzählt sie nicht darüber, aber ich weiß, dass sich ihre Eltern vor Jahren getrennt haben und sie seitdem bei ihrer Mutter lebt, die ihre Hilfe braucht, da sie taubstumm ist. Ich glaube, Carmela hat schon viel durchgemacht. Irgendwie wirkt sie immer ein bisschen verschlossen, als betrachte sie die Welt, die sie umgibt, als einen großen Feind, vor dem sie sich schützen muss. Sie färbt sich die Haare, trägt immer eine Mütze und versteckt ihre Haut hinter einer dicken Schicht Make-up. Manchmal denke ich, das ist für sie eine Art Schutzschild, ihre Methode, sich von der Außenwelt abzuschotten. Auch mich lässt sie nicht vollständig an sich heran, hält immer eine gewisse Distanz, das spüre ich. Dennoch ist mir Carmela näher als die meisten meiner Mitschülerinnen aus türkischen Familien. Sie ist trotz allem offener. In ihrem Denken existieren keine Barrieren, keine Verbote, die sie sich selbst auferlegt. Sie käme niemals auf die Idee zu sagen: Oje, über Jungs, über Alkohol oder über sonst was darf ich aber nicht reden! Sie offenbart zwar nicht alles von sich, aber das ist eine ganz bewusste Entscheidung, die sie trifft, keine Unmündigkeit, weil sie es nicht besser weiß oder kann.

Apropos Unmündigkeit: Ich glaube, es war in der zehnten Klasse, als uns ein Lehrer im Schiller-Gymnasium einen Text von Kant vorsetzte. Aufklärung als Ausgang des Menschen aus seiner selbstverschuldeten Unmündigkeit … Habe Mut, dich deines eigenen Verstandes zu bedienen! … Faulheit und Feigheit als Ursachen für Unmündigkeit … Und dass sich Menschen dieser Unmündigkeit bedienen, um sich zum Vormund der anderen zu machen …

Ich finde diesen Text toll. Ich weiß nicht mehr, wann

Kant ihn verfasste, aber ist es nicht verrückt, dass er immer noch so aktuell ist, als hätte er ihn gestern erst geschrieben? An meiner neuen Schule kann man das super beobachten. Warum sich selbst anstrengen und denken, wenn das andere für einen erledigen und es viel bequemer ist, die fremden Gedanken einfach zu übernehmen?

Oder nehmen wir die anderen Mädchen, die sich ohne Widerrede in dem Leben einrichten, das ihnen ihre Eltern vorbestimmen. Schule, Hochzeit, Kinder – und Schluss! Ich habe zwar keine Ahnung, wie man das auf Dauer erträgt. Für mich wäre das nichts. Anscheinend ist es aber unheimlich bequem, nicht mit eigenen Gedanken, Wünschen oder Vorstellungen anzuecken oder sonst irgendwie aus der vorgegebenen Rolle zu fallen. Für solche Schüler ist dieses Gymnasium geradezu perfekt. Den Lehrern, zumindest den meisten, scheint es am besten zu gefallen, wenn man einfach das macht, was sie vorgeben, und nicht etwa auch mal in eine andere Richtung denkt oder Dinge einfach in Frage stellt, die einem unsinnig vorkommen. Am Schiller war das irgendwie offener, freier. Man war sich mehr selbst überlassen, musste allerdings auch die Konsequenzen tragen, falls man etwas nicht erledigte. An meiner neuen Schule heißt die Aufgabenstellung: Lies den Text auf Seite so und so und schreibe die wichtigsten Fakten heraus! Am Schiller hätte es geheißen: Lies den Text und diskutiere mit einem Mitschüler Pro und Kontra des Themas! Dort wurden Aufgaben in der Regel so formuliert, dass man eigene Gedanken entwickeln konnte. Also eher im Sinne von Kant.

Fragt sich, warum das hier anders ist. Gehen die Lehrer aufgrund der Herkunft der meisten ihrer Schüler womöglich von vornherein davon aus, dass ihnen eigene Gedanken fremd sind, es nicht zu ihrer Kultur gehört, sich eine eigene Meinung zu bilden, eigene Standpunkte zu vertreten?

Jetzt grüble ich seit ungefähr einer Stunde und weiß noch immer nicht, wie ich es am besten ausdrücken soll. Es ist ja nicht so, dass ich stolz darauf wäre. Und es soll auch nicht aussehen, als wollte ich meine Herkunft verleugnen. Wenn ich erzähle, dass ich mich an meiner neuen Schule mit einer Italienerin besser verstehe als mit den meisten Türkinnen aus meinem Jahrgang, stimmt mich das auch traurig. Ich meine, die Situation ist nun mal so, ich bin nun mal so, irgendwie ist daran nichts zu ändern. Ich kann nicht einmal behaupten, dass ich es gern anders hätte, dafür sind die anderen Mädchen und ich einfach zu verschieden. Trotzdem fühle ich mich nicht wohl, denn ich finde, eigentlich sollten wir uns näherstehen.

Doch was passiert stattdessen? Ich merke, wie ich selbst Vorurteile entwickle gegen Migranten, gegen meine eigenen Landsleute, gegen Mädchen, die in meinem Alter sind. Warum laufen sie mit Scheuklappen durch die Gegend? Warum lassen sie sich alles von ihren Eltern vorschreiben? Warum verstecken sie sich hinter ihrer Bequemlichkeit? Warum prägen sie keine eigene Persönlichkeit aus? Wenn ich nur daran denke, könnte ich explodieren. Dabei weiß ich nicht einmal, was mich aggressiver macht: die Tatsache, dass wir so verschieden sind? Oder dass sie auf andere wirken könnten, wie sie auf mich wirken? Und dass die anderen dann daraus schließen, dass alle jungen Türkinnen so sind? Weil ich mir wünschte, sie würden ein moderneres

Bild abgeben, aufgeschlossener, selbstbestimmter, von mir aus auch frecher?

Wenn es noch eines Beweises bedurft hätte, wie weit sie und ich auseinanderliegen, dann war es Basti, der ihn lieferte, gleich zu Beginn des Schuljahres. Basti heißt eigentlich Sebastian. Er ist einer von den zwei Deutschen in unserem Jahrgang, und er war der Erste an der neuen Schule, mit dem ich mich sofort verstand, noch vor Carmela. Wir benötigten keine Warmlaufphase; ein kurzes Gespräch, und wir wussten beide, dass es passt. Rein freundschaftlich, sonst ist da nichts. Da gab es auch nie einen Zweifel, weder bei ihm noch bei mir. Wir sehen uns als Verbündete unter lauter Fremden, wie zwei Menschen, die auf einer fernen Insel gestrandet sind bei Ureinwohnern, die eine andere Sprache sprechen. Doch allein die Tatsache, dass die Verständigung mit ihm, einem Deutschen, noch dazu einem männlichen Wesen, und mir, einer Türkin, sofort problemlos funktionierte, sagt irgendwie alles.

Im Gegensatz zu mir geht Basti nicht freiwillig auf dieses Gymnasium. Er ist einundzwanzig, hatte die Realschule abgeschlossen und Koch gelernt, bevor er beschloss, das Abitur nachzumachen, um Psychologie studieren zu können. Er konnte sich das Gymnasium nicht aussuchen, die zuständige Behörde beim Berliner Senat schrieb es ihm vor. Hätte er die Wahl gehabt, er hätte sich für eins mit weniger Migranten entschieden. Das bedeutet aber nicht, dass er ausländerfeindlich ist, keine Spur. Für ihn ist es nur noch schwieriger als für mich, Kontakte zu den Mitschülern zu knüpfen, geschweige denn, ihre Welt zu verstehen.

Ich treffe Basti zwei-, dreimal die Woche, meistens in einem kleinen Café in der Nähe unserer Schule. Wir reden über alles Mögliche. Das ist das Gute an unserer Freundschaft: Wir können einander alles erzählen, ohne dass einer etwas Schlechtes vom anderen denkt. Wir akzeptieren uns, wie wir sind. Nicht wie bei den anderen Mädchen, die mich gleich verurteilen, wenn ich am Wochenende mal aus war und einen Cocktail getrunken habe. Natürlich weiß Basti auch von meinem Projekt bei der Türkischen Gemeinde und von den anderen Sachen, für die ich mich schon engagiert habe. Er ist ja selbst jemand, der gern für andere da ist und hilft. Allerdings fällt es ihm schwer zu verstehen, warum das, was ich für andere Schüler mit Migrationshintergrund versuche auf die Beine zu stellen, so wichtig ist. Es leuchtet ihm zum Beispiel nicht ein, warum junge Türken, die hier geboren wurden, Deutsch sprechen und wie alle anderen zur Schule gehen, extra motiviert werden müssen, danach auch eine Berufsausbildung zu absolvieren; dass dafür extra Projekte gestartet werden, die auch noch Geld kosten. Für ihn ist völlig selbstverständlich, dass man das macht, ob man nun Türke ist oder Deutscher oder irgendeiner anderen Nationalität angehört.

»Jeder ist für sich selbst verantwortlich«, sagt er immer. Ich versuche ihm dann zu erklären, dass es eben doch einen Unterschied macht, welcher Herkunft man ist. Die Eltern vieler Türken in meinem Alter haben selbst keinen vernünftigen Schulabschluss und auch keine Ausbildung, und sie sprechen schlecht oder gar nicht deutsch. Wie sollen sie da wissen, wie sie ihre Kinder fördern können? Und selbst wenn sie das wissen, können sie es meist nicht umsetzen, weil ihnen die notwendige Bildung fehlt. Ein Migrantenkind hat oft nicht mal jemanden, der bei den Hausaufgaben helfen kann. Dann noch das Problem mit der Sprache. Viele lernen nicht einmal ihre Muttersprache richtig und Deutsch auch mehr schlecht als recht. Sobald sie merken, dass sie sich trotzdem irgendwie verständigen können, sehen sie noch weniger Grund, ihre Sprachkenntnisse zu verbessern. Das beginnt im Kindergarten und geht in der Schule weiter. Die meisten landen in Schulen, auf die fast nur Kinder von Migranten gehen. Also klappt es auch dort mit den rudimentären Sprachkenntnissen. Selbständiges Denken entsteht so jedenfalls nicht. Man macht immer schön brav, was einem vorgegeben wird, um nicht aufzufallen, damit die Schwächen nicht offensichtlich werden, schlängelt sich von Klassenstufe zu Klassenstufe, und wenn es zu kompliziert wird, müssen Spickzettel helfen. Ich sehe doch jeden Tag, wie es läuft. Wer von klein auf zu viel verpasst hat, kann das irgendwann auch nicht mehr aufholen.

Aber ich verstehe Basti auch. Man kann sich das schlecht vorstellen, wenn man nicht selbst drinsteckt. Und wenn man drinsteckt, ist es erst recht schwierig, weil einem dann die notwendige objektive Sichtweise fehlt. Im Grunde muss man erst ausbrechen, um seine Lage erkennen zu können. Damit meine ich vor allem, dass man Kontakt zu Menschen bekommt, die einem anderen Kulturkreis angehören, ein anderes Leben führen. Ich hatte das Glück, viele andere bekommen diese Chance nicht.

6.
Vertraue dir selbst

Bismillahirrahmanirrahim. Dieser Zungenbrecher war meine erste Begegnung mit dem Islam. Ich war ungefähr vier Jahre alt, als Anne damit begann, mir dieses schwierige Wort beizubringen. Sie wollte, dass ich es vor jeder Mahlzeit aufsagte. Tayfun und sie machten das immer so. Baba wahrscheinlich auch, aber der war selten dabei, wenn wir aßen. Mittags und abends war er meistens arbeiten, und morgens schlief er noch, weil er oft erst in der Nacht nach Hause kam. Wenn Anne mit uns Kindern am Tisch saß, sprach sie mir langsam Silbe für Silbe vor, und ich plapperte sie nach, soweit ich kam. Die ersten drei Silben – *Bis-mil-lah* – schaffte ich relativ schnell, für den Rest brauchte ich länger; es wird auch ganz anders ausgesprochen als geschrieben. Anne war trotzdem zufrieden mit mir. Vielleicht weil in unserer Religion allein der gute Wille schon zählt. Man braucht sich nur vorzunehmen, dem nächsten Obdachlosen, der einem begegnet, Geld zu geben, schon sammelt man Pluspunkte fürs Paradies. Und ich gab mir wirklich Mühe. Weil ich Anne nicht enttäuschen wollte, vor allem aber, weil Tayfun es schon draufhatte, und ich natürlich nicht schlechter sein wollte als er.

Bismillahirrahmanirrahim soll das erste Wort gewesen sein, das Gott der Allmächtige einst niederschreiben ließ. Eigentlich ist es kein Wort, sondern eine Art Formel, die so viel bedeutet wie: »Im Namen des barmherzigen und gnädigen Gottes.« Manche übersetzen es auch als: »Im Namen Allahs, des Allerbarmers, des Allbarmherzigen.« Im Grunde sind das nur andere Begriffe, die das Gleiche meinen. Auf jeden Fall spielt diese Formel im Islam eine sehr wichtige Rolle, was man schon daran erkennt, dass hundertdreizehn der insgesamt hundertvierzehn Suren des Korans damit beginnen. Überhaupt soll man sie ständig aufsagen, nicht nur vor den Mahlzeiten und vor dem Gebet, eigentlich immer, ehe man irgendetwas macht, damit das auch gelingt. Es heißt, sobald man die Formel ausspricht, erfährt man materielle und spirituelle Unterstützung. Und es heißt auch, selbst wer sie nur einmal im Leben aufgesagt hat, wird nicht als Ungläubiger sterben.

Mein Großvater mütterlicherseits scheint fest daran zu glauben. Man müsste mal zählen, wie oft er am Tag *Bismillahirrahmanirrahim* vor sich herbetet. Bevor er aus seinem Sessel aufsteht oder sich bückt, um etwas aufzuheben, bevor er Tee trinkt oder den Fernseher einschaltet, bevor er zur Tür hinausgeht oder sich an seine Hausapotheke setzt, um irgendwelche Pillen herauszusuchen, bevor er meinen Cousin Barkin, den jüngsten von allen, auf seinen Schoß hebt – ich weiß gar nicht, ob er sich überhaupt bewegt, ohne vorher den barmherzigen und gnädigen Gott gelobpreist zu haben.

Es wundert mich nicht, dass das auf Anne abgefärbt hat. Sie und ihr Vater sind sich in vielen Charakterzügen ähnlich. Doch während es bei Großvater immer ganz niedlich wie ein Seufzer klingt, hört es sich bei Anne an, als würde sie gerade schwere Arbeit verrichten, bei der sie sich mächtig anstrengen muss. Baba geht mit der Formel übrigens wesentlich sparsamer um. Tayfun und ich sind in dieser Hinsicht inzwischen absolute Minimalisten.

Das Alter, in dem ich mich nicht mehr einfach an unseren Küchentisch setzen und losessen durfte, hielt Anne anscheinend auch für geeignet, mich mit den Regeln in einer Moschee vertraut zu machen. Sie tat das auf eine sehr behutsame Weise, sodass ich lange nicht merkte, wohin mich das führen sollte. Damals hatte sie es sich zur Gewohnheit gemacht, regelmäßig eine Moschee aufzusuchen, jeden Samstagvormittag ab zehn Uhr. Um diese Zeit begann dort eine *Vas* für muslimische Frauen. Das ist eine Art Predigerstunde, bei der eine *Hoca* Koranverse vorträgt und Aussprüche des Propheten Mohammed rezitiert. *Hocas* sind islamische Geistliche, die wir in der Moschee auch Lehrer nennen. Bei den *Vas* für Frauen sind die *Hocas* selbstverständlich weiblich. Für sie gibt es nur keine spezielle Bezeichnung, jedenfalls wüsste ich keine. In einer Moschee findet überhaupt alles streng nach Geschlechtern getrennt statt. Selbst beten dürfen Männlein und Weiblein nicht im selben Raum, zumindest nicht zur gleichen Zeit. Zu Hause verbietet ihnen der Koran das nicht, da sollen sie es sogar. Ich habe Anne und Baba allerdings noch nie zusammen beten sehen.

Irgendwann nahm mich Anne also mit zu einer dieser *Vas*, und von da an beinahe jeden Samstag. Wir zogen uns hübsch an, ich trug meistens ein buntes Kleidchen mit Rüschen und Tüll. Anne selbst sah richtig festlich aus in ihrem schwarzen langen Rock und der weißen Bluse. Ihr Kopftuch nicht zu vergessen, das band sie natürlich auch immer um. In einer Moschee ist das für Frauen auch Vorschrift. Bevor wir loszogen, packte ich mir eine kleine Spieltasche zusammen. Ein Buch musste immer mit und Papier und Stifte zum Malen, manchmal auch ein Spiel, damit mir nicht langweilig wurde. Dann gingen wir zur Bushaltestelle gegenüber vom U-Bahnhof Bülowstraße, was nicht weit war. Die Moschee befand sich nur drei Stationen entfernt, in der Nähe des Kleistparks, in dem ich Jahre später Batu küssen sollte. Allerdings sah sie überhaupt nicht aus, wie man sich eine Moschee vorstellt. Ein mehrstöckiges Wohnhaus mit grauer Fassade, nicht besonders schön, und ein Minarett hatte sie auch nicht. Die Räume, die als Moschee dienten, waren sogar nur im Keller untergebracht.

Der Raum, in dem die *Vas* abgehalten wurden, wirkte auf Klein Melda ziemlich groß. Nicht, dass ich jemals gezählt hätte, aber Anne meint, dass meistens um die fünfzig Frauen anwesend waren. Dazu bestimmt noch fünfundzwanzig Kinder, vom Babyalter angefangen. Während Anne der *Hoca* zuhörte, kritzelte ich auf meinem Papier herum, blätterte ein Buch durch oder schob die bunten Holzkugeln an meinem kleinen Rechengerät hin und her, das ich damals oft mit mir herumtrug. Hin und wieder spielte ich auch mit anderen Kindern in einem kleinen Nebenraum, oder wir liefen einfach im Treppenhaus herum. Ich erinnere mich nicht, dass ich ein anderes Kind besonders gern mochte oder viel Spaß gehabt hätte. Die Vormittage in der Moschee waren für mich aber auch keine Qual. Ich musste eben mit und versuchte, das Beste daraus zu machen. Meistens dauerte es drei Stunden, bis die *Hoca* mit ihrer Predigt fertig war, die bekam man irgendwie herum.

Trotzdem hatte die ganze Geschichte Auswirkungen, die für mich nicht unwichtig waren: Dadurch, dass ich Anne jedes Wochenende in die Moschee begleitete, war diese als Institution nichts Besonderes für mich. Sie gehörte von dieser Zeit an einfach zu meinem Leben. Als kleines Mädchen dachte ich nicht darüber nach, ob das gut war oder schlecht, es war halt so.

Vielleicht wäre das anders gewesen, hätte mich Anne gezwungen, jedes Mal ein Kopftuch umzubinden. Doch das brauchte ich in diesem Alter nicht, das kam erst später. So waren die Moscheebesuche für mich im Grunde nichts anderes, als wenn mich Anne mit zur Fahrschule nahm. Auch dort musste ich mich allein beschäftigen und still sein, solange sie Unterricht hatte. Nur, dass die Fahrschulzeit relativ schnell vorbei war, wogegen es mit der Moschee erst richtig losging.

Meine Unvoreingenommenheit gegenüber der Moschee verlor ich, als Anne und Baba beschlossen, dass ich nicht mehr wie bisher zum Spielen dorthin zu gehen hatte, sondern um mich von *Hocas* unterrichten zu lassen. Da war ich sieben, wahrscheinlich eher acht Jahre alt, ging in die erste Klasse der Grundschule und empfand es als lästige Pflicht, nun auch noch zweimal in der Woche zusätzlich die Schulbank drücken zu müssen. Wobei das mit der Schulbank sinnbildlich zu verstehen ist, denn in der ersten Zeit saßen wir in einem der Kellerräume der Moschee nur auf dem Fußboden, genauer gesagt auf einem Teppich, hinter einer türkisfarbenen Holzbank, die aus einem langen Brett und zwei Seitenteilen bestand und so niedrig war, dass unsere Beine anders gar nicht druntergepasst hätten.

Der Unterricht in der Moschee fand zu einer Zeit statt,

dass man ihn nicht wirklich mögen konnte: jeweils freitags von siebzehn bis neunzehn Uhr dreißig und samstags von zehn bis dreizehn Uhr dreißig. Doch obwohl dadurch ständig das Wochenende ruiniert wurde, gewöhnte ich mich nach einer Weile daran, einfach weil es in unserer Familie normal war. Immerhin ging Tayfun schon seit fünf Jahren dorthin. Anfangs hatten wir nur eine *Hoca*, weil wir auch nur in einem Fach unterrichtet wurden. Das nannte sich *Kurân Dersi*, Koranunterricht, und beinhaltete, dass wir lernten, den Koran zu lesen, im Original natürlich, denn jede Übersetzung bedeutet gleichzeitig eine Interpretation, die wahren Worte Allahs finden sich nur in der Originalfassung.

Das hieß also, ich musste erst einmal das *Elif be* lernen, das arabische Alphabet. Es sieht komplizierter aus, als es ist. Ich fand das gar nicht so schwer. Einfach eine sture Auswendiglernerei. Danach reihten wir Buchstaben für Buchstaben aneinander und lasen, was daraus entstand, erst drei Buchstaben, dann fünf und so weiter. Nicht viel anders, als würde man im Deutschen lesen lernen. Nur dass im Koran noch eine Vielzahl von Betonungszeichen hinzukommt, von denen man wissen muss, wie sie die Aussprache einzelner Buchstaben oder Silben verändern. Ich würde nicht behaupten, dass ich übermäßig fleißig war, trotzdem bekam ich es ganz gut hin. Was allerdings nicht bedeutete, dass ich auch nur einen Bruchteil dessen verstanden hätte, was ich da las. Keiner von uns Schülern verstand etwas.

Es ist aber auch eine Wissenschaft für sich, den Koran zu verstehen, selbst wenn man die alte arabische Sprache beherrscht, in der er geschrieben wurde. Seit hunderten von Jahren streiten sich Gelehrte, was manche Passagen bedeuten sollen oder wie man sie auszulegen hat. Besonders eine Stelle, Vers 34 der vierten Sure, sorgt immer wieder für hitzige Debatten, nicht nur unter Muslimen. Darin heißt es, dass die Männer über den Frauen stehen, weil Gott sie von Natur vor diesen ausgezeichnet habe. Ein Stück weiter steht: »Und wenn ihr fürchtet, dass Frauen sich auflehnen, dann ermahnt sie, meidet sie im Ehebett und schlagt sie!« Vor allem Traditionalisten oder weniger gebildete Muslime, die die Koranworte exakt so auslegen, wie sie auf dem Papier stehen, leiten daraus für Ehemänner ein Züchtigungsrecht gegenüber ihren Frauen ab.

Ich glaube, es war an einem Gericht in Frankfurt am Main. Dort berief sich sogar eine deutsche Richterin, die ein marokkanisches Ehepaar scheiden sollte, auf diesen Vers. Die Ehefrau wollte vor Ablauf des Trennungsjahres geschieden werden, weil ihr Mann sie mehrfach misshandelt und bedroht hatte. Das lehnte die Richterin ab und begründete es damit, dass die beiden nach den Vorschriften des Korans geheiratet hätten, und der sehe nun mal ein Züchtigungsrecht für Ehemänner vor, welches in Ländern wie Marokko auch praktiziert werde. Als ich das las, dachte ich nur: Bullshit! Wie kann eine deutsche Richterin nur so etwas behaupten?

Das Problem an der Koransprache ist, dass unheimlich viele Wörter nicht so klar definiert waren, wie das im modernen Arabisch oder in anderen Sprachen der Fall ist. Ein Beispiel: Das Wort *Radjul*, dass im heutigen Sinne für »Mann« steht, konnte früher, als der Koran verfasst wurde, auch für *Ummah* stehen, was wiederum »Gemeinschaft« bedeutet oder auch Menschen, die auf eigenen Füßen stehen, also erwachsen sind. Oder nehmen wir das Wort *Daraba*. Es kommt im Koran an mehreren Stellen vor und hat fast jedes Mal eine andere Bedeutung. Mal steht es für »Gebet verrichten«, mal für »Kleider anziehen«, mal für »reisen«. Doch in manchen Übersetzungen der kritischen Sure wird es eben auch für den letzten Teil der dreifachen Steigerung, das »Schlagen«, verwendet.

Was ich damit erklären will: Vielleicht war das mit der Gewalt gegen Frauen ursprünglich tatsächlich so gemeint. Vielleicht aber auch nicht. Auf jeden Fall wäre es heute so oder so nicht mehr zeitgemäß. Und den Vers könnte man auch so übersetzen: »Die Frauen aber, deren antisoziales Verhalten ihr befürchtet, gebt ihnen guten Rat, überlasst sie sich selbst in ihren privaten Räumen und legt ihnen mit Nachdruck eine Verhaltensänderung nahe. Wenn sie aber eure Argumente einsehen, dann sucht keinen Vorwand, sie zu ärgern« – und so weiter.

Doch mit dem Inhalt des Korans beschäftigten wir uns erst viel später. Dafür hatten wir spezielle Lehrbücher, in denen auf verschiedene Koranverse verwiesen wurde, die dann aber übersetzt waren. Dabei brachten uns die *Hocas* auch bei, dass viele Verse falsch verstanden werden könnten. Für diesen Fall, so sagten sie, empfehle Gott, sich an den Taten des Propheten Mohammed ein Beispiel zu nehmen. Der habe nie seine Hand gegen eine seiner Frauen erhoben, obwohl unter ihnen angeblich auch ein ziemliches Biest war, frech und verwöhnt und mit einem schlechten Ruf im Dorf.

Durch die unterschiedlichen Deutungsmöglichkeiten, die der Koran an vielen Stellen bietet, lässt er sich leider auch ziemlich einfach missbrauchen – nicht nur was die

Beziehung zwischen Mann und Frau angeht, sondern auch in der Politik. Aber davon will ich gar nicht erst anfangen, dieses Thema ist mir zu heikel.

Im zweiten oder dritten Jahr an der Moschee-Schule, so genau weiß ich das nicht mehr, kamen zum Koranlesen noch allgemeiner Religionsunterricht, Türkisch und das Fach *Siyer* hinzu, in dem uns das Leben des Propheten Mohammed nähergebracht werden sollte. Im Jahr darauf wurden wir zusätzlich in *Fikih* unterrichtet. Dabei handelt es sich eigentlich um die islamische Rechtswissenschaft, doch die wäre uns Kindern wahrscheinlich zu kompliziert gewesen. Stattdessen brachten sie uns alles Mögliche über den Mensch und die Natur bei und wie das eine mit dem anderen in Verbindung steht.

Was den Menschen betrifft, da wurde es im Fach *Ahlâk* (»Moral«, »Sitte«), das uns später ereilte, noch um einiges detaillierter. Das Lehrbuch war das dickste von allen, es umfasste zweihundert DIN-A4-Seiten. Wir lernten unter anderem, welche Aufgaben wir als Mensch gegenüber Gott und dem Propheten zu erfüllen haben, gegenüber unserer Seele, unserem Herzen, dem Körper, ja selbst gegenüber unserem inneren Schweinehund.

Am interessantesten fand ich das Kapitel, in dem die Aufgaben von Mann und Frau in der Ehe behandelt wurden. Demnach ist der Mann für die Behausung der Familie zuständig. Er hat zu seiner Frau stets höflich zu sein, muss sie begrüßen und dabei fragen, wie es ihr geht, und er muss mit ihr ihr Leid teilen. Der Frau fallen ähnliche Aufgaben zu. Statt des Haushalts ist sie jedoch für die Kinder zuständig. Überhaupt trägt sie als Beschützerin der Familie große

Verantwortung, wobei das Wort »Beschützerin« auch im übertragenen Sinne gemeint ist – als Bewahrerin der Familie. Und dazu gehört, dass sie sich, um ihrem Mann zu gefallen, sauber zu halten und ihn sexuell zu befriedigen hat. Aber das gilt auch für den Mann.

Mit dem Familienleben und der Erziehung von Kindern befassten wir uns auch in dem Fach, das *Muamelât* hieß. Das Wort bedeutet »Geschäft«, dabei ging es vielmehr um Aufklärung, und das in so ziemlich jeder Hinsicht. Uns wurde beigebracht, was nach muslimischer Vorstellung eine Ehe bedeutet, wie man sich darauf vorzubereiten hat, welchen Sinn eine Ehe erfüllen soll und welche Rolle sie in der Gesellschaft spielt. Die Aufgaben von Mutter und Vater innerhalb einer Familie waren ein Thema, und welche Bedürfnisse sie jeweils haben, welche Probleme in einer Ehe auftreten können, wirtschaftliche und zwischenmenschliche, was geschieht, wenn ein Ehepartner vernachlässigt wird, und was man gegen Beziehungskrisen unternehmen kann. Es ging weiter mit Kindermachen, Kinderkriegen, Kindererziehung. Zwischendurch wurden wir über Verhütungsmethoden aufgeklärt. Man kann sagen, alles in allem konzentrierte sich der Unterricht auf die Vermittlung einer Mischung aus biologischen Fakten und islamischer Gedankenwelt.

Das nächste Fach nannte sich *Akaîd*, was man mit »Glaube« übersetzen kann. In diesem wurden die sogenannten Wahrheiten des Glaubens durchgehechelt. Also: Es gibt nur einen Gott. Gottes Rechte. Das Jenseits. Himmel und Hölle. Der Prophet. Die Engel. Schicksal und Zufall. Dazu die wichtigsten heiligen Schriften, zu denen auch die Tora und die Bibel gezählt wurden.

Am liebsten mochte ich *Sosyal Faaliyet* (»soziale Unternehmungen«), doch das stand nur alle paar Wochen auf dem Unterrichtsplan. Wie die Übersetzung schon sagt, unternahmen wir dann immer etwas. Wir machten zum Beispiel einen Ausflug zu einer Bowlingbahn, oder wir gingen in einen Dönerimbiss und aßen *Kumpir*. Das sind große Kartoffeln, die in Aluminiumfolie gebacken und hinterher mit Joghurt, Ketchup, Mais, Oliven, Salatblättern oder Hommus garniert werden, je nachdem, wie man es am liebsten mag.

Das langweiligste aller Fächer, die wir hatten, hieß *Hadis*, womit die Aussprüche des Propheten Mohammed gemeint sind. Es beinhaltete sonst nichts weiter. Im Unterricht mussten wir jedes Mal neue Zitate aufschreiben, in der türkischen und in der arabischen Version, die wir dann beide zu Hause auswendig lernen sollten. Dabei hasse ich Auswendiglernen.

Wie interessant der Unterricht war, hing oft von den *Hocas* ab. Manche wurden extra aus der Türkei eingeflogen, um uns ihr Wissen zu vermitteln. Die meisten sprachen sehr offen mit uns, wirkten überhaupt nicht verbiestert oder übermäßig streng, wie das häufig in den Medien dargestellt wird. Sie erzählten uns nicht nur Geschichten vom Propheten Mohammed, sondern auch von dessen Frauen. Manchmal rissen sie sogar Witze. Und sie klärten uns über unsere Rechte auf, die wir als muslimische Frauen haben. Davon, dass wir uns von den Männern unterdrücken lassen müssten, war nie die Rede. Im Gegenteil, sie sagten, dass wir uns als Frauen auch wehren dürften. Ich glaube, besonders wichtig war ihnen, dass wir den Islam als eine Religion betrachten, die zuallererst für Frieden steht. Sie riefen uns auf, uns nicht von den Menschen, die einen anderen Glauben haben, abzukapseln, und uns mit den Deutschen zu vertragen, sie gut zu behandeln, aber das hatte ich ja schon viel früher von ganz allein beschlossen.

Vieles hörte sich wirklich gut und richtig an. Doch je älter ich wurde, desto mehr Widersprüche entdeckte ich zwischen dem, was uns in der Moschee gesagt wurde, und dem, was sich in der Realität abspielte. Wie viele Frauen islamischen Glaubens werden von ihren Männern noch unterdrückt, sogar hier in Deutschland? Was ist mit den Söhnen in türkischen Familien, die wie Könige erzogen werden? Und wenn der Islam für Frieden stand, wie konnte dann geschehen, was am 11. September 2001 geschah?

Immer mehr Fragen geisterten mir durch den Kopf. Doch ich wagte es nicht, auch nur eine von ihnen im Unterricht laut auszusprechen. Auch keines der anderen Mädchen tat das. Vielleicht stellten sie sich auch nicht solche Fragen. Ihnen und mir war von den *Hocas* beigebracht worden, in einfachen Kategorien zu denken. Es gab nur richtig und falsch, schwarz oder weiß. Und was richtig war und was falsch, legte der Koran fest. Was man selbst dachte, war nicht wichtig. Eigene Gedanken waren nicht gefragt. Selbständig irgendwelche Überlegungen anzustellen wurde nicht verlangt.

Das war einer der Gründe, aber nicht der einzige, warum meine Abneigung gegen den Moschee-Unterricht mit der Zeit wuchs. Das schlug sich auch in meinen Zeugnissen nieder, die ich wie an der normalen Schule zum Halbjahr und am Ende eines Moschee-Schuljahres erhielt. Nicht einmal so sehr in den einzelnen Noten, die wir für jedes Fach bekamen, da lag mein Schnitt immer zwischen sehr gut und einem guten Gut, nie schlechter als 1,8. Auch nicht in meinem Sozialverhalten. Bei den Kriterien Umgang mit Freunden, Umgang mit Lehrern, selbständiges Arbeiten, Regelneinhalten oder Mitbringen von Lehrbüchern und anderer Schulmaterialien schnitt ich ebenfalls nicht schlecht ab. Aber darüber hinaus standen auf den Zeugnissen noch Beurteilungen mit dem, was die *Hocas* an einem auszusetzen hatten.

Eine davon hörte sich so an: »Melda könnte ihre Zensur im Fach Koranlesen wesentlich verbessern, wenn sie zu Hause lernen würde.« Und drei Jahre später durfte ich lesen: »Melda muss bei ihren Fehlzeiten aufpassen. Aufgrund ihrer geringen Beteiligung blieb sie im Fach *Siyer* ohne Bewertung.« Das war nicht einmal übertrieben. Neben den Spalten mit den Zensuren fand sich eine Zeile, in der die Fehltage aufgelistet waren, und ob man entschuldigt oder unentschuldigt dem Unterricht ferngeblieben war, genau wie in der Schule. Dabei konnten die *Hocas* nicht wissen, dass ich meinen Spitzenwert erst noch erreichen sollte, im darauffolgenden Schuljahr: zweiundzwanzig Fehltage von insgesamt achtundvierzig Unterrichtstagen! Wie heißt dieser eine Werbeslogan? Die Freiheit nehm ich mir. Genauso war es. Feuern konnten mich die *Hocas* nicht, das sah die Schule nicht vor, außerdem zahlten meine Eltern für den Unterricht.

Anne und Baba fanden das überhaupt nicht lustig, aber darauf konnte ich leider keine Rücksicht nehmen. Ich hatte ein paarmal versucht, ihnen meine Sichtweise darzulegen. Ich war fünfzehn, fast sechzehn und der Moschee-Unterricht war so ziemlich das Uncoolste, was es geben konnte. Keine von meinen Freundinnen rannte freitagabends und den halben Samstag zu irgendwelchem Unterricht und schon gar nicht in eine Hinterhofmoschee. Sie verabredeten sich fürs Kino oder fuhren in die City, um durch Geschäfte zu bummeln oder in einem Café abzuhängen. Wenn ich da nicht mitmachte, würden sie sich bald nicht mehr mit mir abgeben. So sagte ich das Anne und Baba auch. Aber sobald ich das Thema anschnitt, war es, als würde ich mit der Wand in unserem Wohnzimmer reden – sie hörten gar nicht zu, sagten immer nur: »Diskutiere nicht, du gehst in die Moschee!«

Die beiden ließen mir keine Wahl, ich musste meine Entscheidung ohne sie fällen. Ich erfand immer häufiger Ausreden – entweder war ich zu müde, hatte Kopfschmerzen oder Bauchschmerzen, oder ich musste mich auf eine Klausur vorbereiten – und ging immer seltener in den Unterricht, meistens nur noch aus schlechtem Gewissen ihnen gegenüber. Doch irgendwann sagte ich mir, dass auch das kein Grund mehr sein könne, und verabschiedete mich komplett von der Moschee-Schule. Anne und Baba bekamen das nicht sofort mit, zumindest sprachen sie mich nicht darauf an. Als Anne dann mal fragte, lag der letzte Unterricht, an dem ich teilgenommen hatte, bereits Monate zurück. Das machte mich mutig genug, ihr die Wahrheit zu offenbaren. Und ich schob gleich hinterher: »Ich werde auch nicht mehr hingehen!« Sie schluckte es, ohne Protest.

Wenn ich der Moschee selbst auch abschwor, lehne ich sie nicht generell ab. Es war eine Entscheidung, die ausschließlich mich betraf. Ich wollte mich nicht weiter verbiegen, denn das bedeutete auch, dass ich andere täuschte, am meisten Anne und Baba. Das Leben, in dem ich die sein konnte, die ich war, fand woanders statt. Und es war ehrlicher, aufrichtiger, dies endlich zu akzeptieren. Deswegen verurteile ich aber niemanden, der in eine Moschee geht, so wie ich niemanden verurteile, weil er in eine Kirche geht; evangelisch oder katholisch, ganz gleich. Mein Großvater mütterlicherseits ist seit gut einem Jahr sogar Vorsitzender einer Moschee. Seitdem er diesen Posten hat, lebt er richtig auf. So engagiert habe ich ihn selten erlebt. Großmutter findet zwar, dass er übertreibt, auch angesichts seines Alters, aber ihm scheint die ehrenamtliche Arbeit Spaß zu machen. Ich glaube, er empfindet es nicht mal als Arbeit, sondern sieht darin wohl mehr eine Berufung.

Einen Punkt habe ich vergessen zu erwähnen, der mir die Moschee-Besuche seit langem verleidet hatte, unabhängig davon, dass meine Freundinnen mit Moscheen nichts im Sinn hatten. Als ich mit ungefähr zehn Jahren so weit war, den Koran selbständig lesen zu können, musste ich auch ein Kopftuch dabei tragen. Das war keine Überraschung für mich. Ich kannte das von Anne. Sie trug immer ein Kopftuch, wenn sie den Koran las, wie beim Beten. Ich wusste also schon vorher, dass es dazugehört. Ich wusste bis dahin aber noch nicht, wie es sein würde, mit einem Kopftuch herumzulaufen. Anne kaufte mir eins aus einem groben weißen Stoff, ein scheußliches Teil. Vom ersten Moment an hatte ich ein gestörtes Verhältnis dazu. Es war ungewohnt, mein Kopf fühlte sich eingeschnürt an. Außerdem mochte ich meine Haare, doch von denen war nichts mehr zu sehen. Ich fühlte mich hässlich.

Anfangs band ich das Kopftuch noch zu Hause um und fuhr so zum Unterricht. Das ließ ich später bleiben, weil ich ständig das Gefühl hatte, von den Leuten, die mir auf der Straße oder im Bus begegneten, wie eine Außerirdische angestarrt zu werden. Überhaupt kam es mir vor, als wäre ich nicht mehr das Mädchen, das ich eigentlich war. Das nennt man wohl Identitätsverlust, echt keine schöne Sache.

Einmal fuhr ich mit dem Fahrrad zur Moschee, das war noch schlimmer. Man sieht in Berlin selten eine kopftuchtragende Radfahrerin. So gafften mich die Menschen auch an. Und dazu lachten sie mich entweder aus, oder sie warfen mir feindselige Blicke zu. Vielleicht bildete ich mir das auch nur ein, jedenfalls war ich froh, als ich nach dem Unterricht wieder zu Hause war. Seitdem bin ich nie wieder mit Kopftuch aufs Rad gestiegen.

Nach einiger Zeit versuchte ich, einen Kompromiss zu finden zwischen meiner Religionstreue und dem Wunsch nach ein bisschen Freiheit. Ich ging dazu über, das Kopftuch für den Weg in meiner Tasche zu verstauen und holte es erst vorm Eingang der Moschee heraus. Aber das fühlte sich auch nicht richtig an. Ich kam mir verlogen vor. Sicher hatten daran auch die *Hocas* ihren Anteil. Sie sahen das nicht gern und tadelten jedes Mädchen, das sich so verhielt.

Eines Tages fragte uns eine der *Hocas*: »Wenn euer Ehemann verlangen würde, dass ihr ein Kopftuch anlegt, würdet ihr das tun?« Mal abgesehen davon, dass mir der Gedanke an einen Ehemann weither geholt erschien, dachte ich spontan: Nein, niemals! Dann überlegte ich und kam zu einem Ja. Doch einige Minuten später landete ich wieder bei meiner ersten Antwort, allerdings aus einem anderen Grund. Das erste Nein resultierte daraus, dass ich Kopftücher prinzipiell nicht tragen mochte. Das Ja kam zustande, weil ich mir sagte, dass ich meinen Ehemann lieben würde und ihm wahrscheinlich keine Bitte abschlagen könnte. Das endgültige Nein schließlich verdankte ich meiner Überzeugung, nur einen Mann zu heiraten, der mich respektieren und so etwas nicht von mir verlangen würde.

Kopftuch – ja oder nein? Diese Frage brachte mich immer häufiger in Konflikte. Ich lehnte es grundsätzlich ab, trug es in der Moschee aber dennoch, weil es verlangt wurde. Sobald ich die Moschee jedoch verließ, kehrte ich in mein anderes Leben zurück – ohne Kopftuch, das konnte ich gar nicht schnell genug abstreifen. Wie aber sollte ich mich verhalten, falls wir mit den Leuten aus der Moschee diese einmal verließen? Sollte ich ehrlich sein oder mich verstellen, mich dafür aber furchtbar unwohl fühlen?

Heute weiß ich, dass man nicht jede Frage, die einen bewegt, unbedingt in Gedanken durchspielen muss. Das Leben schickt einem sowieso die passende Prüfung dazu. In diesem Fall kam sie, als ich fünfzehn war und mit der Moschee-Schule zu einem Konzert von Sami Yusuf, einem berühmten islamischen Sänger, nach Belgien reisen sollte. Eine Freundin, die mit mir zur Moschee ging und auch sonst Kopftuch trug, fragte mich, ob ich meins auf der Fahrt tragen würde. Ich hatte nicht groß darüber nachgedacht, weil es für mich ganz klar eine Veranstaltung war, die außerhalb der Moschee stattfand – also ohne Kopftuch! Daraufhin sah sie mich mit hochgezogenen Augenbrauen und schiefen Mundwinkeln an, als wäre sie entsetzt und erschrocken zugleich: »Trag lieber eins, sonst fällst du auf!« Kann sein, dass ich zu empfindlich war. Vielleicht meinte sie es nicht so, wie ich es auffasste. Mich verletzte dieser Satz. Waren wir nun Freundinnen oder nicht? Schämte sie sich etwa für mich, wenn ich kein Kopftuch trug? Würde ich mich für sie schämen, wenn sie mit zu meinen deutschen Freundinnen käme und ihr Kopftuch aufbehielte?

Als wir uns zur Abfahrt am Bus trafen, erschien ich mit Kopftuch. An diesem Tag war ich wieder die andere Melda. Und bereute es, spätestens, als wir in der Konzerthalle eintrafen, die proppevoll war. Gemischtes Publikum, in doppelter Hinsicht: Da waren Männer und Frauen, und manche Frauen trugen Kopftuch, viele aber auch nicht. Ich fühlte mich, als hätte ich mich selbst verleugnet.

Meine Einstellung zum Kopftuch hat sich bis heute nicht geändert. Ich bin nach wie vor kein Fan davon, zu mir, zu meinem Leben, passt es einfach nicht. Ich finde es auch falsch, wenn Eltern ihre Kinder zwingen, ein Kopftuch zu tragen, oder wenn junge Musliminnen es als modischen Gag verwenden, so tun, als ob, obwohl sie gar nicht dazu stehen. Wie die Mädels in meiner Schule, die zum Minirock ein Kopftuch umbinden. Wer es jedoch aus tiefster Überzeugung trägt, und ich kenne einige Frauen, die sich vorher gründlich damit auseinandergesetzt haben und es tun – Respekt, die bewundere ich, das ist cool. Weil diese Frauen damit genauso ihren eigenen Weg gehen wie ich auf meine Weise.

Zu den wichtigsten Dingen, die wir in der Moschee-Schule beigebracht bekamen, gehörten die Säulen des islamischen Glaubens. Die muss ein Muslim kennen wie ein Christ das Vaterunser. Fünf gibt es davon, die erste und wichtigste ist das Glaubensbekenntnis, die *Schahada*. Zwar gilt man im Islam quasi durch die Geburt als Muslim, doch sobald man alt genug ist, um das Bekenntnis selbst aufzusagen, soll man das tun, gewissermaßen um seinen Glauben zu bestätigen. Und um diesen aufzufrischen, soll man es ab und zu wiederholen, manche sagen, am besten jeden Tag mehrmals. An sich ist das auch keine große Sache, also kein Fest oder so. Man muss nur einen Satz aufsagen: »Ich bezeuge, dass es keinen Gott außer Gott gibt und dass Mohammed der Gesandte Gottes ist.« Es ist nicht einmal notwendig, die Worte laut auszusprechen. Wichtig ist nur, dass man sie aus tiefster Überzeugung sagt. Mein erstes Glaubensbekenntnis legte ich mit acht Jahren ab, zu Hause, in der Küche, vor Anne, die mir daraufhin erklärte, dass ich jetzt eine Muslimin sei. So richtig bewusst habe ich den Spruch dann mit vierzehn Jahren aufgesagt, auch zu Hause, in meinem Zimmer, allerdings lautlos, nur in mich hinein, aber das gilt genauso.

Die zweite Säule ist das Gebet, das wir *Salât* nennen. Hier wird es schon komplizierter, nicht nur weil Muslime fünfmal am Tag beten sollen – vor Sonnenaufgang, mittags, nachmittags, nach Sonnenuntergang, spätabends. Vor dem Beten schreibt der Koran die rituelle Reinigung vor, *Abdest* genannt. Sie wird als Schlüssel zum Gebet verstanden und hat nach einem bestimmten Prozedere abzulaufen.

Als Erstes setzt man sich auf die Toilette. Wenn man muss. Wenn nicht, dann trotzdem, nur eben kürzer. Bei den meisten Muslimen steht, wie bei uns zu Hause auch, neben dem Becken ein Gefäß mit Wasser, das aussieht wie eine kleine Gießkanne. Das benutzt man, um sich nach der Toilette mit der linken Hand untenherum zu waschen. Danach geht's ans Waschbecken. Man sagt einen Spruch auf, erst »*Euzü billahimineschscheytanirracim*«, was so viel heißt wie: »Ich nehme meine Zuflucht zu Allah vor dem verfluchten Satan« – und hinterher jenes »*Bismillahirrahmanirrahim*«, das ich am Anfang des Kapitels erklärt habe. Dabei beginnt man aber schon, sich die Hände zu waschen, dreimal, bis zum Handgelenk. Dann nimmt man mit der rechten Hand einen Schluck Wasser in den Mund, spült und spuckte ihn wieder aus, auch das dreimal. Immer alles dreimal. Nach dem Mund ist die Nase dran: Wieder lässt man Wasser in die rechte Hand laufen, führt sie zur Nase, zieht das Wasser hoch – und schnäuzt es raus. Diesen Teil lasse ich immer aus, weil ich ihn eklig finde. Anschließend wird das Gesicht gereinigt, dann sind die Arme an der Reihe, der rechte Arm zuerst, die Stirn und der Haaransatz darüber, beides wird eigentlich nur mit Wasser betupft, zuletzt die Ohren und der Hals, und auch dafür gibt es eine spezielle Technik mit Daumen und kleinem Finger. Ganz zum Schluss wäscht man sich die Füße bis zu den Knöcheln.

Für jemanden, der das nicht kennt, klingt das wahrscheinlich, als würde die Waschung einen ganzen Vormittag in Anspruch nehmen. Mit etwas Übung braucht man jedoch nicht länger als fünf Minuten. Und selbst ohne dürfte sie in acht bis zehn Minuten erledigt sein.

Die rituelle Reinigung ist vor jedem Gebet Pflicht, sonst wird es von Allah nicht akzeptiert. Deshalb gibt es in jeder Moschee neben den für Männer und Frauen voneinander getrennten Betsälen auch ebensolche Toiletten und Waschräume. Eine Ausnahme könnte es geben – rein theoretisch. Die Reinheit einer Waschung würde auch für ein zweites Gebet erhalten bleiben, würde es einem gelingen, in der

Zwischenzeit keinerlei Körperflüssigkeit abzusondern, weder Blut noch Urin, noch Schweiß oder was man sich sonst noch vorstellen kann. Selbst ein unabsichtlicher Furz ruiniert einem die Reinheit. Genauso wie ein unanständiges Wort, das einem aus Versehen herausrutscht, oder ein Fluch, den man ausstößt, weil man sich über etwas oder jemanden ärgert.

Das Gleiche gilt übrigens, wenn man den Koran lesen will. Ohne Waschung? Streng verboten! Das Heilige Buch darf man nur im gereinigten Zustand in die Hand nehmen.

Für Frauen, die ihre Tage haben, fällt Beten und Koranlesen komplett flach, Fasten während des Ramadan übrigens auch. Die Menstruation wird im Islam als rituelle Unreinheit gesehen. Auch wer ein Tattoo hat, kann seinen Körper so lange schrubben, wie er will – damit gilt er immer als unrein. Das steht zwar nicht im Koran, wurde aber von islamischen Gelehrten der Neuzeit so festgelegt. Diese betrachten Piercings und Nagellack ebenso als Verunreinigung, aber das kann man beides ja problemlos entfernen.

Meine intensivste Betphase erlebte ich mit dreizehn, vierzehn. Damals war mir das Ritual wichtig. Ich dachte, eine gute Muslimin betet, und ich wollte eine gute Muslimin sein. Sicher auch, weil ich in der Familie mit Anne ein perfektes Vorbild hatte. Sie war unglaublich konsequent, das ist sie heute noch. Jeden Tag betet sie fünfmal. Ich habe noch nie erlebt, dass sie es auch nur einmal vergessen hätte. Sie braucht nicht mal eine Uhr oder einen Wecker, um die Gebetszeiten nicht zu verpassen. Irgendwie scheint ihre innere Uhr darauf gepolt zu sein. Sie kauft sich jedes Jahr nur einen Abreißkalender mit der islamischen Zeitrechnung, der hängt bei uns in der Diele. Darauf stehen für jeden Tag die entsprechenden Zeiten, zu denen gebetet werden soll, das genügt ihr. Anne besitzt auch einen Gebetsteppich, den sie sogar mit in den Kindergarten nimmt, obwohl der Koran diesbezüglich keine Vorschriften macht. Sie könnte auch auf einem x-beliebigen Fußboden beten, nur die Richtung sollte stimmen. Damit da nichts schiefgeht, auch für den Fall, dass sie mal irgendwo unterwegs beten muss, trägt sie an ihrem Schlüsselbund einen kleinen Kompass.

Ich muss zugeben, dass ich zu keiner Zeit, auch damals nicht, annähernd so pflichtbewusst war wie Anne. Für mich war es schon ein Erfolg, wenn ich an einem Tag das Morgen- und das Abendgebet hinbekam, inklusive der rituellen Reinigung davor. Für mehr war ich bei allem guten Willen wohl doch einfach zu faul. Fünfmal habe ich es noch an keinem Tag geschafft. Jetzt, wo ich so darüber nachdenke, fällt mir auf, dass ich auch nie in meinem Zimmer betete. Mein Zimmer und Beten – das passte irgendwie nicht zusammen. Der einzige Raum, in dem bei uns gebetet wurde und wird, ist das Schlafzimmer meiner Eltern, dort gleich hinter der Tür, mit dem Kopf Richtung Mekka, nach Südosten also. Das ist Annes heiliges Fleckchen, und meins war es auch, solange ich noch halbwegs regelmäßig betete. Baba und Tayfun benutzen es nie. Wenn überhaupt, beten die beiden nur an Feiertagen und dann in der Moschee.

Aber darüber kann ich mich nicht aufregen. Mein Gebetsenthusiasmus ließ mit zunehmendem Alter auch stark nach. Heute bete ich eigentlich nur in Notsituationen. Die letzte liegt aber auch schon zwei Jahre zurück.

Keine Lust? Keine Zeit? Zu faul? Zu bequem? Gut, dass mir niemand diese Fragen stellt. Wahrscheinlich würde ich bei jeder nicken. Ich könnte keinen konkreten Grund nennen, warum ich mit dem Beten aufgehört habe. Ich denke, mir fehlt einfach die Überzeugung. Ich glaube an den Islam, das ja, aber Glaube ist für mich etwas, das man im Herzen trägt, nicht unbedingt auf der Zunge. Regelmäßiges Beten würde keinen besseren Menschen aus mir machen. Ich würde mich auch nicht gläubiger fühlen. Der Unterschied zwischen Anne und mir besteht darin, dass ich gläubig bin, aber nicht religiös, sie schon.

Die dritte Säule nennen wir *Zakat*. Damit sind Almosen gemeint, mit denen Armen, Verschuldeten, Gefangenen und sonst wie Bedürftigen geholfen werden soll. Ob man Almosen gibt oder nicht, hängt allerdings nicht vom guten Willen des Einzelnen ab. Es ist eine Pflichtabgabe, die dem Hab und Gut des Menschen seinen Makel nehmen soll und deren Höhe klar definiert ist: Jeder, der über mehr als das Existenzminimum verfügt und dessen Schulden nicht sein Vermögen übersteigen, muss einen Teil davon abgeben, mindestens zweieinhalb Prozent. Schüler wie ich sind davon befreit, bis sie ihr eigenes Geld verdienen.

Das Fasten, *Saum*, ist der vierte Grundpfeiler des islamischen Glaubens – und in unserer Familie eine schwer diskutierte Angelegenheit. Das liegt vor allem daran, dass hier die Meinungen absoluter Befürworter und absoluter Gegner aufeinanderprallen. Wobei in erster Linie der gesundheitliche Aspekt umstritten ist. Doch zum Fasten gehört ja nicht nur, dass man während des Ramadan von der Morgendämmerung bis zum Sonnenuntergang keine Nahrung zu sich nimmt, nichts trinkt, keinen Kaugummi kaut und auch nicht raucht, sondern auch keinen Geschlechtsverkehr hat und sich generell von jeder Sünde fernhält. Anne und Baba legen sehr viel Wert darauf und fasten jedes Jahr. Soweit ich mich erinnere, haben sie das immer so gehalten. Ich sah das Fasten als Kind weniger als religiöse Handlung, sondern mehr als spannendes Abenteuer und wollte schon mitmachen, als mich meine Eltern noch zu klein dafür hielten. Doch genau das machte ja den Reiz aus: Ich wollte zu dem auserwählten Kreis gehören und das tun, was die Erwachsenen taten. Zumal es mit aufregenden Ereignissen, ja regelrechten Spektakeln, verbunden war.

Als ich zehn Jahren alt war, setzte ich meinen Dickkopf dann durch. Ich durfte mitten in der Nacht aufstehen, mir zusammen mit Anne, Baba und Tayfun den Magen vollschlagen und mich danach wieder ins Bett legen, bis ich zur üblichen Zeit aufstehen musste. Das Hungern tagsüber betrachtete ich als Herausforderung und Willensprobe zugleich. Ich musste nur schaffen, so lange nichts zu mir zu nehmen wie die Großen auch – und konnte dann mächtig stolz auf mich sein. Umso schöner war es abends, nachdem die Sonne endlich verschwunden war. Anne kochte üppigere Mahlzeiten als sonst, richtige Menüs, weil wir natürlich alle gewaltigen Kohldampf hatten und sie uns für das Hungern belohnen wollte. Was sie auch auf den Tisch brachte, mir kam es jeden Tag wie ein Festmahl vor, alles schmeckte viel leckerer als sonst. Wir aßen bewusster, und das Essen erschien uns wertvoller.

Einmal probierte Anne ein neues Rezept aus einem türkischen Kochbuch aus. Nichts Kompliziertes, irgendwie Fleisch mit Joghurt und Brot obendrauf. Alles zusammen kam in eine gläserne Auflaufform und musste dann in den Backofen geschoben werden. Wir saßen schon alle gespannt am Küchentisch und warteten, dass es mit dem

Essen losgehen konnte. Warum Anne die Form unbedingt mit bloßen Händen aus dem Ofen holen wollte, kann ich nicht erklären. Wahrscheinlich war sie selbst irre hungrig und wollte nur, dass es schnell geht. Sie griff also zu, zog ihre Hände aber noch schneller wieder zurück, die Form fiel heraus und unser Essen auf den Boden. Man könnte vermuten, dass wir in diesem Moment alle vor Entsetzen laut aufschrien. Immerhin hatten wir uns den ganzen Tag nichts sehnlicher herbeigewünscht als diese Mahlzeit. Aber so war es nicht. Regungslos, wie in Schockstarre, saßen wir auf unseren Stühlen – außer Anne, die stand, bewegte sich aber auch nicht – und sahen entsetzt zu der Stelle auf dem Fußboden, wo das verunglückte Gericht vor sich hin dampfte. Keiner sagte ein Wort. Es schien, als würden alle die Luft anhalten. Ich glaube, in unserer Küche war es noch nie so still gewesen.

Irgendwann fand ich heraus, dass Tayfun das Fasten offenbar nicht so ernst nahm wie ich. Er schummelte, verputzte zwischendurch heimlich etwas, später setzte er gleich ganze Tage aus und noch später, als er seine Ausbildung begonnen hatte, verschob er das Fasten mal eben aufs Wochenende, bis er es im letzten Ramadan ganz bleiben ließ. Das machte Baba unglücklich, sodass er in einem ernsten Vater-Sohn-Gespräch versuchte, ihn an seine Pflicht als Muslim zu erinnern und umzustimmen. Vergeblich, für Tayfun hatte sich das Thema erledigt. Als Baba damit trotzdem nicht aufhören wollte, immer wieder stichelte, schrie mein Bruder ihn an: »Na schön, dann seid ihr eben alle bessere Menschen, weil ihr fastet! Na und!« Und Baba schwieg. Doch hinterher, als Tayfun nicht mehr dabei war, seufzte er und fragte klagend in den Raum: »Was sollen wir nur mit ihm machen?« Und Anne meinte: »Ja, was sollen wir denn machen?«

Seitdem fasten Anne und Baba wieder allein, wie früher, als Tayfun und ich klein waren. Dabei würde ich zu gern mitmachen, doch seit ich Probleme mit dem Magen hatte, darf ich nicht mehr. Krankheit ist eine Entschuldigung, die der Islam akzeptiert. Schwangerschaft ist zwar keine Krankheit und die Menstruation auch nicht, aber beides sind triftige Gründe, aufs Fasten zu verzichten. Frauen, die ihre Tage haben, können aber nachfasten. Anne verlegt das Nachfasten gern in die Wintermonate, dann ist die Zeit zwischen Sonnenaufgang und Sonnenuntergang nicht so lang.

Natürlich wurde Tayfuns Entscheidung in der gesamten Familie diskutiert. Vor allem Baba und Tante Zeynep lieferten sich deswegen hitzige Wortgefechte. Tante Zeynep ist strikt gegen das Fasten, sie hält es für den größten Mist, den der Islam je erfunden hat, und für ungesund obendrein. Sie steht also auf Tayfuns Seite. Als Lehrerin an einem Oberstufenzentrum mit vielen Migrantenkindern hat sie auch gute Argumente. »Bei mir hängen die Schüler, die fasten, spätestens ab der fünften Stunde herum wie Leichen, können sich überhaupt nicht konzentrieren und liegen mit ihren Köpfen auf den Tischen, so schwach sind sie vor lauter Hunger. Ich finde, Fasten müsste verboten werden!«

Wie immer ist sie in ihren Ansichten ziemlich radikal. Sicher stimmt, was sie sagt, trotzdem denke ich, jeder sollte selbst entscheiden dürfen, ob er fastet oder nicht. Baba beruft sich in solchen Gesprächen auf die Pflichten eines Muslimen: »Im Koran steht, dass man fasten soll!« Auch das stimmt. Der Haken ist nur, dass er ja sonst auch nicht alles einhält, was der Koran verlangt, das fünfmalige Beten zum Beispiel. Ihre Diskussionen sind zwangsläufig unergiebig, weil keiner bereit ist, seinen Standpunkt aufzugeben. Aber noch mehr, weil ihre Standpunkte auf völlig verschiedenen Ebenen liegen. Tante Zeynep beruft sich auf den gesunden Menschenverstand, Baba auf Religion und Glauben. Beides scheint manchmal einfach nicht zusammenzupassen.

Onkel Cemal, mein lustiger Onkel, fastet, obwohl er schwer arbeitet und daneben noch ständig mit dem Auto unterwegs ist, um seine Kinder hin und her zu kutschieren. Seine Frau, Tante Hediye, hält Fasten auch für ihre Pflicht, so prinzipiell gesehen. Doch seitdem der Fastenmonat in die Sommerjahreszeit gewandert ist, die Tage deutlich länger sind, verzichtet sie lieber darauf. Ihre Arbeit, die Kinder, das ist ja auch alles anstrengend. Mein Onkel Kaan weiß ebenfalls von der Pflicht des Fastens, nimmt sie aber nicht so genau und redet sich damit heraus, dass er das nicht braucht, weil Tante Ipek, seine Frau, für ihn mit fastet. Nur während des letzten Ramadan musste sie aussetzen. Da war ihr Sohn Barkin gerade geboren. Sie stillte, und für stillende Mamis ist Fasten verboten.

Annes Eltern fasten nicht mehr, sie sind zu alt dafür. Großvater scheint das allerdings immer mal wieder zu vergessen. Denn manchmal fastet er doch und wundert sich, wenn er vor Schwäche in Ohnmacht fällt. Dann schimpfen seine Töchter mit ihm.

Eine der schönsten Traditionen unserer Familie besteht darin, sich während des Fastenmonats einmal zu einem ausgiebigen Essen bei den Großeltern zu versammeln. Die beiden haben keine große Wohnung, nur zwei Zimmer, aber das stört uns nicht. Wir rücken ganz dicht zusammen, sodass an den Tisch im Wohnzimmer, der für sechs Personen gedacht ist, eben zwölf passen. Und wenn der Platz trotzdem nicht reicht, bekommen die Kleinsten ihr Essen im Schlafzimmer serviert. Für sie ist das kein Nachteil, denn dort steht der Fernseher.

Ich habe noch nicht herausgefunden, wie viele Tage vorher Großmutter mit den Vorbereitungen beginnt. Wenn man erlebt, was sie auftischt, könnte man meinen, sie muss eine ganze Woche damit beschäftigt gewesen sein. Zur Tradition gehört, dass sie Speisen zubereitet, die sie früher in ihrem Heimatdorf in der Türkei aßen. Das Hauptgericht nennt sich *Lepsi* und ist ein Gemisch aus Reis, Hähnchenfleisch, Maismehl, Tomatenmark und natürlich Knoblauch, ähnlich einer Suppe, nur nicht so flüssig, eher breiartig, mit Stücken drin. Durch die Zutaten schimmert das Ganze orangefarben bis rötlich. In Großmutters Dorf war *Lepsi* ein typisches Arme-Leute-Essen, weil die Bauern alle Zutaten selbst hatten, entweder im Stall oder auf dem Feld. Aber in dem Dorf waren auch fast alle arm. Dazu gibt es Puddingbrot, auch eine Art Suppe, die aus Mais- und Weizenmehl, Salz und Wasser gekocht wird. Beides wird in Schüsseln gefüllt und in die Mitte des Tisches gestellt. Jeder bekommt einen Löffel, damit nimmt man sich erst ein bisschen Puddingbrot, dann etwas *Lepsi* dazu – und rein in den Mund.

Als kleines Kind mochte ich das kaum essen, inzwischen schmeckt es mir ganz gut. Auf jeden Fall wird man wegen des Mehls schnell satt davon. Müsste man aber gar nicht, weil Großmutter noch mehr auftischt. Für die Kinder türkische Buletten mit Reis, für uns *Su Böreği*, ein Gericht aus mehreren Teigschichten mit Schafskäse dazwischen, dann meistens noch gekochte Bohnen und Gemüse, das sie vorher im Ofen backt. Für den Nachtisch stellt sich sogar Großvater an den Herd, seit jeher, das lässt er sich nicht nehmen. Er kocht uns eine Arche-Noah-Suppe, auch *Aşura*-Suppe genannt.

Als *Aşura* wird der zehnte Tag des ersten islamischen Monats gefeiert. Dazu gibt es im Islam viele Geschichten. Eine handelt von Noah, der an diesem Tag das erste Mal nach der Sintflut seine Arche verlassen und auf den Berg Ararat gestiegen sein soll. Der Erzählung nach ließ er alle auf seinem Schiff noch vorhandenen Lebensmittel zusammentragen und daraus ein Gericht kochen, um mit den Überlebenden zu feiern. Die Zutaten, die damals verwendet wurden, sind nicht genau überliefert. So hat in islamischen Ländern fast jede Region ihr eigenes Rezept. Großvater nimmt immer Weizenkörner, Bohnen, Kichererbsen, Mandeln, Nüsse, Aprikosen und Feigen. Wir sind alle ganz verrückt nach seiner Suppe. Deshalb wird sie bei uns auch zu allen möglichen anderen Anlässen gekocht.

Großmutter und Großvater sind auch die einzigen aus unserer Familie, die in ihrem Leben schon alle fünf Säulen des islamischen Glaubens verwirklicht haben. Auch die fünfte, die Pilgerreise nach Mekka, bei uns *Haddsch* genannt.

War das eine Aufregung damals! Ich war zwar erst sechs Jahre, kann mich aber noch genau erinnern. Es war Frühling. April. Die beiden waren zuvor noch nie so weit verreist. Genauer gesagt hatten sie bis dahin in keinen anderen Ländern als der Türkei und Deutschland ihre Füße auf den Boden gesetzt. Und dann gleich nach Saudi-Arabien, in eine völlig andere Welt. Großmutter hatte schreckliche Angst vor der Fremde, dem Unbekannten. Sie erzählt heute noch, sie habe sich bei der Abreise gefühlt, als hätte sie ein Herzinfarkt erwischt. Dabei lächelt sie, als wäre das ein Witz. Wir finden das nur gar nicht lustig, denn vor drei Jahren hatte sie tatsächlich einen Herzinfarkt. Aufgeregt waren aber auch alle anderen in der Familie. Wir machten uns Sorgen, ob alles gut geht. Als die beiden zum Flughafen mussten, fuhr die ganze Familie mit. Wir müssen gewirkt haben wie ein aufgescheuchter Hühnerhaufen, der einen Ausflug machte.

Jeder Muslim, der gesund ist und es sich leisten kann, soll einmal im Leben nach Mekka pilgern – und dort zur *Kaaba*, die im Innenhof der Großen Moschee steht. Die *Kaaba* (»Kubus«, »Würfel«) gilt den Muslimen als das Haus Gottes. Sie ist für uns das bedeutendste Wallfahrtsziel, das Heiligtum des Islam schlechthin. Ganz gleich, wo auf der Welt sich ein Muslim aufhält, immer ist es die *Kaaba*, die ihm die Richtung für sein Gebet vorgibt.

Auf dem Innenhof der Großen Moschee steht auch ein ganz besonderer Brunnen, der *Zemzem-* oder auch *Zamzam*-Brunnen. In ihm sprudelt eine Quelle mit Wasser, das uns Muslimen heilig ist. Nach der islamischen Geschichte soll es Gott gewesen sein, der diese Quelle, die damals mitten in einer Wüste lag, durch den Erzengel Cebrâîl entspringen ließ, um Hacer und ihren Sohn Ismail vor dem Verdursten zu retten. Hacer war… – aber das wäre jetzt eine zu lange Geschichte. Für uns war nur wichtig, dass Großmutter und Großvater an dieser Quelle waren, mehrere Plastikflaschen mit dem wertvollen Wasser füllten und uns mitbrachten.

Es gibt verschiedene Pilgermöglichkeiten für Mekka-Reisende. Großmutter und Großvater hatten so lange darauf gespart, sich diesen Traum eines Tages erfüllen zu können, dass sie, wennschon – dennschon, natürlich die umfangreichste Variante in die Tat umsetzen wollten: die Große Wallfahrt. Sie blieben sogar noch länger, waren fast einen Monat unterwegs, die Reise kostete sie ein kleines Vermögen, sogar ihre Kinder hatten etwas dazugegeben. Und als sie zurückkehrten, waren sie überglücklich. Vielleicht ja doch ein Grund, sich auch mal nach Mekka aufzumachen. Noch schwanke ich. Mal abwarten, was die Zukunft bringt.

7.
Think Pink!

»Duuuu… spreeechen… Deuuutsch?« Die Kindergärtnerin, eine Frau jenseits der vierzig, ließ sich Zeit mit ihrer Frage. Sie beugte sich etwas in meine Richtung vor, bewegte die Lippen wie in Zeitlupe, zog Wort für Wort in die Länge, machte nach jedem eine Pause, die eine unausgesprochene Frage zu enthalten schien. Und dabei lächelte sie mich die ganze Zeit an, als wäre ich ein bedauernswertes Geschöpf. Obwohl ich direkt vor ihr stand, brauchte ich einige Sekunden, um die Situation zu begreifen. Irgendwie hatte ich eine lange Leitung. Dann plötzlich fiel es mir wie Schuppen von den Augen: Sie meinte mich!

Ich wette, die Kindergärtnerin dachte sich nichts dabei. Diese Frau kannte mich nicht. Sie sah mich zum ersten Mal. Ich hatte die kleine Sarah noch nie bei ihr abgeholt. Wahrscheinlich fand sie sich in diesem Moment sogar besonders höflich. Dabei hatte sie mich mit ihrer Frage und vor allem mit der Art, wie sie sie mir stellte, schlicht und ergreifend verletzt, abgestempelt – ja, diskriminiert.

Ich übertreibe? Mag sein. Vielleicht bin ich da besonders empfindlich. Aber wer das denkt, denkt nicht wie ich. Der ist kein Migrant, steckt nicht in meiner Haut, hat so etwas noch nie am eigenen Leib erfahren. Der kennt einfach das Gefühl nicht, das einen in solchen Situationen beschleicht. Ob man will oder nicht, man kommt dagegen nicht an. Das Gefühl, nicht dazuzugehören, anders zu sein, weniger wert, als Mensch und überhaupt.

Ja, ich bin Türkin! Ganz gleich, ob ich einen deutschen Pass besitze oder nicht. Von mir aus nennt mich Migrantin oder auch Ausländerin – das seid ihr ja selbst, sobald ihr in einem anderen Land seid –, aber behandelt mich nicht, als sei ich blöd!

Dieser kleine Vorfall ereignete sich, als ich so um die sechzehn war – und nicht halb so schlagfertig wie heute, sonst hätte ich zu reagieren gewusst. Damals schluckte ich nur, tat so, als sei nichts geschehen, antwortete brav – und akzentfrei: »Ja, ich spreche Deutsch.« Dann nahm ich Sarah, setzte sie in ihren Kinderwagen und machte mich auf den Weg. Zehn Minuten zu Fuß entfernt befand sich ein Hort für Schulkinder, in dem wir ihren Bruder Matthias abholten. Von dort ging es zu ihnen nach Hause, auch zu Fuß, keine Riesenstrecke, für Kinder aber auch keine ungefährliche, quer durch Berlin-Mitte. Die Mutter der beiden, eine Deutsche, Ärztin und alleinerziehend, hatte mir die Schlüssel für ihre Wohnung anvertraut. Ich war ihre Kindersitterin. An den zwei Tagen in der Woche, an denen ich Sarah und Matthias betreute, kam sie frühestens gegen siebzehn Uhr nach Hause, manchmal auch erst gegen neunzehn Uhr. Solange blieb ich dort, versorgte die Kleinen und spielte mit ihnen.

Warum ich das so ausführlich schildere? Weil zum einen die Begegnung mit der Kindergärtnerin zeigt, wie ich als Migrantenkind von vielen wahrgenommen werde. Und zum anderen mein kleiner Nebenjob, den ich bis vor einigen Wochen fast zwei Jahre lang gemacht habe, beschreibt, wie ich wirklich bin und wie ich deshalb auch gern gesehen werden möchte. Man kann mir Schlüssel für seine Wohnung anvertrauen, ohne dass ich sie von meinem schwerkriminellen Bruder (der ja gar nicht kriminell ist) und seinen Kumpanen ausräumen lasse. Selbst zwei kleine Kinder waren bei mir gut aufgehoben. Ich tat alles, damit es ihnen in meiner Obhut gut ging und ihnen nichts zustieß. Ich bin also ein ganz normales Mädchen, vielleicht manchmal ein bisschen chaotisch, aber ansonsten ehrlich, verantwortungsbewusst, zuverlässig. Zufällig sind das dieselben Eigenschaften, die gern benutzt werden, wenn von den berühmten Tugenden der Deutschen gesprochen wird.

Ich sollte wohl langsam wieder runterkommen. Bin gerade ziemlich geladen. Das Thema ist aber auch eine heikle Kiste, da kann ich mich schnell drüber aufregen. Wenn ich mit Sarah unterwegs war, sind mir ein paarmal solche Sachen widerfahren. Gegenüber ihrem Kindergarten befindet sich ein Spielplatz, da mussten wir immer dran vorbei. Einmal standen ein paar junge Frauen davor und redeten, deutsche, alle schätzungsweise Mitte zwanzig, eine hatte einen Hund dabei. Mir fiel gleich auf, dass sie mich beobachteten. Und kaum waren wir ein paar Schritte von ihnen entfernt, riefen sie mir hinterher: »Ey, Ayşe! Hol die Kinder ab! Ey, Ayşe, los!«

Ich habe nichts gesagt, bin einfach weitergegangen mit Sarah, aber lustig fand ich das nicht. Hinterher habe ich mich geärgert. Weil ich mich nicht gewehrt habe. Sich einfach taub zu stellen, ist auch nicht der richtige Weg, damit umzugehen. Das passt vielleicht zur Generation meiner Eltern. Obwohl, wenn die sich alles bieten lassen, finde ich das auch blöd.

Es ist noch nicht lange her, da war ich mit Anne beim Finanzamt, hier in Schöneberg. Vielleicht hatte die Sachbearbeiterin einen schlechten Tag, ich glaube aber, eher nicht. Als wir an der Reihe waren, warf sie Anne nur einen flüchtigen Blick zu, drehte sich dann weg und tat sehr beschäftigt. Keine Begrüßung, kein Wort, nichts. Sie bat uns nicht einmal Plätze an, was sie bei den Leuten vor uns noch getan hatte. Wahrscheinlich fand sie es sogar frech, dass wir uns trotzdem einfach hinsetzten. Aber hätten wir zehn Minuten stehen sollen? Ungefähr so lange ignorierte sie uns, klebte mit ihrem Blick am Computerbildschirm und tat so, als wären wir gar nicht anwesend. Wir blieben trotzdem sitzen, bis unsere Hartnäckigkeit belohnt wurde. Allerdings nicht mit Freundlichkeit. Auf jede Frage, die wir ihr stellten, antworte sie kühl und knapp, für meinen Geschmack: unhöflich. Und zwischendurch drehte sie sich auf ihrem Stuhl einfach weg, um etwas anderes zu erledigen. An unserer Stelle hätte sich jeder lästig gefühlt. Ich glaube nur, die Gute hätte nicht jeden so behandelt. Ich kann das nicht beweisen. Aber ihr Blick, als sie Anne kurz angesehen hatte, der sagte eine Menge. Anne trug ihr Kopftuch, wie sie das immer macht, wenn sie aus dem Haus geht.

Mich brachte diese Frau auf die Palme, ich musste mich echt beherrschen. Als wir wieder draußen waren, schimpfte ich los. Anne regte das überhaupt nicht auf. Stattdessen erzählte sie mir seelenruhig, während wir nach Hause gingen, noch andere Sachen, die sie oder ihre Freundinnen erlebt haben. Vor fünf Jahren wurde sie direkt vor unserem

Haus von einem Deutschen angepöbelt, der an ihr vorbeilief, als sie gerade ihren Schlüssel aus der Handtasche holte. Er schrie: »Scheißtürkin! Kopftuch tragen und total bescheuert! Was willst du in Deutschland, hau ab!« Einfach so, ohne jeden Anlass. Anne war diesem Typen noch nie begegnet.

Oder die Sache von Nezaket, der Tochter einer ihrer Freundinnen. Als die eines Morgens zu ihrem Auto kam und losfahren wollte, lag vorn auf der Motorhaube eine Knoblauchzehe. Ein schlechter Gag, könnte man meinen und müde lächeln. Aber nicht als Türke. Die Knoblauchfressernummer ist für uns kein Witz, sondern eine Beschimpfung. Außerdem ist es nicht gerade prickelnd zu wissen, dass jemand aus der Nachbarschaft solche Gefühle für einen hegt. Dazu muss man wissen: Nezaket wohnt mit ihrer Familie in einem Einfamilienhaus in einer ruhigen Seitenstraße, in die sich selten Fremde verirren. Und sie trägt Kopftuch wie ihre Mutter und ihre Schwester auch.

Sowieso meinte Anne, Diskriminierung, nicht nur die, die gegen uns Türken gerichtet sei, finde heute eher unterschwellig statt. Angeschrien zu werden, wie sie damals, oder gar verprügelt, käme im Vergleich zu früher viel seltener vor. Und die anderen Kleinigkeiten müsse man eben aushalten. Kleinigkeiten? Das finde ich überhaupt nicht, und das sagte ich ihr auch. Ich war immer noch auf hundertachtzig. Aber sie winkte nur ab und klang resigniert: »Ach, weißt du, irgendwie habe ich mich daran gewöhnt. Das ist eben so. Da kann man nichts dran ändern.« Solche Sätze machen mich ganz krank.

Soll ich in Zukunft wegsehen, weghören und meine

Klappe halten? Selbst wenn ich mir das vornähme, ich fürchte, es würde nicht funktionieren. Wir Migranten laufen anders durch diese Welt, als hätten wir das durch die Muttermilch gleich für unser ganzes Leben mitbekommen. Oder als wären wir seit der Geburt mit speziellen Sensoren ausgestattet. Ich muss mich kein bisschen anstrengen und auch nicht besonders aufmerksam sein, damit mir auffällt, wie die Kassiererin im Supermarkt eine muslimische Frau, die Kopftuch trägt, behandelt. Vielleicht grüßt sie die nur nicht, weil sie denkt, dass sie es sowieso nicht verstehen würde. Aber das ist es doch schon. Warum traut sie ihr nicht zu, dass sie dieselbe Sprache beherrscht wie sie? Und selbst wenn sie kein Wort Deutsch spräche und auch keins verstünde – na und! Wir reisen auch sonst wohin, bis in die entlegensten Winkel der Erde, ohne dass wir jede Sprache draufhaben.

Und das ist nur eine von diesen für andere kaum sichtbaren Begebenheiten, die mir jeden Tag begegnen. Das Wort »Begebenheiten« ist dafür fast zu hoch gegriffen. Es sind ja eher Misstöne, ablehnende Blicke, abweisende Gesten. Oder sogar nur Schwingungen, unangenehme zwischenmenschliche Schwingungen. Davon könnte ich schätzungsweise noch tausend andere Beispiele aufzählen. Doch ich glaube, jeder versteht, was ich meine.

Überhaupt gibt es sehr unterschiedliche Facetten im Umgang mit Migranten. Über die brutalen Attacken von irgendwelchen durchgeknallten Neonazis will ich gar nicht reden. Da erübrigt sich jeder Kommentar. Was ich meine, sind diese Alltäglichkeiten, mit denen sich Anne und wahrscheinlich viele andere Migranten auch abgefunden haben, die sie einfach still erdulden. Man könnte einen ganzen Katalog darüber erstellen. Da wäre einmal, was ich »stille Diskriminierung« nenne: das Beispiel von eben, aus dem Supermarkt. Oder das, was Anne und ich beim Finanzamt erlebten. Wie ich sagte: Blicke, Gesten oder eine generelle Abwehrhaltung.

Eine andere Variante würde ich als »dreiste Diskriminierung« bezeichnen. Mir war nicht klar, dass es die so überhaupt noch gibt. Bis mir mein Cousin Ahmet erzählte, was er letztens bei einem Bewerbungsgespräch erlebte. Er möchte Handwerker werden, Schlosser oder Maurer oder etwas in der Art, da wäre er flexibel, Hauptsache, er bekäme einen Ausbildungsplatz. Sein Schulzeugnis war nicht schlecht, er spricht gut Deutsch, und der Andrang bei Handwerksberufen scheint nicht gerade riesig. Er rechnete sich also Chancen aus, schrieb einen Stapel Bewerbungen und wurde auch zu Vorstellungsgesprächen eingeladen. Bis dahin – kein Problem. Ging er zu einem dieser Termine, zog er sich seine beste Kleidung an, trat höflich auf, kurz gesagt: Er gab sich alle Mühe, nichts falsch zu machen und einen guten Eindruck zu hinterlassen. Und ich kenne ihn, er würde sich niemals auf einen Stuhl fläzen oder irgendwelche dummen Sprüche ablassen. Er ist echt ein ruhiger Geselle, total korrekt. Trotzdem klappte es nie. Nur Absagen. Bei einem der letzten Gespräche war er so frustriert, dass er sich die Frage nicht verkneifen konnte, warum sie ihn denn nicht wollten. Und was bekam er zu hören? »Sie sprechen zwar gut Deutsch und wirken auch sympathisch, aber Ihr Gesicht, Ihre Hautfarbe, Ihre Haare – man sieht Ihnen an, dass Sie Ausländer sind. Deswegen können wir Sie nicht nehmen. Ausländer gelten als unzuverlässig.« Erst glaubte ich, Ahmet übertreibt. Selbst wenn jemand so dachte, kein Mensch würde ihm das ins Gesicht sagen. War mein Irrtum, leider.

Da fällt mir ein, Großvater erlebte gerade etwas Ähnliches. Er sucht für einen *Hoca*, der in seiner Moschee unterrichten soll, eine Wohnung. Fast hätte er eine gefunden, doch dann bekam der Vermieter mit, wer einziehen sollte, und meinte, er wolle das gute Mieterklima nicht zerstören, Ausländer seien in dem Haus nicht erwünscht. Großvater wurde ganz wütend, als er mir davon berichtete. Aber er sagte auch, dass er sich das nicht gefallen lasse. Das sei Diskriminierung, er werde sich beschweren. »Wenn du irgendwie Hilfe brauchst«, sagte ich, »ich bin dabei!«

Für eine andere Variante benutzt Tante Zeynep den Begriff »positive Diskriminierung«. Hört sich wie ein Widerspruch in sich an, ist aber schnell erklärt. »Oh! Du sprichst aber gut Deutsch!« oder: »Du siehst ja gar nicht aus wie eine Türkin!« oder: »Man merkt aber nicht, dass du Ausländerin bist!« oder: »Du wirkst wie eine Deutsche!« – solche Sprüche sind damit gemeint. Die hören wir immer wieder. Im ersten Moment ist man fast geneigt, sich darüber zu freuen, weil es nach einem Lob klingt. Doch dann geht einem auf, was sich hinter solchen Formulierungen tatsächlich verbirgt: Du bist ja doch keine Loserin! Türken sehen anders aus! Und das nur im positivsten Fall, denn damit könnte ebenso gut gemeint sein: Türken sehen scheiße aus! Und so weiter. Tante Zeynep findet das genauso ätzend wie ich. Manchmal möchte sie Leute, die ihr mit solchen Sprüchen kommen, am liebsten schütteln und anschreien: »Hey, ich bin Türkin? Schau mich an: Ich habe einen Beruf und bin sogar erfolgreich! Und du, was machst du?«

Nicht nur Anne, auch Baba hat seine Erfahrungen mit Ausländerfeindlichkeit. Das Schlimmste, was ihm bisher passierte, ist allerdings schon ewig her. Damals war er gerade ein paar Jahre in Berlin. Eines Abends kurvten er und seine Kumpel im Auto durch die Stadt, natürlich auch den Ku'damm entlang. Er schwört noch heute, sie wären in einem angemessenen Tempo unterwegs gewesen. Trotzdem wurden sie von Polizisten gestoppt. Die hielten ihnen sofort ihre Pistolen vor die Gesichter, als wären sie gesuchte Verbrecher, und verlangten, dass sie aussteigen. Außerdem brüllten sie sie die ganze Zeit an. Warum sie überhaupt Auto führen, wo sie das doch gar nicht dürften!? Was nicht stimmte. Das Auto war nicht geklaut, und der Fahrer besaß einen gültigen Führerschein. Baba hat sich nicht alles gemerkt, aber er weiß noch, wie zum Schluss einer der Polizisten schrie, sie sollten schleunigst verschwinden, sonst werde er schießen.

Das kann man sich heute gar nicht mehr vorstellen, dass Polizisten so etwas abziehen. Doch ich verstehe, dass Baba als junger Bursche in einem Land, das er nicht richtig kannte, danach dachte, alle Deutschen würden ihn hassen, und einen Bogen um sie machte. Er ist heute noch nicht darauf erpicht, unbedingt jeden Tag einen Deutschen kennenzulernen, doch seine Einstellung hat sich gewandelt. Er besitzt sogar ein Foto, auf dem er mit Helmut Kohl zu sehen ist. Kohl war, noch als Bundeskanzler, in dem Restaurant essen gewesen, in dem Baba früher arbeitete. Dabei entstand dieses Bild. Baba brachte es ganz stolz nach Hause, hütet es heute noch wie einen kleinen Schatz. Nicht, weil er Kohl als Politiker toll fand. Er kannte ihn damals gar nicht. Er wusste nur, dass es ein wichtiger und berühmter Deutscher war, und der hatte sich mit ihm, einem einfachen türkischen Kellner, fotografieren lassen.

Aber Baba schwankt in seiner Meinung auch. Wenn er auf einen Deutschen gerade nicht gut zu sprechen ist, aus welchem Grund auch immer, sagt er: »Die Deutschen sind doch alle gleich!« Was zeigt, dass nicht nur uns Türken Vorurteile entgegengebracht werden. Es gibt auch genügend Türken, die gegenüber den Deutschen eine festgefahrene Meinung haben. Und nicht immer die beste. Das habe ich selbst schon erfahren müssen.

Ich war mit Basti unterwegs, trug einen Minirock und eine blaue Strumpfhose darunter, was für viele meiner Landsleute nicht gerade dem typischen Bild eines anständigen türkischen Mädchens entspricht. Und Basti sieht sowieso sehr deutsch aus, wenn man das jetzt mal als völlig wertfrei gemeint hinnimmt. Ich weiß nicht, was der junge Türke dachte, der uns auf einem Fahrrad entgegenkam. Vermutlich, dass Basti und ich ein Paar sind. Jedenfalls konnte er es sich nicht verkneifen, uns zu beschimpfen. »Eierköpfe! Eierköpfe!«, rief er. Dazu muss ich erklären, dass »Eierkopf« ein Wort ist, das Türken nur als Beleidigung für Deutsche verwenden. Türken beschimpfen sich untereinander auch, doch niemals als Eierköpfe. Der Mann war aber noch nicht fertig: »*Schweinelere bakın, Schweinelere!*«, rief er auch noch. Ein deutsch-türkischer Sprachmix. »Seht euch diese Schweine an, diese Schweine!« Das ist noch so ein Wort, das Türken als Beschimpfung für Deutsche reserviert haben. Und da wird es ziemlich böse, denn für die meisten gilt das als Synonym für »dreckig«.

Von Anne und Baba weiß ich so etwas nicht. Baba schimpft zwar manchmal auf die Deutschen, so wie er übrigens auch über Leute anderer Nationalitäten schimpft, egal ob Araber, Russen, Polen oder sogar Türken, trotzdem hatten unsere Eltern nichts dagegen, dass Tayfun und ich uns mit deutschen Kindern anfreundeten. Ich hatte schon im Kindergarten eine deutsche Freundin. Sie war lange sogar meine Nummer eins. Ich durfte bei ihr übernachten und sie bei uns. Ihre Eltern verstanden sich auch gut mit meinen. Erst später, als wir älter wurden und Anne und Baba merkten, wie sehr die Meinung unserer deutschen Freunde auf unsere eigene abfärbte, wir eine andere Richtung einschlugen, als sie sich wünschten, sahen sie das kritischer. Aber das hatte dann weniger mit den Freunden selbst zu tun als vielmehr damit, dass sie meinten, wir seien zu schwach, würden uns zu stark beeinflussen lassen, uns der deutschen Kultur mehr annähern, als unserer eigenen die Treue zu halten.

Ich glaube, für sie war das immer eine zweischneidige Sache. Einerseits freuten sie sich, dass wir gut zurechtkamen, Freunde fanden, die kein Problem damit hatten, dass wir Migranten sind. Andererseits fürchteten sie, wir könnten durch den Einfluss unserer Freunde verwestlichen. Was zweifellos auch geschehen ist. Doch im Gegensatz zu mir können sie daran kaum etwas Positives finden, besonders Baba nicht. Er behauptet, die Deutschen würden es mit dem Respekt nicht so genau nehmen, und mit einem Begriff wie Ehre hätten sie nicht viel im Sinn. Er sehe ja, wie sehr sich das auf uns übertrage. Natürlich meint er vor allem die jungen Leute in Tayfuns und meinem Alter. Aber da muss er sich mal unter den Türken umsehen. Bei denen ist das nicht viel anders. Vielleicht nicht auf dem Land in kleinen Dörfer, wo sie noch wie vor fünfzig Jahren leben.

In den großen Städten schon. Was ich allein in Istanbul darüber immer zu hören bekam!

So oder so, in meinen Augen gibt es nur einen Weg, die gegenseitigen Vorurteile abzubauen, und das gilt nicht nur für Deutsche und Türken. Man muss auf den anderen zugehen, offen sein, sich für ihn interessieren, bereit sein, ihn wirklich kennenzulernen, ihm zuzuhören. Und dann nicht gleich alles ablehnen, was einem im ersten Moment fremd erscheint, nur weil es anders klingt, anders aussieht, anders schmeckt oder anders riecht als das, was man kennt. Manchmal sage ich mir: Vielleicht müsste nur mal jemand damit anfangen, es uns einmal vormachen. Aber dann muss ich gleich wieder daran denken, was man zu sehen bekommt, wenn man den Fernseher anstellt. Von wegen Leitmedium! Wann sind da mal ganz normale Türken zu sehen, wie es hierzulande Hunderttausende gibt, die jeden Morgen beizeiten aufstehen, um arbeiten zu gehen, brav ihre Steuern zahlen und sich liebevoll um ihre Kinder kümmern? Gezeigt werden doch nur die Extreme. Arbeitslose Türken, die auf der Straße herumlungern. Kriminelle Türken, die mit Drogen handeln. Türken, die ihren Hintern nicht hochkriegen. Damit auch jedes negative Vorurteil für ewig in den Köpfen der Zuschauer zementiert wird.

Man könnte es aber auch so versuchen, wie wir das in unserer Familie gemacht haben. Was heißt: wir? Meine Cousine Deniz spielte die Vorreiterin. Darin war sie schon immer gut, zumindest aus meiner Sicht. Ihre Eltern und wahrscheinlich alle anderen Erwachsenen unserer Sippe werden das anders gesehen haben, mit Ausnahme von Tante Zeynep vielleicht.

Deniz ist neun Jahre älter als ich, und das ist ein bisschen schade. Von ihr hätte ich eine Menge lernen können. Zum Beispiel, wie man es anstellt, seine Eltern in kürzesten Abständen immer wieder zur Verzweiflung zu treiben. Aber mal im Ernst: Für mich war sie eine richtige Rebellin. Als sie achtzehn Jahre alt war, zog sie einfach zu Hause aus. Ohne dass sie verheiratet gewesen wäre. Das hatte es vor ihr in unserer Familie noch nie gegeben. Natürlich hatte das eine Vorgeschichte. Die lässt sich mit einem Satz zusammenfassen: Deniz hatte ihren eigenen Kopf und wollte frei sein. Das heißt, sie verstieß ab einem gewissen Alter gegen so ziemlich alles, was der Islam vorschreibt. Was Jungen anging, Alkohol und Partys.

Eine Zeit lang war sie *das* Gesprächsthema bei unseren Familienzusammenkünften. Ich war noch ziemlich klein, hörte aber immer gespannt zu und fand es unheimlich aufregend, wenn sie wieder etwas ausgefressen hatte – wie die Erwachsenen fanden. Deniz genoss meine volle Sympathie, als hätte ich damals schon gewusst, dass ich eines Tages in ähnliche Situationen geraten würde. Leider hatten wir damals wenig Kontakt zueinander. Ich war ein kleines Mädchen für sie. Außerdem ist sie die Tochter des Bruders von Anne, mit dem sich die anderen der Sippe nicht so gut verstanden. Deshalb erschienen sie oder ihre Familie auch selten zu unseren Treffen.

Das änderte sich später. Was mit dem zweiten Grund zu tun hatte, wegen dem sie bei den Familientreffen fast genauso häufig im Mittelpunkt stand, obwohl sie kaum da war: Deniz hatte einen Freund, und das schon ziemlich lange. Diese Tatsache allein hätte wahrscheinlich gereicht, um das heißeste innerfamiliäre Klatschthema zu werden.

Doch Deniz setzte noch einen drauf. Sie hatte sich Leon geangelt, einen Deutschen!

Man kann sich vorstellen, wie viele Diskussionen sie damit auslöste, vor allem, wie viele kontroverse. Wie nicht anders zu erwarten, hatte Tante Zeynep kein Problem damit. Mich überraschte eher Anne, die sich ebenfalls für Leon in die Bresche schlug. Sie mochte ihn gern. »Ist doch so ein Lieber«, verteidigte sie ihn, sobald jemand schlecht über ihn sprach. Ich war deswegen sehr stolz auf sie. Baba war strikt dagegen, einen Deutschen in unsere Familie zu lassen. Die Kulturen seien zu unterschiedlich, meinte er. Und die Religionen erst recht, obwohl Leon, soweit ich weiß, gar nicht religiös ist. Außerdem würden Deutsche ein anderes Temperament haben – womit er eigentlich keins meinte –, Alkohol trinken und keinen so ausgeprägten Sinn für Familie haben wie wir. Auch hier meinte er sicher etwas anderes, nämlich Großfamilie. Aber gut, jeder durfte seine Meinung sagen. Onkel Cemal schien es ziemlich schnuppe, dass Leon ein Deutscher war. Und Großvater beschäftigte, wie man aus dem ganzen Dilemma das Beste machen könnte. Ihn plagte sein Gewissen. Er mochte Leon, nahm aber auch die Traditionen sehr ernst. Bis er das Zauberwort aussprach: Beschneidung! Er war ganz aus dem Häuschen, so sehr schien ihn seine Idee zu begeistern. Das Nächste, was ihm über die Lippen kam, war eine Frage: »An welchen Arzt kann man sich da wenden, wer weiß das?« Es schien, als wäre er am liebsten sofort losgelaufen, um einen geeigneten Arzt ausfindig zu machen.

Leon dachte natürlich nicht im Traum daran, seinen Penis verstümmeln zu lassen. So sagte er das zwar nicht, dachte es aber, wie er mir später erzählte. Deniz wollte das auch nicht. Sie liebte ihn, wie er war. Also, nicht nur den Penis.

Um es gleich vorwegzunehmen: Leons Gemächt wurde nicht angetastet. Er schaffte es auch ohne Operation, von allen akzeptiert zu werden, mehr oder weniger. Deniz und Leon waren vier Jahre zusammen, als sich die beiden verlobten. Das bedeutete zugleich, Leon durfte von da an unseren Familientreffen beiwohnen und auch seine Meinung kundtun wie wir anderen auch. Wobei das meistens daran scheiterte, dass der Arme kaum etwas von dem verstand, worüber wir uns unterhielten, da wir Türkisch sprachen. Ansonsten aber gehörte er praktisch dazu. Ich würde sogar behaupten, wir nahmen ihn herzlich auf. Onkel Cemal trieb seine Späße mit ihm, aber das bedeutete, dass er ihn mochte. Nur Großvater hatte am Anfang ein Problem. Nicht wegen der Beschneidung, die ausgefallen war. Leon schor sich damals seine Haare immer sehr kurz, das fand er einfach praktischer. Bei einem unserer Familientreffen nahm Großvater ihn beiseite und fragte ganz direkt: »Bist du Faschist?« Großvater spricht schlecht Deutsch, er musste sich aufs Wesentliche beschränken. Leon lachte, weil er die Frage nicht ernst nahm. Doch Großvater war es wichtig, er setzte mit ernster Miene nach: »Warum rasierst du immer deine Kopf ab?«

Noch einmal fünf Jahre später kniete Leon vor Deniz nieder, mit einem Strauß roter Rosen in der Hand, und fragte, ob sie seine Frau werden wolle. Was für eine Frage – und ob sie wollte! Es störte sie auch nicht, dass er um ihre Hand angehalten hatte, wie das bei Deutschen üblich ist. Nach unserer Tradition hätten das seine Eltern bei ihren machen müssen. Aber ich kann verstehen, dass man das unnötig kompliziert findet.

Ja, und der Rest, der ist erst vor wenigen Wochen geschehen: Es folgten zwei Junggesellinnenabschiede. Bei beiden waren sowohl Deniz' türkische als auch ihre deutschen Freundinnen dabei, das gefiel mir. Der erste fand nach deutscher Tradition statt. Erst ein Essen, dann wurde Deniz ziemlich mit Alkohol abgefüllt. Auch ein Stripper durfte nicht fehlen. Und hinterher tanzten wir alle bis zum Morgengrauen in einem Club.

Im Vergleich dazu lief die türkische Version, die wir Henna-Nacht nennen, äußerst gesittet ab. Das war nicht anders zu erwarten, da daran traditionell neben den Freundinnen auch die Großmütter, Mütter und Tanten von Braut und Bräutigam teilnehmen. Es gab keinen Tropfen Alkohol, und es war um einiges sentimentaler. Denn zur Henna-Nacht gehörte, dass zu fortgeschrittener Stunde der Bräutigam auftauchte, sich neben die Braut setzte und von uns allen tränenreich umtanzt wurde. Ohne Tränen geht das nie ab, weil man dabei ein altes türkisches Volkslied singt, bei dem man einfach heulen muss. Da stehen Sätze drin wie: »Ich vermisse meine Mutter, sowohl meine Mutter als auch meinen Vater. Ich vermisse mein Dorf... Hätte mein Vater doch ein Pferd, könnte er es besteigen und zu mir kommen. Hätte meine Mutter doch nur ein Segel, könnte sie es aufspannen und zu mir kommen. Würden meine Geschwister nur meine Wege kennen, könnten sie zu mir kommen ...«

Tante Nilüfer, Deniz' Mutter, machte den Anfang, ihr kamen als Erste die Tränen. Dann Tante Ipek, Anne, irgendwann konnte ich auch nicht anders, obwohl ich das Lied bis dahin nicht sonderlich mochte. Die ganze Atmosphäre war einfach so, dass selbst die Augen von Deniz' deutschen Freundinnen nicht trocken blieben, obwohl sie den Text gar nicht verstanden.

Während ich wie die anderen mit einer brennenden Kerze in der Hand um das Brautpaar herumging und eine Strophe nach der anderen sang, fragte ich mich, wie es wäre, brächte ich eines Tages einen deutschen Freund mit nach Hause. Großes Rätsel. Das werde ich wohl erst lösen, wenn es einmal dazu kommen sollte. Ich bin heute schon gespannt.

Die Hochzeit war dann genau vor fünf Wochen. Ich war ja noch nie besonders scharf auf solche Feierlichkeiten, aber diese fand ich schön. Es wäre übertrieben, würde ich sagen, die türkischen Gäste und die deutschen wären sofort ein Herz und eine Seele gewesen. Deniz und Leon hatten sich eine Sitzordnung ausgedacht, wodurch sie gemischt an den Tischen saßen. Trotzdem zog sich eine unsichtbare Grenze durch den Raum. Die Türken rückten zu den Türken, und die Deutschen machten es untereinander ebenso. Zweihundert Menschen saßen da, vielleicht auch dreihundert, ich bin schlecht im Schätzen. Trotzdem war es fast still, kaum jemand sprach.

Doch dann kam das Brautpaar in den Saal. Obwohl es Deniz nicht wichtig gewesen wäre, hatte Leon darauf bestanden, dass sie ihren ersten Tanz als Ehepaar zu türkischer Hochzeitsmusik tanzten, die traditionell mit Davul und Zurna gespielt wird. Und da jeder das Hochzeitspaar dabei bestaunen und ihm so nah wie möglich sein wollte, strömten alle auf die Tanzfläche. Niemand achtete mehr darauf, wer neben ihm stand, und irgendwann tanzten wir alle miteinander.

8.
... und denk daran: Familie ist Reichtum – Teil II

Ich möchte unbedingt noch etwas über die Türkei erzählen, aber das ist so eine Sache. Sie ist mein Heimatland, weil meine Eltern von dort stammen und deren Eltern und so weiter, dabei kenne ich dieses Land kaum. Ich habe nie mitgezählt, aber ich schätze, dass ich in meinem Leben vielleicht zehn- oder elfmal dort war. Das ist viel, aber auch wenig, kommt darauf an, wie man es betrachtet. Manchmal verbrachte ich die ganzen Sommerferien dort, manchmal nur zwei Wochen davon. Und immer fühlte ich mich wie im Urlaub, nie wie zu Hause. Das finde ich auch gar nicht schlimm. Ich habe deswegen nichts vermisst. Ich will damit nur sagen, dass sich meine Sicht auf die Heimat meiner Familie nicht wesentlich von der eines Touristen unterscheiden dürfte. Vielleicht erscheint mir manches vertrauter, weil ich die Sprache der Menschen dort beherrsche, im Sinne ihrer Werte und Traditionen erzogen wurde und weil ich als Muslimin derselben Religion angehöre wie die meisten von ihnen. Und dann gibt es auch noch unsere Verwandten, die da leben. Aber sonst?

Anne und Baba empfinden das anders. Sie sind dort geboren, haben noch Erinnerungen an den Teil ihrer Kindheit, den sie in dem Dorf verbrachten, in dem schon ihre Eltern auf die Welt kamen. Die Türkei bedeutet für sie immer noch Heimat. Sie sehnen sich nach ihr und versuchen, so oft wie möglich dort zu sein. Und jedes Mal, wenn sie da sind, hoffen sie, dass sich so etwas wie ein heimatliches Gefühl bei ihnen einstellt. Mir ist ein bisschen schleierhaft, was genau sie suchen. Wahrscheinlich wollen sie sich in ihrer Heimat nur nicht wie Fremde fühlen, nicht wie Besucher, die sie aber doch sind. Ich glaube, sie machen sich da etwas vor. Bestimmt sehen sie sich nicht – wie ich – selbst als Touristen, aber ich wette, von den Einheimischen, die ihnen beim Einkaufen auf dem Markt oder in den Geschäften oder beim Essen in Restaurants begegnen, werden sie als solche betrachtet. Die merken allein an unserem Akzent, dass wir nicht in der Türkei leben.

Anne und Baba genießen die Urlaube und denken, dass sie das Land und die Leute lieben. Das mag auch so sein – für die sechs Wochen, die sie da sind. Doch Ferien sind etwas anderes als das alltägliche Leben. Sie sparen jedes Mal zwei Jahre darauf, damit sie es sich leisten können und nicht auf jeden Cent achten müssen. Würden sie immer in diesem Land leben, hätten sie längst nicht so viel Geld, und dann würden ihnen auch alle anderen Probleme bewusster, die man im Urlaub verdrängt oder einfach übersieht, weil es eben nicht die eigenen Probleme sind. Ich bin ziemlich sicher: Wenn sie für immer zurückgingen, würden sie dort nur schwer zurechtkommen. Die Zeit in Deutschland hat sie zu sehr verändert.

Aber vielleicht ist diese Sehnsucht bei Menschen ihres Alters vollkommen normal. Vielleicht bekommen Erinnerungen eine andere Bedeutung, wenn man das halbe Leben schon hinter sich hat. Ich bin nicht so fürs Zurückschauen. Klar erinnere ich mich auch gern an schöne Dinge in meiner Kindheit oder so. Aber ich klebe nicht an der Vergangenheit, lebe lieber im Jetzt und blicke nach vorn. Das finde ich viel spannender. Was war, kann ich sowieso nicht ändern. Was war, wird auch nicht noch mal sein, so viel ist schon mal klar.

Bei meinen Großeltern ist diese Sehnsucht noch verschärfter. Das kann ich aber schon eher verstehen. Sie waren viel stärker in der Türkei verwurzelt, hatten dort schon ein Leben gehabt, bevor sie nach Deutschland gingen. Ihr Umzug war nur als Übergangslösung geplant, für ein paar Jahre, dann wollten sie sowieso zurück. Sie lebten auch immer mit dieser Vorstellung im Kopf und ließen sich deswegen gar nicht erst auf eine neue Heimat ein, die Deutschland für sie hätte werden können.

Wenn ich mir das in unserer Familie so ansehe – wie eine Kettenreaktion, die sich über ein paar Generationen hinzog und noch immer nicht abgeschlossen ist. Erst die Vorfahren meiner Großeltern: Türken ohne Wenn und Aber, die kaum einmal die Grenzen ihres Dorfes verließen, geschweige denn des Landes. Dann meine Großeltern, die von der Verheißung des Westens auf ein bisschen Wohlstand angezogen wurden und vorsichtig den Schritt in eine andere Welt wagten. Danach meine Eltern, die, noch aufgezogen und umhegt in der Türkei, verpflanzt wurden wie zarte, junge Sprösslinge von einem Gewächshaus ins Freiland. Denn so ungefähr muss man sich den Unterschied zwischen ihrem Dorf und Berlin vorstellen. In ihrem Dorf befanden sie sich in einer überschaubaren und geschützten Zone. Dagegen ist Berlin die pure Wildnis.

Und jetzt Tayfun und ich: In Berlin geboren und aufgewachsen, ohne eigene Wurzeln in einem Heimatland, das uns keine Heimat mehr ist und auch niemals mehr sein kann.

Auch irgendwie erschreckend: Zwei Generationen brechen aus dem gewohnten Leben aus, beschreiten neue Wege, und schon weiß die dritte nicht mehr so richtig, wo sie hingehört. Das ist die andere Seite der Medaille. Keine Ahnung, ob es viele Kids gibt, die mit dreizehn Jahren darüber nachdenken, was der Begriff Heimat für sie bedeutet. Bei mir passierte das ungefähr in diesem Alter. Ich fand, ganz schön früh. Übrigens in den Sommerferien, in der Türkei. Nicht nur in diesem einen Urlaub, auch später, aber da fing es an. Ich kam mit einheimischen Jugendlichen ins Gespräch und stellte fest, dass sie völlig anders drauf waren als ich. Kann man schwer erklären. Irgendwie dachten sie nicht so offen, sahen nur sich und wirkten ziemlich eingebildet. Ich hatte das Gefühl, für die war ich weniger wert, nur weil ich nicht wie sie in der Türkei lebte. Manche hatten die Schule abgebrochen, spielten sich aber auf, als wären sie echte Intelligenzbolzen. Einige von den Mädchen taten so, als wären sie die Prinzessin aus dem Morgenland – als hätten sie keinen Spiegel zu Hause gehabt. Und wer denkt, die jungen Leute da würden sich nach den alten Werten und Traditionen richten, wie Anne und Baba das immer von mir verlangen, der irrt sich gewaltig. Das scheint die einen Dreck zu interessieren. Ein Kerl, den ich höchstens zwei- oder dreimal gesehen hatte, also nur »Hallo!« und »Wie geht's« und so, mehr war da nicht, kam plötzlich an und verlangte, dass ich mich vor seiner Webcam ausziehe. Der meinte das ernst. Er fragte auch gar nicht richtig, tat eher so, als hätte er ein Anrecht darauf. Oder wenn ich hörte, worüber die Mädels redeten – ständig nur: Jungs, Jungs, Jungs.

Ich will das jetzt gar nicht verallgemeinern. Bestimmt ticken nicht alle so. Wahrscheinlich war ich nur an ein paar besonders krasse Gestalten geraten. Trotzdem dachte ich: Nee, so wie die bist du nicht! Da sind dir deine Freunde in Berlin doch lieber. Und so kam ich drauf, fing an zu überlegen, ob die Türkei meine Heimat sein konnte. Konnte sie nicht! Kann sie nicht! Meine Heimat ist da, wo mein Zuhause ist, und mein Zuhause ist da, wo mein Herz ist. Und mein Herz ist eindeutig in Deutschland, in Berlin. Das sage ich heute. Damals war ich eher verunsichert, spürte das höchstens.

Aber ich bin noch nicht fertig mit meinem Familien-und-Heimat-Generationsgedanken. Denn man könnte nun noch spekulieren, wie es in Zukunft weitergeht. Ich sehe das sogar schon ziemlich deutlich vor mir: Vielleicht werde ich einen Türken heiraten, vielleicht – und das ist fast wahrscheinlicher – aber auch einen Deutschen oder einen Engländer oder einen Schweden. Auf jeden Fall wird meine Wahl nicht durch die Traditionen meiner Familie entschieden werden, sondern nur durch die Liebe. Irgendwie werde ich der Türkei, dem Land meiner Vorfahren, verbunden bleiben, doch ich fürchte, meine Kinder werden davon nicht mehr allzu viel mitbekommen. Das ist kein Gedanke, der mich glücklich macht. Ich finde es ein bisschen schade. Aber das Leben ist nun einmal so. Erwachsenwerden ist auch ein Abschied, das habe ich inzwischen begriffen.

Ich bin immer gern in die Türkei gefahren, keine Frage.

Die Sommer, die wir dort verbrachten, waren meine schönsten bisher. Doch wir sind eben immer nur dorthin gefahren, nie in ein anderes Land. Spanien? Italien? Frankreich? Kam für Anne und Baba alles nicht in Frage. Kann ich auch irgendwie verstehen. Das ändert nur nichts daran, dass ich in den letzten Jahren festgestellt habe, wie sehr ich mir wünsche, noch viel mehr von der Welt zu sehen. Wir waren auf Klassenreise in Krakau und in Prag. Ich habe durch einen Schüleraustausch Colmar gesehen und Bristol. Durch den Kunst-Leistungskurs kam ich nach Barcelona. Mit Jenny, meiner deutschen Freundin, war ich letztes Frühjahr für ein paar Tage in London, was nicht ganz einfach zu bewerkstelligen war, aber trotzdem klappte.

Wir buchten einfach die Tickets, sodass ich meinen Eltern im Notfall hätte sagen können: Es geht nicht anders, die Flüge sind schon bezahlt! Aber dann wollte ich es ihnen doch nicht mit der Holzhammermethode beibringen. Also setzte ich mich eines Abends zu Anne und meinte, ich möchte mit ihr reden, sie solle einfach nur zuhören. Ich bat sie auch noch, sie möge versuchen, mich zu verstehen. Dann rückte ich mit der Sprache heraus. Es war das erste Mal, dass ich versuchte, mit ihr auf einer Ebene zu sprechen. Sonst war ich immer die Trotzige gewesen, wodurch nie ein vernünftiges Gespräch zwischen uns zustande gekommen war. Diesmal ging ich von vorn bis hinten ganz diplomatisch vor. Die Sache war mir einfach zu wichtig. Meine erste Reise allein. Na ja, nicht allein, mit Jenny, aber ohne Eltern oder Lehrer, ohne offizielle Aufsichtsperson. Am Schluss bat ich Anne, in Ruhe darüber nachzudenken. Fast eine Woche verging, dann war sie einverstanden. Anders als Baba. Mit ihm hatte ich gar nicht erst gesprochen, weil ich wusste, dass nichts Gutes dabei herausgekommen wäre. Er sagte noch an dem Tag, als wir abflogen, er sei dagegen und würde es mir nicht erlauben. Trotzdem fuhr er mich dann zum Flughafen. Annes Ja war eben stärker.

Weil London so viel Spaß machte, planen Jenny und ich schon unsere nächste Reise, diesmal nach Stockholm. Dort leben Freunde von mir, die ich auf einer Party hier in Berlin kennengelernt habe. Durch Facebook ist es ja kein Problem mehr, mit jemandem in Verbindung zu bleiben, egal, wo auf der Welt er steckt. Na, und dann steht noch Paris auf meiner Reisewunschliste und Rom und ... ach, ich kann es kaum erwarten.

Wie es aussieht, wird in Zukunft einfach wenig Zeit bleiben für die Türkei. Mit den gemeinsamen Eltern-Kind-Reisen ist es sowieso vorbei. Wie soll das auch gehen? Ich bin achtzehn, hallo?! In den vergangenen Sommerferien sind Anne und Baba schon das erste Mal alleine gefahren. Sie wollten mich unbedingt mitnehmen, aber ich wehrte mich mit allen Tricks. Unsere letzte gemeinsame Reise liegt zweieinhalb Jahre zurück. Sommer 2007. Damals kam sogar Tayfun noch mit, obwohl er da schon über zwanzig war. Aber ich erwähnte es schon: Mein Brüderchen weiß genau, wie man sich – finanziell gesehen – am günstigsten eine gute Zeit machen kann.

Unsere letzte gemeinsame Familienfahrt war wie alle anderen auch, sieht man einmal von den unterschiedlichen Routen ab, für die Baba sich entschied, die waren jedes Mal anders. Bis auf einmal, aber da war ich noch so klein, dass ich mich nicht erinnere, reisten wir immer mit unserem Auto. Fliegen war für eine vierköpfige Familie, noch dazu in der Hauptsaison, zu teuer. Einmal fuhren wir bis zur

Südspitze Italiens und nahmen dort eine Fähre. Ein anderes Mal benutzten wir einen Autoreisezug. Kann sein, dass wir das sogar zweimal machten, da müsste ich ihn fragen. Ich glaube, das war, als im ehemaligen Jugoslawien Krieg herrschte. Die letzte Strecke, die wir fuhren, kriege ich aber noch allein zusammen: Deutschland – Tschechien – Slowenien – Ungarn – Serbien – Bulgarien – Türkei. So ungefähr zweitausendzweihundert Kilometer.

Es mag klingen, als sei ich leicht masochistisch veranlagt, aber ich liebte diese Mammuttouren in unserem Auto. Mich störte kein bisschen, dass wir meistens drei Tage unterwegs waren. Beim letzten Mal schafften wir es sogar innerhalb von zwei Tagen. Baba entwickelte beim Fahren aber auch immer eine Hartnäckigkeit, als wäre hinterm Lenkrad ein anderer Mensch aus ihm geworden. Er wirkte wie besessen. Es konnte ihm nie schnell genug gehen. Nicht, dass er sinnlos gerast wäre oder durch einen waghalsigen Fahrstil sein Leben und das seiner Familie aufs Spiel gesetzt hätte, das niemals. Er sparte an den Pausen. Gegen die Müdigkeit trank er Cola und starken Schwarztee. Wenn sie ihn irgendwann trotzdem übermannte, gönnte er sich nur ein kurzes Schläfchen, nicht länger als eine halbe Stunde. Selbst zum Tanken hielt er nur widerwillig an, notgedrungen. Pinkelpausen mochte er überhaupt nicht. Tayfun brachte ihn immer ganz in Rage, weil er alle zwei Stunden auf die Toilette musste. Ich traute mich das nicht und unterdrückte das Bedürfnis, mich zu entleeren, so lange ich es irgendwie schaffte. Ein Training, von dem ich heute noch profitiere. Da ich locker einen halben Tag auskomme, ohne einmal aufs Klo rennen zu müssen, brauche ich nie unsere ekligen Schultoiletten zu benutzen.

Anne war für unsere Reisen aber mindestens genauso wichtig wie Baba, der sich zwar einige Male verfuhr, uns aber stets sicher und unbeschadet zum Ziel kutschierte. Ohne sie wären die Fahrten gar nicht durchführbar gewesen. Sie kümmerte sich um die logistischen Dinge, und das im weitesten Sinne. Spätestens drei Wochen vor Ferienbeginn startete sie mit den Vorbereitungen. Sie packte unsere Koffer, jeweils einen für Tayfun und für mich und für sich und Baba einen zusammen. In einem vierten brachte sie sämtliche Geschenke unter, die wir für die Verwandtschaft mitnahmen. In dem verstauten wir auf dem Rückweg all die Sachen, die wir in der Türkei kauften. Die Koffer hatten im Auto alle ihren festen Platz, jeder Kubikzentimeter musste sinnvoll genutzt werden. Baba fährt einen Dreier-BMW, ein schönes Auto, aber bestimmt kein Straßenkreuzer. Man darf nicht vergessen, dass wir eine türkische Familie sind und dass Anne eine türkische Mama ist, der das leibliche Wohl ihrer Lieben mindestens so sehr am Herzen liegt wie einem König seine Krone. Das heißt, wir brauchten noch Platz für Essensvorräte, als wären wir für die Versorgung einer halben Kompanie zuständig. *Sucuk*, das ist Rohwurst, die man in der Pfanne brät, Tomaten, Gurken, Zwiebeln, Käse, Olivenöl, Gewürze, Honig, Marmelade, Brot, Butter, Chips und Snacks und andere Süßigkeiten, außerdem zig Wasserflaschen und noch mehr Coladosen. Dazu mussten ein Kocher und eine Pfanne mit, Tassen, Gabeln, Kochlöffel, Kannen zum Teekochen, fast eine komplette Küchenausstattung. Und natürlich ging auch nichts ohne Kühlschrank, der von der Autobatterie mit Strom versorgt wurde, schließlich fuhren wir in den Süden.

Wir glichen einer rollenden Verpflegungsstation. Eine

der beiden Aufgaben, die Anne dann während der Fahrt übernahm, stellte nur die Fortsetzung ihrer Vorarbeiten dar: Sobald bei einem von uns ein Hungergefühl aufkam, trat sie in Aktion. Dabei bewies sie unglaubliches Geschick, denn auch auf Essenspausen verzichtete Baba gern. Also schnitt sie Gurken, Tomaten und Zwiebeln klein, während wir mit hundert oder hundertzwanzig über die Autobahn düsten, würzte alles mit Salz und Olivenöl – und fertig war der Salat. Dazu reichte sie *Börek*, eine Art Auflauf mit Schafskäse, den sie zu Hause für die Reise zubereitet hatte. Serviert wurde auf kleinen Papptellern. War Baba auch hungrig, fütterte sie ihn. Und wenn er sich doch mal überreden ließ, anzuhalten, damit Anne auch ihren Kocher benutzen konnte, entstanden kleine Festmenüs – jedenfalls dafür, dass wir auf einem Rastplatz saßen. Manchmal kamen sogar wildfremde Menschen, die auch gerade eine Pause machten, zu uns und wollten etwas abhaben, weil es so lecker roch.

Wenn Aufgabe Nummer eins einer Notwendigkeit entsprang, die, zugespitzt formuliert, darin bestand, uns durch regelmäßige Nahrungszufuhr am Leben zu erhalten, ging es für Anne auch bei der zweiten Aufgabe um nichts weniger. Nur, dass sie sich dabei ausschließlich auf Baba konzentrierte. Offenbar fürchtete sie, er könnte der Anstrengung einer so langen Fahrt irgendwann nicht mehr gewachsen sein und hinterm Steuer einschlafen. Um das zu verhindern, plapperte sie in einer Tour. Und nicht nur das. Sie versuchte, Baba selbst zum Sprechen zu animieren, indem sie ihm alle möglichen Fragen stellte. Leider auch ziemlich viele unmögliche, etwa, ob er ein bestimmtes Schild am Straßenrand gesehen und warum das dort gestanden habe.

Anne ist eine intelligente Frau, doch nach zwanzig oder dreißig Stunden Fahrt fällt selbst dem Klügsten nichts Gescheites mehr ein. Ich fand es rührend, wie sie sich mühte, Baba eine nützliche Beifahrerin zu sein. Doch manchmal hätte ich laut loslachen können, wenn ich im Rückspiegel sah, wie Baba die Augen verdrehte, weil ihm das Gesabbel zu viel wurde.

Wahrscheinlich klingt das nach einer ziemlich lustigen Landpartie, dabei waren unsere Touren nicht ungefährlich. Uns passierte in all den Jahren zum Glück nie etwas, aber man hörte immer wieder, dass Türken, die wie wir in ihre Heimat unterwegs waren, auf der Fahrt bedroht, überfallen oder ausgeraubt wurden oder alles zusammen. Besonders heiß scheint das Pflaster in Bulgarien zu sein. Dort wurde auch meinem Großvater väterlicherseits einmal von Gangstern, die sich als Polizisten ausgaben, Geld abgeknöpft, angeblich, weil er zu schnell gefahren war, was gar nicht stimmte. Er zahlte trotzdem. Was hätte er auch tun sollen? Er hatte Angst, dass sie ihm oder seiner Familie sonst etwas antun würden. Von einem ähnlichen Zwischenfall, auch in Bulgarien, der allerdings viel schlimmer ausging, berichteten letzten Sommer sogar die Zeitungen. Eine türkische Familie aus Kreuzberg wurde mitten in der Nacht von ein paar Typen angehalten, die sich auch als Polizisten ausgaben. Sie hatten ein Auto dabei, das wie ein Polizeiauto aussah. Vielleicht war es sogar eins, und vielleicht waren es echte Polizisten, wer weiß. Auf jeden Fall sollte die türkische Familie mit aufs Revier kommen. Doch anstatt zu einer Polizeistation lockten sie die Ahnungslosen in einen abgelegenen Wald. Dort wurden sie gefesselt und ausgeraubt. Die Gangster nahmen ihnen ihr ganzes Geld ab, die Handys, Kleidungsstücke, alles, was ihnen halbwegs wertvoll erschien. Hätte eine der Töchter nicht ein zweites Handy dabeigehabt, das die Ganoven nicht entdeckten – sie hätten dort sterben können.

Wir fuhren deshalb niemals nachts durch Bulgarien, und tagsüber taten wir alles, um ja nirgends anhalten zu müssen. Wir machten kurz vor der Grenze noch einmal halt, tankten das Auto voll und gingen auf die Toilette. Danach musste dann selbst Tayfun mit seiner schwachen Blase durchhalten. Trotzdem blieben wir nicht ganz ungeschoren. Denn da gab es noch die Zollbeamten an den Grenzübergängen, die uns manchmal wie Bettler vorkamen. Dabei hatten sie nur eine üble Masche drauf. Erst begrüßten sie uns, scheinbar herzlich, als *Komşu*, was »Nachbar« heißt, doch im selben Atemzug fragten sie, ob wir ein wenig Trinkgeld, *bahşiş*, für sie hätten. Manche nannten es auch *çorba parası*, »Suppengeld«. Als Frage war es so oder so nicht gemeint. Denn sie erwarteten förmlich, dass man etwas Geld in seinen Pass legte, bevor man ihnen den zur Kontrolle aushändigte. Und wehe, man gab ihnen nichts. Dann ließen sie jeden Koffer aufmachen und krempelten das Auto komplett um. Das konnte Stunden dauern. Doch selbst wenn man sich spendabel zeigte, ihnen eine Packung Zigaretten zuschob oder Kaugummis oder Feuerzeuge oder auch Geld – sobald ihnen die »Spende« nicht ausreichend erschien, was häufiger vorkam, ließen sie einen trotzdem zappeln.

Der letzte Grenzübergang vor der Türkei entpuppte sich meistens als die größte Geduldsprobe. Kapıkule, so heißt er, war das schlimmste Nadelöhr, berüchtigt für seine chronische Überlastung, besonders in den Sommermonaten, aber auch sonst. Nicht nur wegen der Urlauber. Über diese Strecke wird fast der gesamte Warenverkehr zwischen der Europäischen Union und der Türkei, Iran und Syrien abgewickelt. Zehn Stunden Wartezeit waren gar nichts. Einmal blieben wir sogar zwanzig Stunden hängen. Die bulgarischen Zollbeamten übertrieben es schon nicht mit der Schnelligkeit, die auf der türkischen Seite aber noch weniger. Über uns brannte die Sonne, unter uns dampfte der Asphalt, nachts kühlte es kaum ab. Und die Uhren schienen stehen geblieben, so zäh vergingen die Stunden. Der absolute Horror.

Doch kaum hatten wir türkischen Boden unter den Rädern, war die Erschöpfung verflogen, wenigstens für einen Moment, und es ergriff uns alle ein Gefühl, das man feierlich nennen könnte. Baba fuhr den nächstgelegenen Parkplatz an, unmittelbar hinter der Grenze. Kein Schmuckstück. Zwischen den Stellflächen schmale Blumenrabatten, in denen keine Blumen wuchsen, und am Rand eine Batterie Mülltonnen, aus denen Abfall quoll. Aber darüber sahen wir hinweg. Wie wir immer darüber hinweggesehen haben, all die Male, die wir hier schon angehalten hatten. Denn es kam nicht überraschend, dass Baba nach der langen Wartezeit an der Grenzstation gleich wieder anhielt. Er hatte es immer noch eilig, doch dieser Stopp musste sein. Ein Ritual. So hatten wir es seit jeher gehalten, solange ich mich zurückerinnern kann. Aus dem Auto steigen, türkischen Boden unter den Füßen spüren, die warme Luft inhalieren, dabei den Körper strecken und den Blick in die Ferne schweifen lassen, über eine staubige Berglandschaft, die uns jedes Mal wieder fremd und doch auf seltsame Weise vertraut erschien.

Danach konnte uns nichts mehr aufhalten. Auf der E 80, eine der längsten Autobahnen quer durch Europa, ging es direkt bis nach Istanbul, in die Zwölfmillionenstadt, unserem ersten Ziel. Etwas mehr als zweihundert Kilometer. Das war immer die ruhigste Strecke der gesamten Fahrt. Keiner von uns sagte noch etwas, selbst Anne schwieg. Nach der Anspannung in Bulgarien und an der Grenze machte sich Erschöpfung breit. Manchmal fragte ich mich, wie Baba das durchhielt. Wir wollten nur noch ankommen.

Über Istanbul könnte man ein ganzes Buch schreiben oder gleich zehn. Stoff gäbe es genug. Doch ich will hier nicht die Reiseführerin geben. Nur ein Tipp: Wer noch nie am Bosporus war – nichts wie hin! Istanbul ist eine extrem coole Stadt, faszinierend, groß – ach, was sag ich: größer als groß, gewaltig, mit wunderschönen Ecken, romantischen Parks, tollen Cafés, noch tolleren Clubs, von den vielen alten Bauwerken, den Moscheen und Palästen, ganz zu schweigen. Ich merke schon, jetzt gerate ich doch gleich wieder ins Schwärmen. Um aber keinen falschen Eindruck zu erzeugen: Istanbul ist der Hammer, da gibt's nichts. Obwohl die Stadt auch ihre unschönen Seiten hat, heruntergekommene Viertel, Arbeitslosigkeit und Armut, wie man sie in Deutschland nicht kennt. Trotzdem kann ich nicht sagen, ob ich da leben könnte. Ich meine, könnte ich wahrscheinlich schon. Aber ob ich mich auch wohlfühlen würde? Schwer zu sagen. Die Mentalität der Menschen ist mir doch sehr fremd.

Das fiel mir ja sogar in der eigenen Familie auf. Wenn wir in Istanbul waren, wohnten wir immer im Haus meines

Großvaters väterlicherseits. Das Haus steht auf der asiatischen Seite, im Stadtteil Üsküdar, nicht die teuerste Wohngegend, aber eine angenehme. Es hat vier Stockwerke. Im Erdgeschoss wohnt niemand. Die Wohnung darüber ist vermietet. In der dritten Etage lebt Onkel Sabahattin, Babas ältester Bruder, mit seiner Frau und ihren fünf Kindern. Im obersten Geschoss zogen wir ein. Dort wohnten normalerweise Babas Eltern, wenn sie nicht in Deutschland waren.

Onkel Sabahattin ist Baba sehr ähnlich, oder umgekehrt, denn Baba ist der Jüngere von beiden. Sie rauchen beide und mögen es, sich zu Hause wie ein Pascha bedienen zu lassen. Wie Baba legt sein Bruder viel Wert auf Traditionen und auf unsere Religion, kann sich aber auch nicht durchringen, fünfmal am Tag zu beten oder den Koran regelmäßig zur Hand zu nehmen, um darin zu lesen. Lieber verbringt er seine freie Zeit vor dem Fernseher, auch darin stimmen sie überein. Ich komme gut mit ihm klar, weil ich seinen Humor mag, er bringt mich oft zum Lachen. Aber dass zwischen uns eine tiefe innere Verbundenheit wäre, kann man nicht behaupten. Die existiert auch zwischen seinen Kindern und mir nicht, obwohl ich sie alle mag und wir viel zusammen unternehmen, wenn wir da sind. Doch selbst meine Cousine Lütfiye und ich stehen uns nicht besonders nah. Dabei ist sie nur zwei Jahre älter als ich, und wir haben Ähnliches durchgemacht. Sie hatte sogar noch früher einen Freund als ich, mit vierzehn ungefähr. Und wie ich musste sie den und die, die bei ihr noch folgten, den Eltern verheimlichen, wie so manches andere, das sie nicht erfahren durften – das kenne ich ja auch. Ich mag sie, trotzdem haben wir es nie geschafft, echte Freundinnen zu werden. Ich glaube, am meisten störte mich ihre Oberflächlichkeit, falls das das treffende Wort ist. Einerseits trägt sie, seit sie siebzehn oder achtzehn ist, das Kopftuch aus freien Stücken, als Symbol ihrer Religiosität, andererseits hatte sie kein Problem, sich mit Jungs einzulassen. In meinen Augen ist das unaufrichtig. Wenn ich mich für das eine entscheide, sollte ich das andere lassen. Sonst sieht es aus, als trage man das Kopftuch nur, damit man unschuldiger wirkt, als man ist. Mittlerweile ist Lütfiye verheiratet, und wir haben nur noch selten Kontakt.

Ich kann nicht in die Köpfe von Anne und Baba hineinschauen, aber wenn ich daran denke, was sie im Urlaub manchmal über Onkel Sabahattin und seine Frau sagten, bezweifle ich, dass sie dicke Freunde sind. Das klingt jetzt hart, ist aber gar nicht so gemeint. Ich weiß, dass Baba seinen Bruder liebt und auch Anne die Familie, jeden Einzelnen, in ihr Herz geschlossen hat. Und wenn die Ferien zu Ende waren und wir uns verabschieden mussten, weinten auch alle. Doch eine richtig enge Verbindung mit großer Vertrautheit, wie sie zu Onkel Cemal und Tante Hediye besteht, scheinen sie mit ihnen nicht zu haben. Das ist auch schwer machbar. Onkel Sabahattins Familie und unsere führen zwei unterschiedliche Leben, in zwei sehr verschiedenen Welten, sie sehen sich alle zwei Jahre mal, das kann man auch durch regelmäßige Telefonate nicht einfach ausgleichen. Wo es doch schon schwierig ist, selbst mit dem Teil von Babas Familie, der in Berlin lebt, in Kontakt zu bleiben, einfach, weil wir uns in eine andere Richtung entwickelt haben als sie.

Der erste Morgen in Istanbul erschien mir jedes Mal ein bisschen unwirklich. Ich wachte auf, meistens von der

Sonne geblendet, und brauchte erst mal ein paar Minuten, bis ich realisierte, wo ich war. Wie ich sagte: eine andere Welt. Dazu immer diese zweigeteilten Gedanken, die zweigeteilten Gefühle, die waren typisch für die Urlaube. Ich war eine Türkin in der Türkei. Auf den Märkten, in den Geschäften, in den Museen, am Strand oder wo wir sonst noch waren. Dabei war ich gar keine richtige Türkin, fühlte mich zu sehr als Deutsche, als dass ich die Türkei als *meine* Türkei oder *mein Land* hätte bezeichnen können.

Als ich vorhin darüber nachdachte, ob ich mir vorstellen könnte, in Istanbul zu leben, musste ich sofort an Zehra denken. Zehra ist eine Freundin von mir. Sie ist sechzehn oder siebzehn Jahre, so genau weiß ich das nicht mal bei ihr, weil ich mir keine Geburtstage merken kann. Offenbar habe ich das von meinen Vorfahren geerbt, die es mit Geburtstagen auch nicht so genau nahmen. Ich kenne Zehra aus Berlin, im Grunde fast seit ihrer Geburt. Ihre Mutter und meine sind seit einer Ewigkeit befreundet, und wenn sie sich trafen, waren wir als Kinder meistens dabei. Aber solange Zehra mit ihrer Familie in Berlin lebte, zählte ich sie eher zu meinen Bekannten. Mit Freundschaft war da noch nichts.

Erst als Zehras Eltern beschlossen, ihr Leben in Deutschland aufzugeben und in die Türkei zurückzukehren, merkten wir, dass wir uns viel näherstanden, als wir selbst bis dahin wussten. Auf einmal war da eine Verbindung zwischen uns. Wir fingen an, stundenlang miteinander zu reden, so viel hatten wir uns zu erzählen. Es kam uns vor, als wären uns viele Jahre als Freundinnen durch die Lappen gegangen. Ganz seltsam. Ich wollte für sie da sein, ihr irgendwie helfen. Denn ihre Eltern sagten zwar, sie würden in die Türkei ziehen, damit sie mehr Zeit für sie und für ein gemeinsames Familienleben hätten. Sie fragten ihre Tochter aber nie, was sie von dem Vorhaben hielt. Zehra fühlte sich wohl in Berlin, sie hatte ihre Freundinnen hier, sogar einen Freund, sie wollte nichts weniger, als irgendwoanders hinziehen. Ich an ihrer Stelle wäre gegen meine Eltern auf die Barrikaden gegangen oder von zu Hause ausgerissen, hätte protestiert oder sonst was angestellt, nur mitgegangen wäre ich nicht. Doch so war Zehra nicht. Sie wollte ihre Eltern nicht enttäuschen und litt nur still vor sich hin.

Inzwischen ist es drei Jahre her, dass Zehra mit ihren Eltern nach Istanbul zog. Doch wir halten immer noch Kontakt. Die Distanz kann uns nichts anhaben. Anfangs chatteten wir fast jeden Tag, jetzt sprechen wir mindestens einmal die Woche übers Internet miteinander. Es passiert nicht selten, dass wir dann vier oder fünf Stunden am Stück in der Leitung hängen. Wir reden über alles, was uns bewegt. Manchmal sind wir unterschiedlicher Meinung, dann streiten wir auch. Genau, wie ich das mit meinen Freundinnen in Berlin machen würde. Dadurch, dass wir uns so nahestehen, funktioniert das. Es ist eben etwas ganz anderes als mit Onkel Sabahattins Familie. Mit Zehra verbindet mich eine gemeinsame Basis. Sie ist wie ich in Berlin aufgewachsen, hat viel von dem erlebt, was ich auch erlebt habe. Sie weiß, wie es sich anfühlt, zwischen zwei Stühlen zu sitzen. Sie kennt den Balanceakt zwischen Moschee und Minirock. Wir beide sehen die Welt aus der gleichen Perspektive.

Durch Zehra weiß ich aber auch, wie es ist, als junge Türkin in die Heimat der Eltern zurückverpflanzt zu werden. Obwohl Istanbul noch der modernste Ort in der gesamten

Türkei sein dürfte, fiel es ihr unheimlich schwer, sich an das Leben dort zu gewöhnen. Diese riesige Stadt war nur eine leere Hülle für sie. Sie wollte nicht zur Schule, sie wollte keine neuen Freunde kennenlernen, selbst zum Essen und Trinken musste sie sich zwingen. Sie fühlte sich, wie ich mich in unseren Urlauben immer gefühlt hatte: als Türkin, die keine war, gewissermaßen eine Schummeltürkin. Die mit den eigenen Landsleute nicht zurechtkam, weil deren Mentalität – oder ihre eigene? – so anders war. Mit dem Unterschied, dass meine Aufenthalte in dem fremden Heimatland spätestens nach sechs Wochen zu Ende gingen. Zehra musste bleiben.

Als wir uns das letzte Mal sahen, im Sommer 2007, saßen wir einmal die ganze Nacht auf dem Balkon des Hauses, in dem sie mit ihren Eltern wohnt, und schütteten uns gegenseitig das Herz aus. Je länger wir da oben saßen, umso schöner wurde es. Denn der Balkon ist der perfekte Platz, um sich den Sonnenaufgang anzusehen. Gerade als das erste Licht am Horizont schimmerte, waren wir bei dem Thema angelangt, das uns wohl noch unser ganzes Leben begleiten wird, und ich fragte sie: »Fühlst du dich eigentlich als Deutsche oder als Türkin?« Ebenso gut hätte sie mir diese Frage stellen können, doch ich dachte, die Zeit in Istanbul hätte bei ihr etwas verändert.

Aber sie antwortete, wie ich es auch formuliert hätte: »Ich bin Türkin – aber ich bin Deutsche.«

Für Baba kann die Zeit in Istanbul auch anstrengend sein, weil er alle Verwandten besucht und meistens jeden nicht nur einmal. Manchmal nimmt er uns mit, aber wir bestehen nicht jedes Mal darauf. Außer Onkel Sabahattin lebt zum Beispiel noch Onkel Aldemir dort, ein Bruder von Großmutter, also nicht mein Onkel, sondern Babas Onkel, aber ich nenne ihn auch so. Er wohnt mit seiner Familie allerdings so weit draußen, dass ich gar nicht weiß, ob das noch zu Istanbul gehört. Sie sind schrecklich arm und hausen in einer winzigen Kellerwohnung. Wir schicken ihnen öfter Almosen, ganz im Sinne der fünf Säulen des Islam. Dagegen hat es Tante Hayriye, Großmutters Schwester, ziemlich gut erwischt. Ihre Familie scheint relativ wohlhabend. Sie wohnt in einem Mehrfamilienhaus und da in einem der oberen Stockwerke. Es ist in der Türkei tatsächlich so: Wer unten wohnt, hat meistens weniger als die, die oben wohnen.

Und dann gibt es noch Onkel Nasreddin, Großvaters jüngeren Bruder, mit seiner Familie. Ihnen gehört eines dieser *Gecekondu*-Häuser, die über Nacht erbaut wurden. Ein einfaches Lehmhaus mit einem kleinen Garten davor. Ich mag dieses Fleckchen. Obwohl es mitten in Istanbul liegt, fühlt man sich wie in ein Dorf versetzt. Kaum hat man die Autobahn verlassen, schon ist es herrlich ruhig, wie unter einer großen Glasglocke. Das Stadtviertel bestand früher fast nur aus solchen schlichten Häuschen. Inzwischen haben sich auch Geschäfte und Betriebe angesiedelt, sogar Ikea.

Onkel Nasreddin ist immer einen Besuch wert. Wenn man zu ihm kommt, betritt man in der ohnehin schon anderen Welt noch mal eine andere. Beinahe so, als würde man in einer Theatervorstellung sitzen und sich in ein – sagen wir – exotisches Stück versetzt fühlen. Das fängt schon damit an, dass er zwei Ehefrauen hat und zwölf Kinder. Ungefähr zwölf, da ist sich nicht einmal Anne sicher, die bei solchen Sachen sonst immer den Durchblick hat. Falls das jemand nicht weiß: Der Koran hat nichts gegen Polygamie. Mehrere Frauen sind okay, vorausgesetzt, der Mann behandelt sie gerecht, bevorzugt keine und versorgt sie gut – die Kinder natürlich auch.

Das hat einen geschichtlichen Hintergrund. Der geht auf eine Epoche zurück, als in den islamischen Ländern ständig Kriege geführt wurden. Dabei starben viele Männer, und deren Frauen standen ohne Versorger da. Aber das ist auch so eine Sache: Da dem Koran ewige Gültigkeit zugeschrieben wird, steht das heute noch so drin, obwohl es längst überholt ist. Also, ich würde mich nie auf eine Mehrfachehe einlassen.

Übrigens ist »Vielweiberei« in der Türkei heutzutage verboten. Onkel Nasreddin scheint das nicht zu kümmern, wie ungefähr eine Million andere Türken auch. Wenigstens scheinen sich seine beiden Frauen gut zu verstehen. Ich habe noch nie erlebt, dass sie sich mal ernsthaft stritten. Und zu uns sind sie immer sehr freundlich.

Es wird auch nie langweilig bei Onkel Nasreddin. Inzwischen kenne ich zwar viele der Geschichten, die er immer zum Besten gibt, wenn wir bis spät in die Nacht in seinem Garten sitzen und Tee trinken. Aber er besitzt das Talent, sie jedes Mal wieder spannend zu erzählen. Die meisten handeln aus der Zeit, als er noch in dem Dorf lebte, aus dem auch Großvater und Baba stammen. Muhcalı, das liegt in der Nähe von Samsun am Schwarzen Meer. Dort darf er sich allerdings nicht mehr blicken lassen, wenn ihm sein Leben lieb ist. Ich sage nur: Blutfehde. So etwas gibt es wirklich, leider.

Vor vielen Jahren hat Onkel Nasreddin in Muhcalı einen Mann erschossen. Nicht absichtlich, sagt er immer, sondern aus Notwehr. Wie überall in der Türkei war es auch in dem Dorf üblich (ist es heute noch), dass Familien einander ihre Kinder für die Ehe versprachen. So versprach Großvater damals seine älteste Tochter einem seiner Brüder, dessen Sohn sie heiraten sollte. Im Gegenzug sollte dessen Tochter Großvaters ältesten Sohn, Onkel Sabahattin, ehelichen. Heiraten innerhalb der Familie war übrigens genauso üblich. Zumindest bei Cousins und Cousinen galt das nicht als Sünde.

Aber so weit kam es gar nicht, nicht in diesem Fall. Denn was schon damals das Leben in Dörfern für viele junge Frauen unerträglich machte, gab es auch dort zur Genüge: Klatsch und Tratsch. Und zwar der übelsten Sorte, wenn man Onkel Nasreddins Erzählungen Glauben schenken darf. Es musste nur jemand ein Gerücht in die Welt setzen, schon wurde es weitererzählt, als wäre es die Nachricht vom ersten bemannten Weltraumflug. Mit dem Unterschied, dass es den gab, wogegen an Gerüchten nichts dran sein musste, sie wurden trotzdem geglaubt. Aus irgendwelchen Gründen gerieten auch die beiden Frauen, die in den Familien über Kreuz versprochen worden waren, ins Gerede. Angeblich trieben sie sich mit anderen Männern herum. Ich weiß nicht, was noch alles behauptet wurde, auch nicht, ob ein Fünkchen Wahrheit daran war. Jedenfalls wurden die Versprechen von den Familien gelöst. Damit hätte die Geschichte zu Ende sein können. War sie aber nicht. Denn die eine Tochter und der eine Sohn, deren Hochzeit bereits ausgemacht war, liebten sich tatsächlich. Und der vermeintliche Bräutigam war dermaßen wütend, dass er mit seinen Freunden loszog, um – ja wem eigentlich? – eine Abreibung zu verpassen. Warum sie nicht Großvater attackierten, der das Eheversprechen gelöst hatte, sondern dessen Bruder, Onkel Nasreddin, habe ich noch nie verstanden. Aber es soll so gewesen sein. Vielleicht war es dunkel, und sie haben ihn verwechselt.

Wie auch immer, für den Bräutigam nahm es ein schlimmes Ende. Denn Onkel Nasreddin hatte schon damals die Angewohnheit, nie ohne Pistole aus dem Haus zu gehen. Nachts legte er sie immer unter sein Kopfkissen. Und da er sich von den Männern bedroht fühlte und um sein Leben fürchtete, zückte er sie und drückte ab, angeblich ohne auf jemanden zu zielen. Ein Geschoss traf den Bräutigam, er war auf der Stelle tot. Onkel Nasreddin wurde der Prozess gemacht. Sechs Jahre musste er im Gefängnis schmoren. Ursprünglich sollte er noch länger sitzen, kam aber durch eine Amnestie früher frei.

Wir blieben in der Regel drei bis vier Wochen in Istanbul. Dann zogen wir weiter nach Samsun ans Schwarze Meer. Manchmal wollten Baba und Tayfun auch länger in Istanbul bleiben, weil sie da lieber sind, ist ja auch aufregender. Dann flogen Anne und ich allein nach Samsun. Dort besitzen meine anderen Großeltern, Annes Eltern, eine Wohnung. Meistens waren sie dann auch da, weil sie die Sommer am liebsten dort verbringen. Obwohl man die beiden Städte überhaupt nicht vergleichen kann, liefen die Tage in Samsun ähnlich ab, außer dass wir öfter am Wasser waren. Aber Verwandte besuchten wir auch dort immer, diesmal nur die aus Annes Familienzweig. Großvater übernahm meistens das Kommando. Er brauchte nur das Gefühl zu haben, ich könnte mich langweilen, sofort fiel ihm etwas ein, das wir unternehmen könnten. Darin ist er wirklich klasse. Früher konnte er mich auch mit allem begeistern, sogar damit, ihm zu helfen, Kühe auf die Weide zu treiben. Zumindest in einem Punkt hatte sich das zuletzt geändert: Seine Vorliebe, in das Dorf zu fahren, in dem die Großeltern mit Anne und ihren anderen Kinder gelebt haben, bevor sie nach Deutschland gingen, also dort, wo auch die Kühe waren, fand ich inzwischen ein bisschen anstrengend. Aber da duldete Großvater keinen Widerspruch, von niemandem. Wer da war, musste mit, da konnte ich quengeln, solange ich wollte, das überhörte er einfach.

Ich frage mich, was ich als Kind an diesen Ausflügen aufs Land toll fand. Nach den Wochen in Istanbul waren sie ein echter Kulturschock, das muss ich übersehen haben. Dort, wo das Haus steht, existiert nicht einmal eine befestigte Straße. Das Haus selbst wurde aus Steinen und Holz zusammengezimmert und sah, als ich das letzte Mal da war, nicht besser aus als die *Gecekondu*-Häuser; die schlechteren von denen. Das Holz der Treppe, die ins erste Stockwerk führte, machte seltsame Geräusche, dass einem angst und bange wurde, die ganze Chose könnte jeden Moment zusammenbrechen. Überhaupt machte alles einen sehr naturbelassenen Eindruck. Man brauchte sich nicht zu wundern, wenn einem Mäuse oder Ratten über den Weg liefen. Vielleicht waren das auch nur irgendwelche seltsamen Krabbeltierchen, die in meiner Phantasie enorm gewachsen sind. Auch Kühe gab es da immer noch und Hühner. Und Schwärme von fetten Fliegen. Großvater fuhr mit uns aber nicht etwa dorthin, um uns zu zeigen, wie es in einem türkischen Dorf vor hundert Jahren aussah. In dem Haus wohnt einer seiner Brüder samt Familie, die wollte er mit uns besuchen. Manchmal kam er sogar auf die Idee, wir könnten bei ihnen übernachten. Ich muss jetzt nicht erzählen, wie wir alles versuchten, ihn davon abzubringen, oder?

Während der Start in die Ferien jedes Mal nahezu identisch ablief, gestaltete sich die Rückreise unterschiedlich. Kam darauf an, ob Anne und ich allein in Samsun waren und ob wir noch einen Abstecher nach Antalya geplant hatten. Wenn wir dorthin fuhren, gaben wir echte Touristen ab, benahmen uns nicht anders als die Deutschen auch, die in unserem Hotel waren. Ganz nach der Devise: Touristen aller Länder integriert euch!

Dann die Rückkehr nach Berlin. Ich denke, wir empfanden sie nicht anders als andere Berliner, deutsche Berliner, meine ich, die wie wir gerade aus dem Urlaub gekommen waren – meistens ziemlich ernüchternd. Weil uns das Wetter gleich daran erinnerte, dass wir nicht mehr im Süden waren. Oder irgendein unfreundlicher Mensch im Supermarkt. Und wenn das nicht, dann der Blick in die Familienkasse, der uns offenbarte, dass wir in unbeschwerter Urlaubsstimmung unser Limit in einer besorgniserregenden Dimension überzogen hatten. Was dann wiederum zur Folge hatte, dass die ganze Familie augenblicklich vom Verschwendungsmodus in den Sparmodus umzuschalten hatte – oder anders ausgedrückt: wieder normal wurde. Und – zumindest für mich kann ich das sagen – sich auch dementsprechend fühlte: wie ein ganz normaler Tourist, der in einem wunderschönen, aber fremden Land war und nun wieder zurück. Nicht unbedingt überschwänglich glücklich, aber zu Hause.

Hier in Berlin.

Nachtrag:
Gib niemals auf!

Das wird die letzte Seite sein, die ich schreibe. Vielleicht werden es auch zwei oder drei Seiten, das kann ich noch nicht sagen. Eigentlich habe ich alles erzählt, was ich loswerden wollte. Wenn ihr gelesen habt, wie mein Leben aussieht, und jetzt ein Urteil fällt, vergesst nicht, ich bin erst achtzehn!

Ich gebe mir wirklich Mühe und versuche, meine Eltern, meine Mitmenschen und überhaupt die Welt zu verstehen. Manchmal gelingt mir das. Manchmal nicht so gut. Aber ich schätze, so wird es auch den Leuten gehen, die mit mir zu tun haben. Und da bin ich schon wieder an demselben Punkt: Ich bin erst achtzehn! Weit davon entfernt, vollkommen zu sein. Das werde ich niemals schaffen, das schafft keiner. Aber das soll jetzt keine Entschuldigung für irgendetwas sein. Was ich gesagt habe, meine ich so. Ich behaupte nicht, dass alles richtig ist, so wie ich es sehe. Aber es ist meine Sicht auf die Dinge. Das kann sich in dem einen oder anderen Fall ändern. Alles verändert sich, Meinungen, Ansichten, das ganze Universum. Wenn man so will, ist es einfach eine Bestandsaufnahme. Wie mein Leben war, wie es ist und wie ich es sehe. Ein Stück Jetztzeit, ein Ausschnitt, ein Atemzug.

Und bevor ich den nächsten Atemzug mache, wüsste ich zu gern, wie es weitergeht. Vielleicht sollte ich kurz beschreiben, wie es im Moment auf meinem Schreibtisch aussieht. Alles ist komplett durcheinandergewirbelt. Blätter, bedruckte und leere, CDs, Fotos, Stifte, Nagellack müsste sich auch irgendwo finden lassen und Make-up, einige selbst gemalte Bilder, alle unvollendet, und dann Bücher, darunter ein Krimi, von dem ich erst ein paar Seiten gelesen habe. Er ist nicht unspannend, ich kann mich im Augenblick nur so schlecht auf eine Sache konzentrieren.

So sieht es auch in meinem Leben aus, ganz aktuell. Diesen Teil habe ich noch nicht beschrieben. Weil dieser Teil mit der Zukunft zu tun hat. In den Monaten, seit ich an dem Buch sitze, hat sich ein Berg aufgetürmt. Ein Berg Aufgaben, die zu erledigen sind. Aber auch ein Berg Unklarheiten, die darauf warten, aus der Welt geschafft zu werden. Ich weiß nur gerade nicht, wie ich das alles sortiert bekomme.

So ein Berg kann einem Angst einjagen. Was erwartet mich als Nächstes? Erwartet mich überhaupt etwas? Ist es nicht eher so, dass ich etwas erwarte? Aber was könnte das sein? Nachdenken scheint mir im Augenblick etwas gefährlich. Wenn dabei sowieso nur neue Fragen entstehen, sollte ich es vielleicht besser lassen.

Auf dem Zettel in meiner kleinen Ecke im Zimmer steht irgendwo, ziemlich weit unten: *Gib niemals auf!* Ein richtiger Kampfspruch. Den muss ich jetzt zu meinem Leitspruch ernennen. Leitspruch – mit »t«. Nicht nur für diesen Tag. Ich schätze, auch für die kommenden Wochen. Ich hoffe aber, nicht für die kommenden Jahre.

Nicht aufzugeben bedeutet weiterzumachen. Und weitermachen geht am besten, wenn man eine Aufgabe nach der anderen erledigt, den Berg Stück für Stück abträgt. Das hat mir mal jemand erzählt, bei ihm funktioniert das angeblich immer.

Also, meine nächsten Aufgaben:

Zimmer aufräumen, das Nächstliegende. Wäre dringend nötig, muss aber warten, davor ist Wichtigeres dran.

Einen Studienplatz suchen. Unbedingt! Nur, was will ich studieren?

Die Bilder auf meinem Schreibtisch zu Ende malen. Ein neues Skizzenbuch anlegen. Scheint auch nicht super wichtig, dabei entspannt mich Malen immer so gut.

Mich um meinen kleinen Cousin Timur kümmern. Nicht sofort, aber das kommt weit nach vorn auf meiner Liste. Familie ist wichtig!

Freundinnen besuchen. Auch wichtig, kommt gleich dahinter.

Die Präsentationsprüfung vorbereiten. Hauptfach Deutsch, Referenzfach Kunst. Das muss ganz nach oben. DRINGEND. DRINGEND. DRINGEND. Überhaupt alles, was mit der Schule zusammenhängt. Keine fünf Monate mehr, dann will ich das Abitur in der Tasche haben. Sollte auch klappen. Muss klappen.

Und dann wäre da noch etwas: Einen Job suchen, um Geld zu verdienen. Da gehe ich gleich morgen los. Das hat auch einen ganz speziellen Grund, den man wahrscheinlich erahnen kann: Ich werde zu Hause ausziehen. Das steht jetzt fest. Anne und Baba wissen noch nichts davon. Die werden tot umfallen. Ihre Tochter – mit achtzehn und ohne unter der Haube zu sein! Eine Schande! Ich wünschte, ich irre mich – und sie könnten es irgendwie lockerer sehen. Meine Cousine Deniz hat es doch auch so angestellt und ist nicht in der Gosse gelandet. Sie hat eine Ausbildung absolviert, danach sogar noch studiert. Jetzt ist sie Wirtschaftsjuristin. Und glücklich mit Leon. Sie wollen Kinder zusammen.

Bei mir ist nicht einmal ein Freund in Sicht. Batu hat sich zwar wieder gemeldet. Er meint, er möchte mit mir befreundet sein, und gibt sich viel Mühe, einen netten Eindruck zu machen. Aber ich weiß noch nicht, ob ich das will. Erst mal werde ich mit meiner Freundin Alessia zusammenziehen. Wir suchen schon nach einer Wohnung. Kann sein, dass wir diese Woche endlich eine Zusage erhalten. Ich glaube fest daran, das hilft. Alles andere wird sich dann auch finden. Garantiert.

224 Seiten · ISBN 978-3-570-10042-4